공공갈등, 국민에게 묻는다

- 2008~2014 설문조사를 중심으로 -

단국대학교 분쟁해결연구센터 총서 1

국민에게 묻는다

2008~2014 설문조사를 중심으로

가상준 · 김강민 · 김재신 · 임재형

nosvos

머리말

민주화 이후 한국 사회의 커다란 변화라면 공공갈등이 늘어난 것이라고 말할 수 있다. 이는 과거 권위주의 시기와 비교해 인권의 중요성이 강조되고 자원의 배분과 생산이 시장원칙과 함께 민주성을 강조하게 되면서 과거에 잠잠했던 요구들이 표면화되어 기존의 이해관계와 대립했기 때문이다. 노사갈등으로부터 시작하여 환경갈등, 계층(빈부)갈등, 교육갈등, 이념갈등, (지방)정부간 갈등 등 유형과 성격을 달리하는 갈등들이 인지하지 못하는 사이 급속도로 전개되었다. 여기에 학교갈등, 남북갈등과 남남갈등, 재난으로 인한 갈등 등으로 인해 한국은 갈등공화국이라고 해도 과언이 아니다. 갈등의 심각성이 제기되는 것은 갈등의 순기능은 찾아볼 수 없고 역기능만이 나타나고 있기 때문이다. 특히 한국 사회의 갈등은 경제발전을 저해하는 요인으로 작용하고 있으며 사회불신을 가중시켜 사회적 불안감을 조성하고 있다. 또한, 갈등의 심각성은 정부의 갈등 관리 능력에 문제가 있다는 것을 보여주는 것으로 정부에 대한 불신으로도 연결된다.

갑작스러운 갈등의 시기를 맞이하면서 이에 전혀 준비되어 있지 않은 우리는 갈등을 제거하려고만 노력했지 갈등을 이해하고 갈등과 상생하려는 노력은 부족했다. 갈등이 사회 발전이 불러오는 복잡화, 다양화, 이질화에 의해 나타나는 현상이라면 갈등은 점점 심각할 수밖에 없을 것이다. 이는 무엇보다 건전한 민주주의는 다원적 원칙(pluralistic principles)과 정치적 이질성(political heterogeneity)이 유지되어야만 가능한데 이들은 필연적으로 갈등을 불러일으키기 때문이다. 갈등에 대한 폭 넓은 이해가 이제는 무엇보다 우리에게 필요한 시기이다.

이러한 차원에서 단국대학교 분쟁해결연구센터의 이번 연구 결과물은 갈등에 대한 이해의 시작이라 말할 수 있는데 한국의 갈등을 시민들의 인식을 통해 접근하려는 시도이다. 공공갈등에 대한 연구가 많이 수행되었지만 공공갈등에 대한 시민들의 인식을 주제로 삼아 7년 동안 설문 조사하고 분석한 연구는 없었다. 본 책은 공공갈등에 대한 시민들의 인식뿐만 아니라 신뢰와의 관련성, 나아가 민주주의 발전에의 기여 등 다양한 내용을 다루고 있다는 점에서 과거의 연구들이 보여주지 못한 한국인들의 다양한 시각과 의견을 보여주고 있다. 또한 무엇보다 공공갈등 심각성 지수를 통해 7년 동안의 변화를 살펴보고 유형별 변화는 어떠했는지 알아보고 있다. 물론 과거에도 갈등에 대한 인식조사를 통해 갈등에 접근한 연구는 있었다. 2005년 한국여성개발원에 의해, 2007년과 2010년 고려대학교 한국사회연구소와 BK21갈등사회교육연구단에 의해, 2013년 경실련 갈등해소센터 등이 이러한 시도였다. 단국대학교 분쟁해결연구센터의 조사 및 연구물은 2008년부터 2014년까지 7년 동안 동일하게 실시된 "갈등 및 분쟁에 관한 시민인식조사"로 통시적으로 연속성을 가지면서 한편 시기별 특징을 선별적으로 파악해 가면서 접근하고 있다는 차이점을 보인다. 이번 조사는 이명박 정부 5년 그리고 박근혜 정부 2년 동안 실시되었는데 매년 갈등에 대한 인식을 조사하였을 뿐만 아니라 회고적 차원에서 이명박 정부 5년을 갈등의 관점에서 평가하는 그리고 박근혜 정부를 갈등의 관점에서 전망해보기도 하였다. 무엇보다 7년 동안의 조사를 통해 갈등을 심각하게 느끼는 시민들의 의견이 다수임을 알 수 있었는데 한국 사회가 갈등에 대해 잘 대처하기 위해서는 갈등에 대한 이해가 더욱 필요하며 다각적인 차원에서의 연구와 접근이 요구된다.

이 책에서 저자들은 갈등에 대한 시민들의 인식을 다각도로 분석하고 있는데 연구는 총 5장으로 이루어져 있다. 제1장은 가상준 교수가 "공공갈등에 대한 국민들의 인식: 갈등 인식 지수"라는 주제를 분석한 연구로 가상준 교수는 설문 조사 결과를 토대로 갈등 인식 지수를 만들어 7년 동안의 추이를 살피고 있다. 중요한 점은 갈등 인식 지수가 점점 높아지고 있다는 점으로 이는 갈등을 심각하게 보고 있는 시민들이 점점 늘어나고 있다는 점을 말해주는 것이다. 이러한 경향은 특히 40대에서 뚜렷하게 나타나고 있음을 발견하고 있다. 갈등을 6개 유형별로 구분해 심각성을 살펴보면 빈부(계층)갈등의 심각성이 가장 높고, 다음으로 교육갈등이 그 뒤를 잇고 있다. 한편 이념갈등의 심각성이 최근에 들어 커지고 있는데 이는 공공갈등의 이념화 현상에 기인한 것이라 하겠다. 가상준 교수는 갈등이 민주주의 발전에 미치는 긍정적 기여도에 대한 시민들의 인식을 지수로 만들어 7년 동안의 추이를 살펴보았는데 점점 하락하고 있는 모습을 발견하고 있다. 이는 갈등의 심각성이 커지면서 피로감에 의한 연관된 결과라 하겠다.

제2장에서는 "공공갈등 해결에 대한 국민 인식"은 무엇인지 김

강민 교수가 갈등에 대해 접근해 분석하고 있다. 김강민 교수는 갈등 해결에 대한 시민들의 인식을 사회, 경제, 정치 배경으로 구분해 살펴보고 있는데 다음과 같은 결과를 얻고 있다. 일반적으로 낮은 연령일수록 갈등 해결에 부정적인 인식이 높았으며, 2014년의 경우는 모든 연령에서 갈등 해결에 대한 부정적인 인식 비율이 높아졌다는 점을 발견하고 있다. 학력별로 보았을 때 학력이 높을수록 갈등 해결의 부정적인 인식이 높은 편인데 2014년도에는 대부분의 부정적 인식 평균이 상승하였고 특히 낮은 학력의 상승률이 높게 나타나고 있다. 이념별로 구분해 살펴본 결과 보수 성향의 응답자의 경우 2010년도까지 갈등 해결의 부정적인 인식이 중도, 진보보다 월등하게 높게 나타났으나, 2011년도에 급격히 하락하면서 현재까지 유지하고 있다. 반면 진보 성향의 시민들은 보수 성향의 시민들과 반대의 경향을 보이고 있다. 부정적 인식이 높을 것이라는 예상과는 달리 긍정적인 인식 비율도 부정적인 비율과 비슷한 경향을 보이고 있다. 그럼에도 갈등의 부정적인 답변과 긍정적인 답변을 종합할 경우 부정적 비율이 모든 이념 성향에서 높게 나타나고 있음을 발견하고 있다.

제3장은 “공공갈등과 신뢰”라는 주제로 김재신 교수가 갈등에 대한 시민들의 인식에 접근하고 있다. 김재신 교수는 한국 사회에서의 일반화된 타자, 정부, 시민단체에 대한 신뢰 수준을 알아보고, 다음으로 조사 참가자의 성별, 연령, 학력, 이념 성향 등 사회경제적 배경에 따른 신뢰 수준의 차이를 알아보고 있다. 마지막으로 공공갈등의 심각성을 인식하는 정도에 따라 신뢰 수준의 차이가 있는지 분석함으로써 공공갈등과 신뢰간의 관계를 살펴보았다.

김재신 교수는 첫째, 일반화된 타자에 대한 신뢰 수준은 2010년에 가장 높았으나 2011년, 2012년 낮아졌으며 2013년 한해 높아졌다가 2014년 다시 낮아지는 경향을 보였으며, 정부 신뢰 수준은 2010년에 감소하여 2011년 가장 낮았다가 2012년, 2013년 높아졌다가 2014년 다시 낮아지는 경향을 보였다. 시민단체에 대한 신뢰 수준은 2010년 가장 높았다가 2011년, 2012년, 2013년, 2014년 연이어 낮아지는 경향을 보였다. 전반적으로 신뢰 수준이 2010년에 가장 높은 것은 공공갈등과 연관지어 해석해볼 수 있다. 공공갈등은 2010년이 다른 해에 비해 덜 심각한 것으로 나타났는데 이에 따라 시민들이 심리적으로 덜 불안하고 타인, 정부, 시민단체 등을 신뢰할 수 있는 분위기가 형성되었기 때문이라 해석하고 있다. 다음으로 정부에 대한 신뢰 수준은 연령, 학력, 이념 성향에 따라 차이를 보이고 있음을 발견하고 있는데 구체적으로 연령이 높고 보수 성향을 가질수록 높은 정부 신뢰 수준을 나타냈으며, 반면 학력이 높을수록 정부 신뢰 수준은 낮아지는 경향을 보였다. 이에 비해 시민단체에 대한 신뢰 수준은 성별, 연령, 이념 성향에 따라 차이를 보였는데, 구체적으로 여성이 남성보다 시민단체에 대한 신뢰 수준이 높았으며 연령이 젊은 세대가 많은 세대보다, 그리고 진보 성향 집단이 보수 성향 집단보다 시민단체에 대한 신뢰 수준이 높은 편이었다. 마지막으로 공공갈등의 심각성 인식수준은 정부 신뢰 수준과 관계를 보이고 있음을 발견하고 있는데, 공공갈등이 심각하다고 인식하는 집단이 그렇지 않다고 인식하는 집단보다 정부 신뢰 수준이 낮은 것으로 나타났다. 이는 앞에서 연도별 정부 신뢰 수준의 변화에 대한 해석과 비슷한 맥락에서 구체적으로 공공갈등의 관리와 해결의 중요한 역할이 정부에 있다고 인식하기 때문이라고 김재신 교수는 말하고 있다. 만약 그렇다면 이는 반대로 정부가 공공갈등을 합리적으로 관리하고 잘 해결한다면 시민들로부터 정부 신뢰 수준을 끌어올리는 기회가 될 수 있다는 것을 말해주고 있다.

제4장은 김재신 교수와 가상준 교수의 공동 연구로 "공공갈등의 해결: 정부 개입 vs. 당사자간 해결"에 있어 시민들은 어떠한 선호도를 가지고 있으며 선호도에 영향을 미치는 요인은 무엇인지 살펴보고 있다. 구체적으로 응답자의 정치 · 사회 · 경제적 변인에 따라 공공갈등 해결방식 중 정부의 개입에 의한 해결과 당사자간 해결 중 어떤 방식을 선호하는 지를 기술적으로 분석하고, 다음으로 사회 · 심리적 변인들을 포함하여 연도에 따른 공공갈등 해결 방식 선호의 차이와 그 영향 요인들에 대해 분석한 연구이다. 주요 결과를 살펴보면 연도에 따른 공공갈등 해결 방식 선호의 차이에 있어 2010년에는 시민들이 정부의 개입을 통한 해결보다 당사자간 해결을 더 선호했으나, 2011년에는 정부의 개입을 더 선호하는 것으로 바뀌었음을 알 수 있다. 이후 2012년, 2013년, 2014년에는 정부의 개입을 통한 해결과 당사자간 해결 간 선호의 차이가 크지 않은 편이다. 2010년에 시민들이 '정부의 개입을 통한 신속한 해결'보다 '시간이 걸리더라도 당사자간 해결'을 더 선호한 것에는 여러 가지 원인이 있을 수 있겠지만, 그 중 한 가지 원인은 2010년이 다른 해에 비해 공공갈등이 심각하지 않아서 시민들이 상대적으로 안정감을 느끼면서 시간이 걸리더라도 당사자간 해결을 지켜볼 수 있는 심리적 여유가 생겼기 때문이라고 볼 수 있다.

한편 2011년에는 전년도에 비해 시민들의 갈등 인식수준이 높아지면서 사회적 불안감이 커지고 이에 따라 정부 개입을 통한 신속한 해결을 더 선호하게 되고, 2012년부터는 그러한 상황에 익숙해지면서 양쪽에 대한 선호가 크지 않은 양상을 보이게 된다. 정치, 경제, 사회 변수로 구분하여 선호도를 살펴보면 연령이 많고, 학력이 낮고, 이념 성향이 보수적일수록 당사자간 해결보다 정부의 개입을 통한 해결을 더 선호하는 경향이 나타나고 있음을 발견하고 있다. 이는 진보적인 이념 성향을 가진 사람들에 비해 보수 성향을 가진 사람들이 정부나 권위있는 기관이 공공갈등을 해결하기를 선호할 가능성이 있기 때문이라 해석하고 있다. 무엇보다 여러 연구들에 의하면 보수 성향의 사람들은 정부의 강력한 규제나 정책을 선호하며 애매한 것을 싫어하고 질서나 규칙에 대한 욕구가 강하고 외부 위협이나 손실에 대한 두려움이 큰 반면, 진보 성향의 사람들은 새로운 경험이나 도전, 인지적으로 많은 사고를 요하는 복잡한 과제에 열려있고 불확실한 것을 참아내는 경향이 있기 때문이다. 그러므로 보수 성향의 사람들은 많은 당사자들이 관여하는 복잡한 공공갈등을 해결하는 데 있어서 당사자간 대화와 협상을 통해 오랜 시간이 걸려도 해결될지 모르는 불확실한 과정보다 정부가 빠르고 강력한 조치로 해결하는 것을 선호할 가능성이 있다. 또한 한국 사회에서 연령이 높을수록 보수 성향을 갖는 사람들이 많으므로 젊은 세대에 비해 나이든 세대가 당사자간 해결보다 정부에 개입을 통한 해결을 선호한다는 점을 보여주고 있다.

제5장에서 임재형 교수는 공공갈등에 있어 시민단체의 역할에 대한 시민들의 인식을 알아보기 위해 "정부 정책과 갈등 해결에

있어 시민단체의 역할에 대한 국민들의 인식"이라는 주제로 갈등에 접근하였다. 임재형 교수의 연구는 구체적으로 공공갈등에 있어 시민단체의 역할, 특히 정부 정책에 영향을 미치는 것과 공공갈등 해결에 개입하는 것에 대해 시민들은 어떻게 인식하고 있으며 시민들의 인식은 연도별로 차이가 있는가를 성별, 연령별, 학력별, 이념 성향별로 구분하여 분석한 것이다. 시민단체가 정부 및 지방자치단체의 정책에 영향을 미치는 것에 대해 살펴보면 필요하다는 긍정적인 인식이 남녀 모두에게서 높게 나타나고 있지만, 공공갈등 발생 빈도가 높아지고 점점 장기화되는 추세에 따라 2011년부터 긍정적인 인식이 낮아지고 있으며 특히 남성의 경우 2013년에 부정적인 인식과 긍정적인 인식이 같은 비율로 나타나고 있음을 발견하고 있다. 한편, 젊은 세대일수록 정부의 정책이 투명하고 공정하게 집행될 수 있도록 시민단체가 견제와 감시의 역할을 해주기를 바라는 긍정적인 인식의 비율이 높게 나타나고 있지만, 60대 이상에서는 반대로 부정적인 인식이 긍정적인 인식보다 높게 나타나고 있었다. 마찬가지로 학력이 높을수록 긍정적인 인식이 높게 나타났으며, 진보적인 성향의 시민들은 시민단체가 정부 정책에 영향을 미치는 것에 대해 필요하다고 인식하고 있지만, 시민단체를 비교적 부정적으로 바라보고 있는 보수적인 성향의 시민들은 불필요하다는 인식이 높게 나타나고 있었다. 한편, 공공갈등 해결에 있어 시민단체의 개입에 대해 살펴보면 남녀 모두에게서 필요하다는 긍정적인 인식의 비율이 높았지만, 정부 정책에 영향을 미치는 것에 대한 인식과 마찬가지로 2011년부터 긍정적인 인식의 비율이 낮아지고 있음을 발견할 수 있었다.

연령별로는 전 연령대에서 시민단체의 개입에 대해 긍정적으로 인식하고 있지만, 연령이 높아질수록 그 비율이 낮아지고 있는 것이다. 학력별로 구분하여 살펴보면, 학력에 관계없이 시민단체의 개입에 대해 긍정적으로 인식하는 비율이 부정적으로 인식하는 비율보다 높지만, 중졸 이하에서 긍정적으로 인식하는 비율이 가장 낮았으며 고졸과 대재 이상은 큰 차이가 없는 것으로 나타났다. 특히 2011년은 다른 연도와 비교하여 연령별로나 학력별로 공공갈등 해결에 있어 시민단체의 개입에 대해 긍정적으로 인식하는 비율이 현저하게 낮게 나타났는데, 이는 2011년에 발생한 공공갈등이 시민들의 인식에 영향을 미쳤기 때문이다. 마지막으로 이념 성향별로 분석했을 때 전체적으로는 보수적인 성향과 진보적인 성향의 시민들 모두 긍정적으로 인식하는 비율이 높았지만, 진보적인 성향의 시민들이 보수적인 성향의 시민보다 긍정적으로 인식하는 비율이 높게 나타나고 있었다. 그러나 2009년과 2010년에는 당해 연도에 발생한 공공갈등에 대응하는 시민단체들의 역량에 실망한 진보적인 성향의 시민들이 공공갈등 해결에 시민단체가 개입하는 것에 유보적인 입장을 표명함으로써 보수적 또는 중도적인 성향의 시민들보다 긍정적으로 인식하는 비율은 낮게 나타난 것이라 해석하고 있다.

위의 연구들은 갈등에 대한 연구의 범위를 확연히 확장하였다는 점과 함께 갈등을 이해하려는 시도였다는 점에서 의미와 중요성을 찾을 수 있을 것이다. 뒤에 부록으로 나온 설문지를 볼 때 더 많은 연구가 수행되어 많은 정보를 제공하지 못한 것이 안타깝지만 단국대학교 분쟁해결연구센터는 지속적으로 "갈등 및 분쟁에 관한 시민인식조사"를 실시함으로써 갈등에 대한 유익한 정보와 좋은 연구결과를 제공할 것을 약속한다. 또한 이러한 시민들의 인식이 실제로 공공갈등 발생과 어떠한 연관성을 갖고 있는지 후속작을 통해 살펴볼 것이다. 또한, 갈등에 대한 이해를 위해서는 한국 사회의 관용에 대한 이해가 필요한데 분쟁해결연구센터가 "갈등 및 분쟁에 관한 시민인식조사"와 함께 실시하고 있는 "관용과 신뢰에 관한 시민의식조사" 결과가 많은 갈등 연구자들에게 제공될 수 있도록 노력할 것이다. 이번에 발간한 단국대학교 분쟁해결연구센터의 『한국 공공갈등에 대한 인식과 전망: 2008~2014 설문조사를 중심으로』 저서가 많은 학자와 전문가 및 학생, 그리고 일반 시민들에게 도움이 되길 바란다.

이 책이 출판되는 데는 교육부 한국연구재단과 단국대학교의 지원을 받아 수행한 중점연구소 중점연구과제가 큰 도움을 주었다. 이 기회를 통해 교육부 한국연구재단과 단국대학교에 감사의 뜻을 전하는 바이다. 아울러 일반공동연구원, 전임연구원, 행정 및 연구조교로 참여하여 중점연구과제가 성공적으로 마무리 될 수 있도록 헌신해주신 분들에게도 감사의 마음을 전한다. 그리고 "갈등 및 분쟁에 관한 시민인식조사"와 "관용과 신뢰에 관한 시민의식조사"를 수행해 준 ㈜리서치 앤 리서치에 감사드린다. 끝으로 출판을 허락해 준 노스보스에 감사드린다.

단국대학교 죽전캠퍼스에서 저자를 대표해
가상준

목 차

머리말 / 4

제1장 공공갈등에 대한 국민들의 인식: 갈등 인식 지수 / 가상준

Ⅰ. 서론 …… 17
Ⅱ. 공공갈등 인식에 대한 선행 연구 …… 20
Ⅲ. 2008-2014년 공공갈등 인식 지수 …… 24
Ⅳ. 이슈별 공공갈등 인식 지수 …… 33
Ⅴ. 공공갈등과 민주주의 …… 38
Ⅵ. 결론 …… 46
참고 문헌 …… 49

제2장 공공갈등 해결에 대한 국민들의 인식: 갈등 인식 지수 / 김강민

Ⅰ. 서론 …… 51
Ⅱ. 공공갈등 해결에 대한 인식 조사 …… 53
Ⅲ. 향후 공공갈등에 대한 인식 …… 73
Ⅳ. 결 론 …… 101
참고 문헌 …… 104

제3장 공공갈등과 신뢰: 일반화된 타자, 정부, 시민단체 / 김재신

Ⅰ. 서론 …… 105
Ⅱ. 일반화된 타자, 정부, 시민단체에 대한 신뢰 …… 106
Ⅲ. 신뢰와 공공갈등 …… 109
Ⅳ. 경험적 분석 …… 113
Ⅴ. 결론 …… 130
참고 문헌 …… 135

제4장 공공갈등의 해결: 정부개입 vs. 당사자간 해결 / 김재신 · 가상준

Ⅰ. 서론 ········· 141
Ⅱ. 공공갈등의 해결 방식 ········· 145
Ⅲ. 선행 연구 ········· 148
Ⅳ. 경험적 분석 ········· 151
Ⅴ. 결론 ········· 157
참고 문헌 ········· 160

제5장 정부 정책과 갈등 해결에 있어 시민단체의 역할에 대한 국민들의 인식 / 임재형

Ⅰ. 서 론 ········· 163
Ⅱ. 시민단체의 역할에 관한 선행 연구 ········· 166
Ⅲ. 시민단체의 역할에 대한 시민 인식 ········· 171
Ⅳ. 요약 및 결론 ········· 187
참고 문헌 ········· 190

부록 갈등 및 분쟁에 관한 시민인식조사(2008년~2014년) ········· 193

색인 ········· 219

제1장 공공갈등에 대한 국민들의 인식: 갈등 인식 지수

가상준

I. 서론

한국 사회는 다른 국가들에 비해 눈부신 경제적 성장을 이루었고 민주화를 통해 정치발전도 달성하였다. 현재는 선진화라는 목표 달성을 위해 많은 노력을 기울이고 있지만 아직까지는 이에 도달하지 못하고 있는 상황이다. 선진화가 경제적 성장과 민주주의 발전만으로 달성되는 것이 아니다. 선진화에서 중요하게 여기는 것은 문화적 측면으로서 사회 구성원 간 높은 신뢰, 수준 높은 시민의식, 그리고 갈등 해소 능력을 갖춘 성숙한 민주주의로 한국 사회가 아직 갖추진 못한 덕목들이다. 이러한 점에서 한국의 선진화의 길은 매우 멀고 힘든 과정일 것이며 쉽게 달성하지는 못할 것이라 조심스럽게 예측해 본다. 특히 한국이 경험하고 있는 심각하고 다양한 갈등 상황에 비추어보면 선진화는 짧은 시간에 근접

하기는 쉽지 않은 목표라 할 수 있다.

한국 사회가 왜 심각한 갈등을 경험하고 있는지 간단하게 설명하기는 쉽지 않다. 사회 · 문화 · 역사적 배경에서 그 원인을 찾을 수 있겠지만 민주화 이후 달라진 인권의 중요성과 집단화 현상, 그리고 심각해지는 이념적 대립 등에서 찾을 수 있을 것이다. 또한 그럼에도 아직 정부는 갈등 해결을 대화와 타협이라는 새로운 접근 방식에서 찾기보다는 권위주의 시기에 사용되었던 강행과 밀어부치기 방식에 의존하고 있으며, 구성원 간 자발적 해결에 필요한 관용, 신뢰, 상호 존중이 부재하다는 점은 갈등으로 팽배한 한국 사회의 현실을 말해주고 있다.

심각한 갈등은 사회 구성원 간 반목을 깊게 함으로써 사회 통합을 가로막는 요인으로 작용하고 있다. 또한, 심각한 갈등 상황은 사회자본 축적을 어렵게 하고 거래비용(transaction cost)과 기회비용(opportunity cost)을 증가시킴으로써 경제발전을 저하시키는 요인으로 작용한다. 물론 공공갈등이 부정적인 영향력만 있는 것은 아니다. 갈등 해결을 통해 사회적 합의를 이루는 방식을 배우며 갈등은 경쟁이라는 상황 속에서 나타날 수 있기 때문에 성장 및 발전의 원동력으로 작용할 수 있다. 그럼에도 심각한 갈등은 사회 및 경제발전에 저해 요소로 작용하고 무엇보다 사회 구성원 간 신뢰 형성을 가로 막고 적대감과 불관용성을 만연하게 한다는 점에서 이를 극복하기 위한 많은 노력이 이루어져야 한다.

공공갈등에 대한 연구들은 공공갈등을 효율적으로 관리하고 효율적인 해결책을 찾기 위해서 한국 사회 공공갈등의 특징을 찾는 데 주력하였다. 많은 연구들은 한국 사회에 심각하게 영향을 미친 공공갈등에 대한 사례를 통해 예방과 해결에 필요한 것이 무엇이었으며 효율적 관리를 위해 요구되는 것은 무엇인지 알아보았다. 최근에 들어 수집된 공공갈등 자료를 중심으로 계량적 분석을 시도한 연구도 눈에 띤다. 또한 많은 연구들은 공공갈등 해결 및 관리에 있어 주로 정부의 역할에 초점을 맞추고 있다. 한편 대부분의 연구가 사례 분석 및 공공갈등 자료 수집을 통한 계량적 분석에 치중하고 있는 편인데 그러다보니 정작 중요한 시민들의 인식, 즉 공공갈등에 대해 어떻게 인식하고 있으며 평가하고 있는지에 관한 연구는 미진한 편이다.

한국의 공공갈등을 제대로 이해하기 위해서는 공공갈등에 대한 시민들의 인식을 이해하고 알아보는 것이 중요하다. 특히 공공갈등에 대해 어느 정도 심각하게 생각하고 있으며, 사회 · 정치 · 경제적 배경에 따라 이러한 인식에 차이가 있는지 알아봐야 한다. 또한, 유형별로 보았을 때 한국 사회에서 심각한 공공갈등은 무엇이며 어떠한 변화가 나타나고 있는지 알아보는 것이 필요하다. 이와 함께 공공갈등이 어떻게 보면 피해갈 수 없는 것이기 때문에 이를 부정적으로만 바라보고 있는지 아니면 사회 발전을 위해 경험해야 하는 것으로 인지하고 있는 것인지 알아볼 필요가 있다. 이러한 이유로 본 연구는 점점 심각성을 더해가는 한국 사회 공공갈등에 대해 시민들은 어떠한 인식 및 의견을 갖고 있는지 알아보는 것을 목적으로 한다. 이를 위해 단국대학교 분쟁해결연구센터가 2008년부터 2014년까지 수행한 설문 조사 결과를 사용하였다.[3]

---

3) 단국대학교 분쟁해결연구센터에서 2008년부터 매년 실시한 "갈등과 분쟁에 대한 시민인식조사"를 사용하였다.

Ⅱ. 공공갈등 인식에 대한 선행 연구

공공갈등 해결, 관리, 예방을 위해서는 공공갈등에 대한 시민들의 인식이 중요함에도 이에 대한 조사 및 연구는 미진한 편이다. 과거 공공갈등에 대한 인식을 조사하기 위한 시도는 2005년 한국여성개발원에 의해, 2007년과 2010년 고려대학교 한국사회연구소와 BK21 갈등사회교육연구단에 의해, 2013년 경실련 갈등해소센터에 의해 수행되었다. 또한 단국대학교 분쟁해결연구센터는 민주화 이후 발생한 주요 공공갈등에 대한 자료 수집과 함께 2008년부터 매년 공공갈등 인식 조사를 실시하여 공공갈등에 대한 시민들의 인식을 변화와 지속이라는 측면에서 알아보고 있다.

한국의 공공갈등에 대해 조사한 연구들은 공공갈등에 대해 국민들의 인식이 심각하다는 점을 공통적으로 지적하고 있다(한국여성개발원, 2005; 김선업 · 윤인진, 2009; 윤인진, 2011; 이병량 외, 2008; 전형준, 2010; 정일준, 2008; 이선우 · 이강원, 2013). 김선업 · 윤인진(2009)은 조사를 통해 한국인이 인식하는 사회 갈등 수준은 73.8점(100점 만점)으로 매우 심각한 수준이라고 말하고 있다. 이선우 · 이강원(2013) 또한 설문 조사를 통해 갈등 수준에 대한 인식이 10점 만점에 7.6점으로 심각하다는 점을 밝히고 있다.

한국 공공갈등의 중요한 특징이 상대적으로 짧은 시간에 다양한 종류의 공공갈등이 발생하고 있고, 공공갈등의 강도가 심화되고 확대 및 재생산되고 있으며, 그리고 공공갈등의 참여 행위자가 많아지고 이에 따라 쟁점이 다양해지면서 복잡성이 커진다는 점(가상준, 2010; 박길성, 2009; 윤인진, 2011; 이병량 외, 2008)이기에 위의 조사 결과들은 이러한 현실을 보여준 결과라 말할 수 있다. 전형준(2010)은 공공갈등의 심각성에 대한 인식은 소득, 학력, 연령, 이념적 진보성과 밀접한 상관성이 있다는 점을 밝히고 있어 다른 연구들과 차별성을 띠고 있다.

정부의 역할 및 책임 관련 공공갈등 시민 인식 조사에서 윤인진(2011)은 한국 사회에서 발생하고 있는 사회 갈등에 있어 중앙정부 책임이 가장 크지만 해결을 위한 노력에 있어 중앙정부의 역할은 상대적으로 미약하다는 점을 지적하고 있다. 같은 맥락에서 이병량 외(2008)도 조사를 통해 시민들은 대통령과 정부 여당을 사회 갈등 원인 제공자로 인식하고 있다는 결과를 보여주고 있다. 한편, 정부의 역할에 대해 조사한 연구들은 정부 개입이 필요하다는 점을 발견하고 있다. 김선업 · 윤인진(2009)은 바람직한 갈등 해결 방안으로 당사자에게 맡겨야 한다는 의견(49.7%)이 제3자에 의한 해결(38.1%)보다 높다는 점과 갈등 해결에 있어 정부가 가능한 한 적극적으로 개입해야 한다는 의견(50.5%)이 정부는 최소한 역할에 머물러야 한다는 의견(45.6%)보다 높다는 점을 발견하였다.

김선업 · 윤인진(2009)은 특히 공공갈등을 어떠한 시각으로 바라보느냐에 따라 제3자 개입 혹은 정부의 개입을 보는 시각이 다르게 나타남을 분석을 통해 밝히고 있다. 이병량 외(2008)는 사회적 갈등을 해결하기 위해 정부가 적극적으로 개입해야 한다는 주장에 찬성하다는 의견(68.7%)이 반대한다는 의견(31.2%)에 비해 높다는 점을 보여주고 있다. 이선우 · 이강원(2013)의 연구는 조금 다른 차원에서 조사하여 앞의 결과들과는 다른 결과를 보여주고 있는데 "정부기관이나 정부정책과 관련한 갈등을 해결하기 어려울 때 바람직한 해결 방안은 무엇이라고 생각하십니까?"라는 질문에[4] 대해 갈등 전문가나 기관 등 제3자를 통한 조정과 화해 시도(65.1%), 끝까지 대화를 통해서 해결(15.9%), 소송 등을 통해 법적으로 해결(11.1%)의 답을 얻고 있다. 단국대학교 분쟁해결연구센터도 2010년부터 관련한 질문을 통해 국민들의 인식을 알아보고 있다.[5]

박길성(2009)은 20년 전과 현재 모두 빈부 격차를 의미하는 경제갈등이 심각하다는 점을 보여주고 있는데 경제적 이해가 이념갈등을 구축하는 원천으로 작용한다고 말하고 있다. 그러나 과거 연구들은 이념갈등의 심각성보다는 계층갈등의 심각성을 제기하고 있다(한국여성개발원 2005; 박길성, 2009).[6] 이념갈등의 원인이 계층갈등(빈부갈등)임에도 과거 연구들은 계층갈등의 심각성은 발

4) 정확한 질문은 "정부기관이나 정부정책과 갈등이 발생하였을 경우 대화를 통한 해결 방법이 가장 바람직합니다. 그러나 대화를 통한 해결이 쉽지 않을 때가 많습니다. 귀하께서는 대화를 통한 해결이 쉽지 않을 경우에 가장 바람직한 해결 방안은 무엇이라고 생각하십니까?로 앞의 질문들과는 조금 성격을 달리하고 있다.

5) 이 설문에 대한 자세한 내용은 뒤의 제3장 김재신 chapter를 참조 바람.

6) 한국여성개발원(2005)의 조사에 의하면 계층갈등>지역갈등>노사갈등 >세대갈등>교육갈등>이념갈등>환경갈등>남성과 여성 간 갈등 순으로 나타나고 있다고 말하고 있으며, 김선업 · 윤인진(2009)의 조사에 의하면 계층갈등>지역갈등>노사갈등>정부-주민 갈등>이념갈등>세대 갈등의 순이 나타남을 밝히고 있다.

견하고 있지만 이념갈등의 심각성은 발견하지 못한 것이다. 계층갈등이 가장 심각한 갈등으로 나타나는 원인을 경제적 불평등에서 찾고 있다(김선업 · 윤인진, 2009).

그러나 이선우 · 이강원(2013)의 집단 간 갈등 관리에 대한 인식에서 "진보 세력과 보수 세력" 간 갈등이 가장 심각하다는 점을 발견하였고 그 뒤를 "못사는 사람과 잘사는 사람", "정규직 근로자와 비정규직 근로자" 등의 순으로 나타남을 밝히고 있다. 이들은 이념갈등이 계층갈등보다 심각하다는 점을 보여줌으로써 2005년과 2009년에 조사된 내용과 차이를 있음을 말해주고 있다. 이는 시민들은 한국 사회에서 계층갈등이 심각하다고 지속적으로 인식하고 있으며 이념갈등에 대한 인식은 과거에 비해 크게 달라지고 있음을 말해주는 것이다.

공공갈등에 대한 많은 사례 연구에 비해 시민들의 인식에 대한 연구는 상대적으로 적지만 이들은 공통적으로 공공갈등에 대해 매우 걱정스러운 의견을 표출하고 있으며 특히 계층갈등이 매우 심각한 갈등이라 인식한다는 점을 보여주고 있다. 한편 공공갈등 해결에 있어 정부의 역할에 대해서는 조사에 따라 조금씩 다른 결과를 보이고 있지만 해결에 있어 정부의 역할은 기대되고 있는 편이다. 과거 조사 결과들은 대부분 공공갈등에 대해 시민들의 부정적인 인식을 보여주고 있는데 공공갈등이 한국의 민주주의 발전과 성숙에 어떠한 영향을 미치고 있는지에 대해 소개한 연구는 찾을 수 없다. 대부분의 과거 조사들이 연속성을 가지고 수행되기보다는 일회성으로 조사되다보니 공공갈등에 대한 인식이 어떻게 변화하고 있으며, 왜 변화하고 있는지 알 수 없다. 또한, 공공갈등 유형 중 어떠한 유형이 가장 심각하게 인식되고 있으며 이러한 인식은 연도별 조사에 따라 차이가 있는지 알 수 없다.

본 연구는 공공갈등에 대한 시민들의 인식을 좀 더 통시적으로 분석함으로써 공공갈등에 대한 인식이 어떻게 변화하는지 살펴보고, 유형별로 보았을 때 어떠한 갈등이 심각하고 어떠한 갈등이 상대적으로 덜 심각한지 알아봄으로써 한국 사회의 변화에 따른 시민들의 인식 변화를 살펴보려 한다. 마지막으로 시민들은 일반적으로 부정적으로 인식되는 공공갈등에 대해 사회 발전의 요인으로도 인식하고 있는지 알아보려 한다. 특히 이는 공공갈등에 대한 인내심, 정부 역할에 대한 의견 등과 관련이 있기에 좀 더 다른 측면에서 한국의 공공갈등을 조명해 볼 수 있는 기회를 제공하기에 의미가 크다고 하겠다.

Ⅲ. 2008-2014년 공공갈등 인식 지수

우리나라 갈등 상황에 대한 국민들의 평가를 살펴보면 〈표 1-1〉의 결과를 얻는다. 매년 공통적으로 나타나는 것은 매우 갈등이 심했다는 의견이 가장 높고, 전혀 갈등이 없었다는 응답은 가장 낮다는 점이다. 연도별 차이는 있지만 갈등이 있다(약간 갈등이 있는 편이었다 + 매우 갈등이 심했다)는 대답의 비율이 90%를 상회하고 있다는 점이다.

〈표 1-1〉 우리나라 갈등 상황에 대한 전반적 평가[7]

	전혀 갈등이 없었다	별로 갈등이 없는 편이었다	약간 갈등이 있는 편이었다	매우 갈등이 심했다
2008년	0.8%	4.7%	42.3%	52.2%
2009년	0.7%	5.3%	32.7%	61.2%
2010년	1.8%	6.9%	44.6%	46.6%
2011년	0.3%	4.3%	43.9%	51.4%
2012년	0.9%	4.2%	39.6%	55.2%
2013년	0.8%	5.0%	36.1%	58.2%
2014년	0.6%	4.3%	30.6%	60.8%

연도별 갈등 인식을 지수로 만들어 살펴보았다. 갈등 인식 지수는 "(1) 전혀 갈등이 없었다, (2) 별로 갈등이 없는 편이었다, (3) 약간 갈등이 있는 편이었다, (4) 매우 갈등이 심했다" 대답의 평균값(1-4)을 0-10으로 변환시켜 나타난 값이다. 10에 가까울수록 매우 갈등이 심했다를 0에 가까울수록 전혀 갈등이 없었다를 보여준다. 〈그림 1-1〉은 이에 대한 7년 동안의 결과를 보여주고 있는데 연도별 차이는 있지만 국민들은 매년 갈등이 심각한 수준이라는 인식을 갖고 있는 것으로 나타나고 있다. 2009년도에 갈등 인식 지수가 높게 나타났으나 2010년에 하락하는 모습을 보였다. 그러나 2010년 후 갈등 인식 지수는 조금씩 상승하여 2014년에 갈등 인식이 가장 심각하게 나타나고 있다. 이러한 시민들의 인식은 실제 현실에서 발생하고 있는 공공갈등과 무관하지 않다.

7) "보통이다/모름/무응답"을 제외한 수치를 보여주고 있다. 보통이다라는 응답이 들어갈 경우 보통이다라는 대답의 비율이 높아지기에 보통이다라는 응답은 넣지 않았다. 보통이다/모름/무응답의 비율은 약 1.5%로 나타나고 있다.

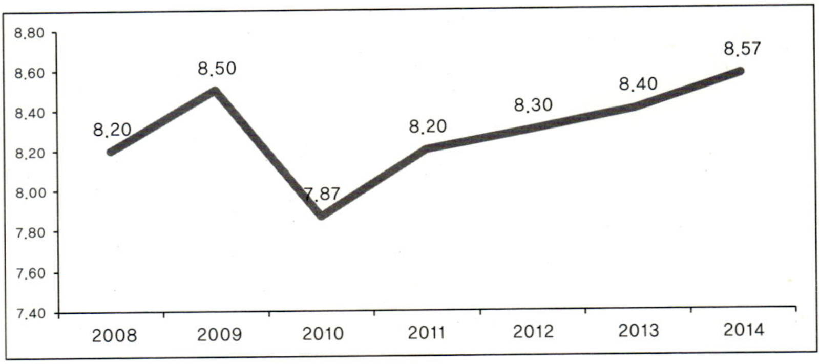

〈그림 1-1〉 **연도별 갈등 인식 지수**

단국대학교 분쟁해결연구센터의 조사에 의하면 2008년 발생한 주요 공공갈등은[8] 57건, 2009년 59건, 2010년 45건, 2011년 54건, 2012년 61건, 2013년 44건으로 나타나고 있다.[9] 이러한 주요 공공갈등의 발생 빈도는 갈등 인식 지수가 무엇에 의해 영향을 받고 있는지 간접적으로 말해주고 있다.

---

8) 단국대학교 분쟁해결연구센터는 공공갈등을 "서로 상충되는 쟁점을 둘러싸고 대립하는 둘 이상의 행위 주체들의 상호작용 과정이 공중에게 광범위하게 영향을 미치게 되어 사회적 갈등 관리 기제에 의해 다루어지는 갈등"으로 정의하고 있다(가상준 외 2007). 주요 공공갈등은 다음의 조작적 정의를 충족시키는 것들이다.
(1) 갈등의 전 과정을 통해 연인원 500명 이상의 참여자가 집단적으로 행동을 조직
(2) 공중이 자유롭게 접근할 수 있는 곳에서 최소한 100명 이상의 참여자가 집단적으로 행동을 조직하는 경우가 적어도 1회 이상 발생
(3) 서로 상충되는 쟁점을 둘러싸고 대립하는 둘 이상의 행위 주체들의 상호작용이 적어도 7일 이상 지속

9) 2013년의 공공갈등 발생건수는 44건이지만 아직 집계가 끝나지 않은 최종 빈도다.

공공갈등 인식 지수를 성별로 구분해서 살펴보면 〈표 1-2〉와 같다. 이를 통해 가장 먼저 알 수 있는 것은 남성이 여성보다 한국의 공공갈등은 좀 더 심각하게 인식한다는 점이다. 물론 연도별로 조금의 차이는 있지만 2010년과 2014년을 제외하고 이러한 경향은 나타나고 있다. 이는 일반적으로 남성이 여성에 비해 사회 안정, 변화에 있어 보수적 성향을 보이고 있기 때문에 공공갈등과 같은 사회 문제에 좀 더 민감하게 반응한 것이라 하겠다.

〈표 1-2〉 **성별로 본 공공갈등 인식 지수**

연도	구분	전혀 갈등이 없었다	별로 갈등이 없는 편이었다	약간 갈등이 있는 편이었다	매우 갈등이 심했다	평균
2008	남성	0.6%	5.5%	41.3%	52.6%	8.20
	여성	1.0%	3.7%	43.5%	51.8%	8.20
2009	남성	0.4%	7.0%	29.9%	62.7%	8.50
	여성	0.8%	3.8%	35.5%	59.8%	8.47
2010	남성	2.2%	6.0%	46.9%	44.9%	7.80
	여성	1.3%	7.9%	42.5%	48.4%	7.93
2011	남성	0.4%	5.1%	41.1%	53.4%	8.23
	여성	0.2%	3.6%	46.8%	49.5%	8.20
2012	남성	1.1%	3.4%	41.1%	54.4%	8.30
	여성	0.9%	4.9%	38.2%	56.0%	8.30
2013	남성	0.6%	4.4%	34.7%	60.3%	8.50
	여성	1.1%	5.5%	37.3%	56.1%	8.30
2014	남성	0.7%	4.6%	31.0%	61.4%	8.57
	여성	0.6%	4.0%	30.3%	60.3%	8.60

공공갈등 인식 지수를 연령대로 구분해서 살펴보면 연도별로 조금씩 차이는 있지만 (1) 20대(19~29세)의 갈등 인식 지수가 가장 낮다는 점과 (2) 40대의 갈등 인식 지수가 가장 높다는 점을 발

견할 수 있다(〈표 1-3〉). 사회문제에 대해 현실적 피부감이 낮은 20대의 경우 공공갈등에 대해 민감하게 반응을 보이지 않고 있지만 사회적 변화에 민감한 40대 연령대는 상대적으로 민감한 편이다. 40대와 50대가 연도별 차이는 있지만 한국 사회의 공공갈등을 매우 심각하게 인식하고 있는데 다른 연령대 집단에 비해 공공갈등으로 인해 발생하는 사회적 혼란, 경제적 타격이 그들의 삶에 크게 영향을 미치기 때문이다. 한편 공공갈등 인식이 가장 크게 나타났던 2009년과 2014년에는 20대를 제외하고 모든 연령대가 느끼는 심각성은 매우 큰 편이었다.

〈표 1-3〉 **연령대로 본 공공갈등 인식 지수**

연도	구분	전혀 갈등이 없었다	별로 갈등이 없는 편이었다	약간 갈등이 있는 편이었다	매우 갈등이 심했다	평균
2008	19~29세	1.4%	6.1%	40.2%	52.3%	8.13
	30대	0.4%	3.8%	41.3%	54.5%	8.33
	40대	1.3%	3.1%	42.0%	53.6%	8.27
	50대	0.7%	6.2%	42.8%	50.3%	8.10
	60대 이상	0.0%	4.8%	46.7%	48.5%	8.13
2009	19~29세	2.0%	9.5%	35.0%	53.5%	7.97
	30대	0.5%	3.8%	31.6%	64.1%	8.63
	40대	0.5%	3.7%	29.5%	66.4%	8.73
	50대	0.0%	3.9%	32.7%	63.4%	8.67
	60대 이상	0.0%	6.0%	35.5%	58.4%	8.43
2010	19~29세	4.0%	6.9%	53.8%	35.3%	7.33
	30대	1.5%	6.0%	37.8%	54.7%	8.17
	40대	0.5%	6.2%	41.6%	51.7%	8.13
	50대	1.8%	4.3%	52.1%	41.7%	7.77
	60대 이상	1.1%	10.9%	40.2%	47.7%	7.80

연도	구분	전혀 갈등이 없었다	별로 갈등이 없는 편이었다	약간 갈등이 있는 편이었다	매우 갈등이 심했다	평균
2011	19~29세	0.0%	8.7%	50.3%	41.0%	7.73
	30대	0.5%	1.5%	48.5%	49.5%	8.23
	40대	0.5%	2.8%	37.9%	58.8%	8.50
	50대	0.0%	3.5%	39.8%	56.7%	8.43
	60대 이상	0.5%	4.8%	44.4%	50.3%	8.13
2012	19~29세	0.0%	5.7%	52.8%	41.5%	7.87
	30대	1.5%	3.0%	43.1%	52.5%	8.23
	40대	0.0%	3.9%	36.7%	59.4%	8.53
	50대	1.7%	5.1%	32.8%	60.5%	8.43
	60대 이상	1.7%	4.5%	32.6%	61.2%	8.43
2013	19~29세	1.2%	5.8%	47.7%	45.3%	7.90
	30대	0.5%	2.6%	48.2%	48.7%	8.17
	40대	0.0%	5.9%	26.3%	67.8%	8.73
	50대	1.1%	2.7%	33.0%	63.2%	8.60
	60대 이상	1.0%	7.8%	27.1%	64.1%	8.47
2014	19~29세	0.4%	5.3%	35.8%	56.1%	8.37
	30대	0.6%	2.6%	30.9%	64.2%	8.70
	40대	0.8%	3.6%	30.3%	63.6%	8.63
	50대	0.3%	5.0%	25.4%	64.8%	8.73
	60대 이상	0.8%	5.0%	31.2%	55.5%	8.43

학력으로 구분해서 공공갈등 인식 지수를 분석해 보면 연도별로 조금씩 차이는 있지만 학력이 높아질수록 갈등 인식 지수가 높다는 점을 발견할 수 있다(〈표 1-4〉). 아무래도 학력이 높을수록 사회적으로 안정된 위치에 있기 때문에 공공갈등과 같은 사회적 혼란에 우려를 나타내고 있는 것이라 말할 수 있다.

〈표 1-4〉 학력으로 본 공공갈등 인식 지수

연도	구분	전혀 갈등이 없었다	별로 갈등이 없는 편이었다	약간 갈등이 있는 편이었다	매우 갈등이 심했다	평균
2008	중졸 이하	1.4%	7.8%	42.6%	48.2%	7.93
	고졸	1.0%	3.0%	48.1%	47.8%	8.10
	대재 이상	0.4%	4.8%	38.7%	56.2%	8.37
2009	중졸 이하	0.7%	4.8%	44.5%	50.0%	8.10
	고졸	0.4%	7.0%	30.4%	62.3%	8.47
	대재 이상	0.6%	4.1%	31.2%	64.1%	8.63
2010	중졸 이하	2.3%	12.2%	48.9%	36.6%	7.37
	고졸	1.4%	7.3%	44.6%	46.7%	7.90
	대재 이상	2.0%	5.4%	43.7%	49.0%	7.97
2011	중졸 이하	0.0%	5.4%	44.9%	49.7%	8.10
	고졸	0.7%	2.8%	52.6%	43.9%	7.97
	대재 이상	0.2%	4.8%	38.5%	56.5%	8.37
2012	중졸 이하	2.3%	6.1%	30.3%	61.4%	8.37
	고졸	1.1%	4.1%	40.0%	54.8%	8.30
	대재 이상	0.8%	3.8%	41.9%	53.5%	8.27
2013	중졸 이하	1.6%	10.2%	34.4%	53.9%	8.07
	고졸	0.4%	5.9%	35.7%	58.0%	8.37
	대재 이상	0.9%	3.4%	36.7%	59.0%	8.47
2014	중졸 이하	0.0%	5.7%	29.4%	50.6%	8.40
	고졸	0.8%	5.0%	33.1%	56.5%	8.40
	대재 이상	0.7%	3.3%	29.6%	65.8%	8.73

설문 응답자를 이념으로 구분해 한국의 공공갈등이 얼마나 심각하다고 생각하고 있는지 알아보았다. 〈표 1-5〉는 이에 대한 결과를 보여주고 있는데 한국 사회의 공공갈등이 가장 심각하다고 인식하고 있는 집단은 진보적 성향의 응답자들이다. 이에 비해 공공갈등의 심각성을 상대적으로 가장 적게 느끼는 집단은 보수적 성향의 응답자들로 나타나고 있다. 이러한 점은 2012년에 약간의 예외는 있지만 7년 동안 조사에서 동일하게 나타난 현상이다. 일

반적으로 보수적 성향의 시민들이 공공갈등과 같은 사회적 대립 및 혼란에 좀 더 민감하게 반응하여 강하게 심각성을 표현할 것이라 예상해 보았지만 그렇지 않은 것으로 나타나고 있다. 반대로 진보적 성향의 시민들은 사회적 변화에 잘 적응하기 때문에 공공갈등과 같은 변화 시도에 별로 민감한 반응을 보이지 않을 것이라 예상해 보았지만 그와는 반대의 결과가 나왔다.[10]

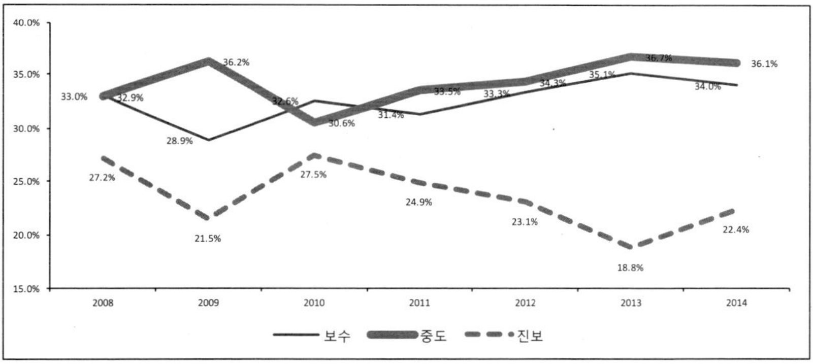

〈그림 1-2〉 **성향별 갈등 인식 지수: 2008~2014**

---

10) 참고로 7년 동안의 조사에 있어 핵심은 아니었지만 특이한 사항 중 하나는 보수 성향과 중도 성향을 가진 시민들이 증가하는 반면 진보적 성향의 시민들의 비중은 줄어들고 있다는 점이다. 〈그림 1-2〉는 이러한 경향을 자세히 보여주고 있는데 일반적으로 중도라고 대답한 시민들이 가장 높은 비중을 차지하고 있지만 2009년에 보수 성향 시민들과 진보 성향 시민들이 동반 하락한 반면 2010년에는 동반 상승하는 모습을 보인다. 그러나 2011년부터 두 집단 간 뚜렷한 차이를 보이고 있는데 보수 성향의 시민들의 비중이 점점 높아지는 반면 진보 성향의 시민들의 비중은 점점 낮아진다는 점이다. 이러한 경향으로 인해 2013년 보수와 진보간 차이는 16.3%로 가장 커다란 차이를 보이게 된다. 이러한 차이는 2014년에 조금 줄어들었다.

〈표 1-5〉 이념으로 본 공공갈등 인식 지수

연도	구분	전혀 갈등이 없었다	별로 갈등이 없는 편이었다	약간 갈등이 있는 편이었다	매우 갈등이 심했다	평균
2008	보수	0.9%	4.0%	44.0%	51.1%	8.17
	중도	0.6%	4.6%	42.7%	52.0%	8.20
	진보	0.0%	4.8%	37.9%	57.2%	8.43
2009	보수	1.1%	7.0%	34.2%	57.7%	8.30
	중도	0.0%	5.0%	35.4%	59.6%	8.50
	진보	1.4%	2.8%	24.1%	71.7%	8.90
2010	보수	2.0%	8.6%	49.5%	39.9%	7.57
	중도	1.1%	7.1%	45.2%	46.6%	7.90
	진보	2.3%	3.8%	38.3%	55.6%	8.23
2011	보수	0.7%	6.5%	44.7%	48.1%	8.00
	중도	0.3%	3.4%	44.0%	52.3%	8.27
	진보	0.0%	2.9%	40.4%	56.7%	8.47
2012	보수	1.0%	5.8%	40.6%	52.7%	8.17
	중도	1.3%	2.5%	46.6%	49.7%	8.13
	진보	0.9%	4.5%	30.4%	64.3%	8.60
2013	보수	0.6%	5.3%	38.2%	55.9%	8.33
	중도	0.3%	4.6%	37.6%	57.5%	8.40
	진보	1.7%	5.1%	29.5%	63.6%	8.53
2014	보수	1.3%	5.0%	33.1%	58.5%	8.40
	중도	0.5%	3.9%	33.7%	58.7%	8.53
	진보	0.0%	2.0%	22.9%	71.8%	9.07

Ⅳ. 이슈별 공공갈등 인식 지수

공공갈등에 대한 인식을 이슈별로 구분해 연도별로 보면 〈그림 1-3〉이 보여주는 것과 같은 결과를 얻는다.[11] 7년 동안의 조사에

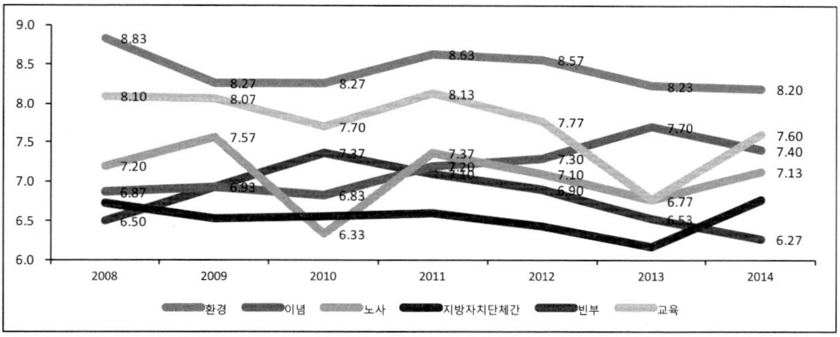

〈그림 1-3〉 **이슈별 갈등 인식 지수: 2008~2014**

있어 가장 심각하다고 나타나는 공공갈등은 빈부갈등, 즉 계층갈등이라 말할 수 있다. 이러한 결과는 과거 다른 연구 결과와 상응하는 것으로 빈부(계층)갈등이 한국 사회를 대표하는 심각한 갈등이라 하겠다. 다음으로 심각하게 나타난 공공갈등은 교육갈등으로

11) 그림으로 잘 구분되지 않는 부분을 좀 더 구체적으로 알아보기 위해 아래와 같이 표로 다시 정리하였다.

	환경	이념	노사	지방	빈부	교육
2008	6.50	6.87	7.20	6.73	8.83	8.10
2009	6.93	6.93	7.57	6.53	8.27	8.07
2010	7.37	6.83	6.33	6.57	8.27	7.70
2011	7.10	7.20	7.37	6.60	8.63	8.13
2012	6.90	7.30	7.10	6.43	8.57	7.77
2013	6.53	7.70	6.77	6.17	8.23	6.77
2014	6.27	7.40	7.13	6.77	8.20	7.60

일곱 번의 조사에서 여섯 번 빈부갈등에 이어 심각한 공공갈등으로 인식되었으며, 전체 평균은 7.73으로 가장 심각한 빈부갈등(평균 8.43)의 뒤를 따르고 있었다. 이념갈등의 7년 평균은 7.18로 빈부갈등, 교육갈등에 이어 세 번째로 높은 평균 점수를 보이고 있다. 국민들이 가장 덜 심각하게 인식하고 있는 공공갈등은 지방자치단체 간 갈등(평균 6.54)으로 7년 간 조사에서 네 번 가장 낮은 심각성 인식 점수를 보여주고 있다. 환경갈등(평균 6.80)이 두 번째로 심각성이 낮은 갈등이라 하겠다.

한국 사회에서 전통적으로 심각성을 보여주었던 노사갈등의 평균 점수는 7.07로 예상보다 낮은 편이다. 일반적으로 한국 사회의 노사갈등이 매우 심각한 것으로 인식되고 있으며, 반면 교육갈등의 심각성은 낮은 것으로 인식된다. 그러나 7년 동안의 조사는 이와는 반대의 결과를 보여주고 있다. 이는 노사갈등은 노측과 사측 간 갈등이기 때문에 제3자에 미치는 영향이 작지만 교육갈등이 미치는 영향력은 일반적으로 전국적이기 때문에 이러한 결과가 나타난 것이라 말할 수 있다. 반면 지방자치단체 간 갈등은 과거에 찾아볼 수 없었던 정부와 정부 간 갈등으로 새로운 공공갈등이며 시민들에게 미치는 영향력은 크지 않았기 때문에 이에 대한 심각성 인식은 다른 전통적인 공공갈등에 비해 낮게 나타난 것이라 하겠다. 한편, 이명박 정부(2008~2012년) 동안 4대강 건설 및 제주해군기지 건설 등으로 인해 환경갈등은 매우 커다란 영향을 미친 공공갈등임에도 5년 동안의 조사에서 나타난 심각성은 낮은 편이었다.

이슈별 공공갈등의 심각성에 대한 변화를 〈그림 1-3〉을 통해 살펴보면 먼저 노사갈등에 대한 인식은 다른 갈등에 비해 편차가

심하다는 점을 알 수 있는데 이는 그 해에 어떠한 사건이 발생했는지와 관련이 있다고 하겠다. 단국대학교 분쟁해결연구센터 조사에 의하면 2008년 노사갈등 발생건수는 8건, 2009년 14건, 2010년 7건, 2011년 9건, 2012년 12건, 2013년 14건으로 2009년의 경우 발생건수도 많지만 쌍용차 노사분규와 같은 사회적 영향력이 큰 노사갈등이 있어 노사갈등 인식 지수에 영향을 미친 것이라 말할 수 있다.

한편, 교육갈등은 평균으로 보았을 때 두 번째로 심각한 갈등으로 2011년을 지나면서 갈등 인식 지수가 크게 하락하였지만 2014년 새로 취임한 교육감과 교육부 간 갈등이 증폭되면서 인식 지수가 다시 상승하였음을 알 수 있다. 커다란 변화는 이념갈등에 대해 느끼는 시민들의 심각성이 커지고 있다는 점이다. 이념갈등이 전체 평균은 3위이지만 갈등 인지 점수가 크게 상승하는 모습을 보이고 있는 것이다. 2008년에는 별로 심각하지 않은 갈등으로 인식되었고 2010년까지만 해도 6점대 평균 점수를 보였다. 그러나 2011년부터 7점대로 상승하여 2013년에는 7.70의 높은 점수로 두 번째로 높은 갈등으로 인식되었으며 2014년에도 이념갈등은 심각하게 인식되고 있다. 이러한 결과는 앞선 결과들 즉, 한국여성개발원(2005년)과 박길성(2009년) 조사에서 시민들은 이념갈등에 대해 심각하다고 인식하지 않았지만 이선우 · 이강원(2013년) 조사에서는 매우 심각한 갈등으로 인식된 내용과 상응하는 것이다. 이러한 점을 보았을 때 이념갈등의 심각성은 더욱 커질 것이라는 예상도 가능하다.

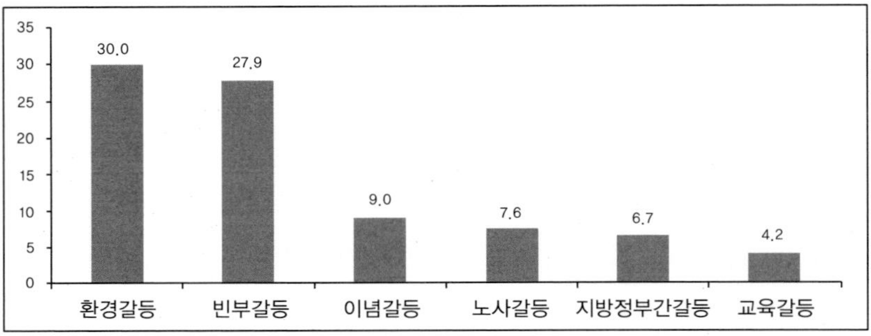

〈그림 1-4〉 **이명박 정부 기간(2008~2012) 갈등 양상**

위의 결과를 2013년에 실시한 문항 "선생님께서는 지난 이명박 정부 기간 어떤 갈등이 가장 심각했다고 생각하십니까?"에 비춰보면 이명박 정부(2008~2012) 기간 동안 나타난 결과와 차이가 있다는 점을 알 수 있다. 앞서 언급했듯이 이명박 정부 기간(2008~2012년) 동안 실시된 설문 조사에 의하면 빈부갈등, 즉 계층갈등이 시민들이 인식하는 가장 심각한 갈등으로 조사되었다. 그러나 2013년 조사에서 이명박 정부 동안 가장 심각한 갈등이 무엇이었는지 물어보았을 때 〈그림 1-4〉가 보여주듯이 응답자들은 환경갈등이라 대답하고 있다. 빈부갈등이라 대답한 응답자는 27.9%로 그 뒤를 따르고 있다. 이명박 정부 5년 동안 환경갈등은 크게 심각한 갈등으로 인식되지 않았다.

그러나 이명박 정부가 끝나고 9개월이 지난 시점에 가장 심각한 갈등이 무엇이었는지 물어보았을 때 환경갈등이라고 대답한 응답자가 가장 높게 나타나고 있다는 점은 다소 의외라 하겠다. 이는 이명박 정부 동안 지속적으로 논란이 되었던 4대강 개발 관련 갈등과 이명박 정부에서 개발을 둘러싸고 정부와 환경단체 및 야당

간 끊임없이 이어졌던 공방이 회고적 차원에서 대답한 응답자에 영향을 미쳐 나타난 결과라 하겠다. 한편, 이명박 정부 5년(2008년~2012년) 동안의 조사에서 항상 가장 심각한 갈등으로 인식되었던 빈부갈등이 그 뒤를 따르고 있다는 점에서 빈부갈등의 심각성을 엿볼 수 있다. 그러나 5년 동안의 조사에서 두 번째로 심각한 갈등으로 인식되었던 교육갈등이 2013년 조사에서는 4.2%로 가장 심각하지 않은 갈등으로 인식되고 있다. 이는 2013년에 조사된 결과이니만큼 교육갈등을 5년 동안의 전반적인 차원에서 인식하면서 대답한 것이라기보다는 2012년 이후 심각성이 하락하고 있는 2013년 기준에서 인식하여 대답한 것이라 생각해 볼 수 있다.

한편 2013년과 2014년 조사에서 알 수 있듯이 박근혜 정부 첫 해와 두번째 해에 시민들이 인식한 가장 심각한 공공갈등 또한 〈그림 1-3〉에서 보듯이 빈부갈등, 즉 계층갈등이었다. 그러나 설문 응답자들에게 선생님께서는 박근혜 정부기간 어떤 갈등이 가장 심각할 것이라 생각하십니까? 라고 물어보았을 때 〈그림 1-5〉가 보여주듯이 이념갈등이라고 대답한 응답자의 비율이 2013년도에는 39.3% 가장 높았고 2014년도의 경우 26.0%로 두 번째로 높게 나타나고 있다. 회고적 측면에서는 계층갈등이었지만 전망적 측면에서는 이념갈등의 심각성이 부각되고 있는 것이다. 이러한 점은 박근혜 정부 들어와 이념갈등의 심각성이 커졌기 때문이며 실제로 발생하는 공공갈등이 이념적 대립으로 변환되는 경향이 나타나고 있기 때문이다. 이명박 정부 5년 동안의 조사에서 이념갈등에 대한 시민들의 인식은 상대적으로 심각하지 않았다. 그러나 2011년과 2012년에 이념갈등의 심각성이 인지되기 시작하였고 박근혜 정부 첫 해인 2013년 조사에서는 빈부갈등에 이어 두 번째로 심각성이 제기되는 갈등으로 인식되었으로 2014년에도 마찬가지다. 이러한 점과 이념적 대립이 공공갈등뿐만 아니라 많은 영역에서 잦아지고 있다는 현실이 이념갈등에 대한 걱정으로 다가온 것이라 하겠다.

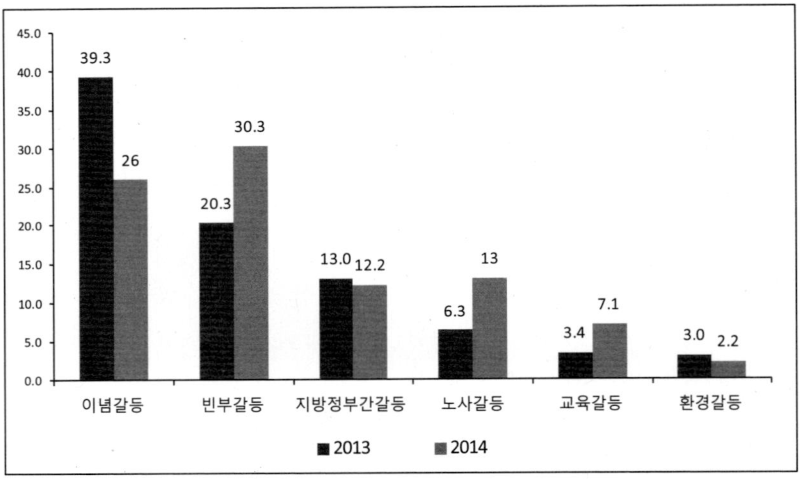

〈그림 1–5〉 **박근혜 정부 기간(2013~2014) 갈등 양상**

V. 공공갈등과 민주주의

마지막으로 공공갈등과 민주주의 발전과의 관련성에 대해 알아보았다. 일반적으로 공공갈등은 당사자 간 격한 대립으로 인해 사회적으로 미치는 부정적인 측면이 부각된다. 그렇기 때문에 전혀 사회에 긍정적인 영향을 미칠 것이라 생각되지 않는다. 공공갈등이 발생하지 않는다면 사회가 치러야 할 많은 비용이 절감되기에 이상적인 형태일 것이다. 그러나 공공갈등은 정부의 정책으로부터 이득을 취하기 위한 혹은 낮은 비용을 치르기 위한 상호간의 경쟁, 이익과 비용을 둘러싼 집단 혹은 정부 간 대립, 집단이 소중히 여기는 가치가 존중되고 유지되기 위해 의견을 달리하는 집단 간의 충돌 등 다양한 원인에 의해 발생한다. 그러나 갈등은 경쟁을 통해 사회를 발전시키는 원동력이 될 수 있으며 갈등 해결 속에서 타인에 대한 이해 및 관용성 형성, 사회 갈등 해결 능력 향상 등을 기대할 수 있어 긍정적 측면을 지니고 있다.

시민들은 갈등의 경험이 민주주의 발전에 어떠한 역할을 하고 있다고 생각하고 있는지 알아보았다.[12] 〈표 1-6〉에서 보듯이 갈등의 경험이 민주주의 발전에 긍정적일 것이라는 의견은 점점 하락하고 있는 것으로 나타나고 있는데 갈등에 대한 시민들의 피로감이 누적되면서 나타난 결과라 하겠다. 구체적으로 이러한 양상을 〈그림 1-6〉을 통해 알 수 있는데 2008년의 조사에서는 평균값이 5.87로 상대적으로 높은 편이었으나 이러한 긍정적 평가는 연도에 따라 차이를 보였다가 점점 하락하여 2013년과 2014년도 조사에서는 각각 4.77과 4.80으로 가장 낮은 수치를 보이고 있다.[13]

12) 정확한 질문은 "올해 우리 사회가 경험한 갈등이 민주주의 발전에 긍정적이라고 보십니까? 부정적이라고 보십니까?로 응답자는 다음의 네 개 중 선택하였다. ① 매우 부정적이다, ② 부정적인 편이다, ③ 긍정적인 편이다, ④ 매우 긍정적이다. 그럼에도 보통이다, 모른다, 무응답으로 대답한 응답자는 결측 처리한 후 백분율을 구했다.

13) 〈표 1-6〉에서 나온 연도별 평균값(1-4)을 0-10으로 변환시켜 나타난

〈표 1-6〉 갈등의 민주주의 발전 기여도

연도	매우 부정적이다	부정적인 편이다	긍정적인 편이다	매우 긍정적이다
2008	5.5%	28.1%	61.8%	10.1%
2009	11.0%	37.1%	46.5%	5.5%
2010	7.1%	36.5%	52.1%	4.3%
2011	2.7%	35.5%	58.4%	3.4%
2012	7.8%	37.2%	50.1%	4.9%
2013	9.2%	42.3%	45.0%	3.6%
2014	9.4%	35.2%	42.1%	3.4%

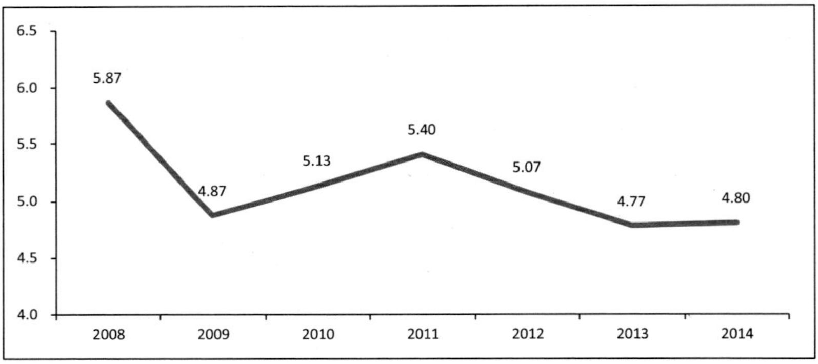

〈그림 1-6〉 연도별 갈등의 민주주의 발전 기여도 지수

2009년 2013년, 2014년도 조사에서 민주주의 발전 기여도 인식 지수가 특히 낮은 것으로 나타나고 있는데 해당 연도의 높은 갈등 인식 지수(2009년 8.50, 2013년 8.40, 2014년 8.57)와 관련이 있다고 말할 수 있다. 즉, 해당 연도의 갈등 심각성을 말해주는 갈등 인식 지수가 높을수록 갈등의 민주주의 발전 기여도 지수는 낮게

값이다. 10에 가까울수록 매우 긍정적이다를 0에 가까울수록 매우 부정적이다를 보여준다.

나타나는 것이다.

우리가 경험하는 갈등이 민주주의 발전에 긍정적 혹은 부정적으로 영향을 미친다고 생각하는지에 대해 세부적으로 알아보기 위해 공공갈등 심각성 인식 지수 조사에서와 마찬가지로 성별, 연령, 학력, 이념으로 구분해서 살펴보았다. 먼저 성별로 구분해서 연도별 남성과 여성의 차이를 살펴보면 〈표 1-7〉에서 보듯이 커다란 차이가 없다는 점을 알 수 있다. 2008년과 2010년과 같이 여성에 비해 남성이 긍정적으로 인식하고 있는 경우도 있지만 2009년, 2011년, 2013년, 2014년과 같이 여성의 긍정적 평가가 남성보다 높을 때도 있다. 이를 통해 성별은 갈등의 민주주의 발전 기여도를 구분하는 중요 요인이라 말하기 어렵다.

〈표 1-7〉 성별로 본 갈등 민주주의 기여도

연도	구분	매우 부정적이다	부정적인 편이다	긍정적인 편이다	매우 긍정적이다	평균
2008	남성	5.2%	24.2%	59.1%	11.5%	5.90
	여성	5.8%	21.1%	64.5%	8.6%	5.87
2009	남성	11.5%	37.2%	45.6%	5.7%	4.87
	여성	10.4%	37.0%	47.4%	5.2%	4.90
2010	남성	9.4%	32.4%	51.9%	6.3%	5.17
	여성	4.8%	40.8%	52.4%	2.1%	5.07
2011	남성	2.1%	36.8%	58.0%	3.0%	5.40
	여성	3.3%	34.2%	58.7%	3.8%	5.43
2012	남성	9.8%	34.0%	50.2%	6.0%	5.07
	여성	5.8%	40.4%	50.1%	3.7%	5.07
2013	남성	10.4%	42.4%	42.9%	4.2%	4.70
	여성	9.2%	42.3%	45.0%	3.6%	4.83
2014	남성	12.0%	35.7%	41.1%	3.4%	4.63
	여성	7.0%	34.7%	43.1%	3.5%	4.97

갈등의 민주주의 발전 기여도를 연령대로 구분해서 살펴보았다. 일반적으로 연령대가 낮을수록 진보적 성향이 강하기 때문에 변화에 적응이 빠르고 관용성이 높아 공공갈등이 미치는 영향력에 대해 긍정적으로 평가할 것이라 예상해 볼 수 있다. 이러한 점이 나타나는지 살펴보았다. 〈표 1-8〉에서 보듯이 연도별로 조금씩 차이는 있지만 젊은 연령대일수록 현재 우리가 경험하는 갈등이 민주주의 발전에 긍정적 영향을 미칠 것이라 평가하고 있는 것으로 나타나고 있다. 한편 연도에 따라 20대가 30대보다 긍정적으로 평가할 때도 있지만 30대가 20대보다 긍정적으로 평가하는 경우가 더 많다는 점을 발견할 수 있다. 한편 대부분의 경우 60대 이상 연령대의 긍정적 평가가 가장 낮은 것으로 나타나고 있으며 40대의 평가는 2014년의 예외는 있지만 중간적 위치에 있다고 말할 수 있다. 이러한 점을 통해 연령이 높아질수록 갈등이 민주주의 발전에 미치는 영향에 대해서는 부정적으로 평가하고 있다고 말할 수 있다. 연령이 높아질수록 나타나는 갈등에 대한 부정적 인식이 이러한 경향을 낳은 것이라 하겠다.

다음은 갈등이 민주주의 발전에 미치는 영향력에 대한 평가를 학력으로 구분해서 살펴보았다. 학력이 높을수록 공공갈등에 대해 인내심이 높고 공공갈등이 가지는 긍정적인 측면을 잘 알고 있기에 민주주의 발전 기여도를 높이 평가할 것이라 예측할 수 있다. 〈표 1-9〉를 통해 알 수 있듯이 2013년의 예외적인 경우가 있지만 일반적으로 학력이 높을수록 갈등이 민주주의 발전에 미치는 영향력에 대해 긍정적으로 평가하고 있는 것으로 나타나고 있다. 갈등이 미치는 부정적인 영향이 있지만 이와 함께 긍정적인 면이 있다

〈표 1-8〉 연령대로 본 갈등 민주주의 기여도

연도	구분	매우 부정적이다	부정적인 편이다	긍정적인 편이다	매우 긍정적이다	평균
2008	19~29세	1.9%	18.9%	68.9%	10.2%	6.23
	30대	0.9%	14.6%	69.5%	15.0%	6.63
	40대	5.9%	27.3%	58.2%	8.6%	5.63
	50대	8.1%	25.7%	58.1%	8.1%	5.53
	60대 이상	14.4%	30.8%	49.3%	5.5%	4.87
2009	19~29세	9.2%	32.7%	53.1%	5.1%	5.10
	30대	10.0%	33.3%	48.8%	8.0%	5.17
	40대	9.4%	41.0%	45.3%	4.2%	4.83
	50대	14.3%	38.1%	44.9%	2.7%	4.53
	60대 이상	14.2%	40.4%	38.3%	7.1%	4.60
2010	19~29세	6.1%	33.3%	52.8%	7.8%	5.40
	30대	11.2%	36.7%	47.4%	4.6%	4.83
	40대	4.9%	33.0%	59.1%	3.0%	5.33
	50대	5.3%	34.9%	56.6%	3.3%	5.23
	60대 이상	7.7%	45.8%	43.2%	3.2%	4.73
2011	19~29세	1.1%	29.7%	65.9%	3.2%	5.73
	30대	2.6%	24.1%	67.7%	5.6%	5.87
	40대	1.9%	38.8%	55.3%	3.9%	5.37
	50대	4.9%	44.2%	49.1%	1.8%	4.93
	60대 이상	4.2%	42.8%	51.2%	1.8%	5.03
2012	19~29세	5.3%	29.0%	59.2%	6.5%	5.53
	30대	9.5%	28.9%	55.8%	5.8%	5.27
	40대	6.5%	35.2%	54.3%	4.0%	5.17
	50대	4.8%	45.5%	44.9%	4.8%	5.00
	60대 이상	12.7%	49.7%	34.4%	3.2%	4.27
2013	19~29세	7.5%	42.8%	46.2%	3.5%	4.83
	30대	6.6%	37.7%	49.7%	6.0%	5.17
	40대	8.5%	42.7%	45.2%	3.5%	4.80
	50대	10.7%	41.8%	45.2%	2.3%	4.63
	60대 이상	13.4%	46.3%	37.8%	2.4%	4.30
2014	19~29세	6.5%	34.3%	52.4%	0.6%	5.00
	30대	10.1%	38.9%	38.9%	6.8%	4.83
	40대	7.7%	30.6%	51.2%	3.0%	5.10
	50대	13.3%	32.5%	38.6%	2.2%	4.47
	60대 이상	9.4%	39.7%	30.9%	4.4%	4.53

〈표 1-9〉 학력으로 본 갈등 민주주의 기여도

연도	구분	매우 부정적이다	부정적인 편이다	긍정적인 편이다	매우 긍정적이다	평균
2008	중졸 이하	13.4%	33.6%	43.7%	9.2%	4.93
	고졸	7.0%	21.0%	63.3%	8.7%	5.77
	대재 이상	2.8%	21.1%	64.9%	11.2%	6.13
2009	중졸 이하	9.2%	40.8%	41.7%	8.3%	4.97
	고졸	13.3%	41.3%	41.7%	3.7%	4.53
	대재 이상	10.6%	33.7%	49.8%	5.9%	5.03
2010	중졸 이하	5.6%	47.7%	43.9%	2.8%	4.83
	고졸	5.1%	36.2%	55.1%	3.6%	5.23
	대재 이상	8.7%	34.1%	52.2%	5.0%	5.10
2011	중졸 이하	4.0%	43.0%	51.7%	1.3%	5.00
	고졸	2.8%	40.6%	54.1%	2.5%	5.20
	대재 이상	2.3%	30.2%	62.9%	4.6%	5.67
2012	중졸 이하	9.6%	48.2%	38.6%	3.5%	4.53
	고졸	5.8%	44.0%	47.5%	2.7%	4.90
	대재 이상	8.2%	31.9%	53.9%	6.0%	5.27
2013	중졸 이하	3.8%	48.1%	42.5%	5.7%	5.00
	고졸	7.7%	42.1%	48.2%	2.0%	4.80
	대재 이상	10.8%	40.7%	44.5%	3.9%	4.70
2014	중졸 이하	14.2%	32.9%	33.2%	1.8%	4.23
	고졸	7.8%	38.7%	38.3%	2.1%	4.67
	대재 이상	9.3%	33.6%	46.5%	4.6%	4.97

는 점을 높은 학력의 소유자가 좀 더 인식하고 있는 것이다.

갈등이 민주주의 발전에 미치는 영향력에 대한 인식을 이념으로 구분해서 살펴보았다. 일반적으로 진보적일수록 갈등이 미치는 영향력을 좀 더 긍정적으로 평가할 것이라 예상해 볼 수 있는데 이는 진보적 성향의 시민들이 보수적 성향의 시민들보다 관용성이 높고 갈등이 사회 발전 속에서 나타나는 현상이라는 점을 잘 인지하고 있기 때문이다. 〈표 1-10〉을 통해 알 수 있듯이 2010년을 제

〈표 1-10〉 이념으로 본 갈등 민주주의 기여도

연도	구분	매우 부정적이다	부정적인 편이다	긍정적인 편이다	매우 긍정적이다	평균
2008	보수	7.7%	29.8%	55.4%	7.1%	5.40
	중도	3.9%	24.0%	65.1%	6.9%	5.83
	진보	3.3%	13.0%	65.9%	17.8%	6.60
2009	보수	9.7%	42.0%	44.2%	4.1%	4.77
	중도	9.1%	37.5%	48.5%	4.9%	4.97
	진보	13.8%	27.6%	49.5%	9.0%	5.13
2010	보수	6.1%	38.2%	52.6%	3.1%	5.10
	중도	6.2%	32.8%	58.8%	2.2%	5.23
	진보	10.0%	35.9%	46.3%	7.7%	5.03
2011	보수	2.4%	41.3%	54.2%	2.1%	5.17
	중도	2.0%	34.5%	61.2%	2.3%	5.47
	진보	3.0%	28.3%	62.4%	6.3%	5.73
2012	보수	10.5%	46.1%	39.9%	3.6%	4.57
	중도	6.9%	31.6%	55.9%	5.6%	5.33
	진보	5.7%	31.1%	57.1%	6.1%	5.47
2013	보수	9.5%	45.2%	42.5%	2.8%	4.60
	중도	9.6%	40.4%	45.1%	4.9%	4.83
	진보	9.0%	39.3%	48.3%	3.4%	4.87
2014	보수	11.7%	33.6%	42.4%	3.3%	4.70
	중도	7.9%	34.6%	45.4%	2.8%	4.93
	진보	9.2%	38.3%	39.8%	5.7%	4.83

외하고 진보적 성향의 시민들이 다른 시민들보다 갈등의 민주주의 발전 기여도에 대해 높게 평가하고 있는 것으로 나타나고 있다. 이는 예상과 동일하게 진보적 성향의 시민일수록 갈등이 민주주의 발전에 미치는 영향력을 좀 더 긍정적으로 평가하고 있다는 점을 보여주는 것이다.

Ⅵ. 결론

공공갈등에 대한 연구가 여러 가지 차원에서 이루어지고 있지만 공공갈등에 대한 시민들의 인식이 어떠한지 알아보는 연구는 흔치 않다. 2005년 한국여성개발원에 의해, 2007년과 2010년 고려대학교 한국사회연구소와 BK21 갈등사회교육연구단에 의해 조사되어 발표되었던 연구들은 이어지지 못했으며 이들의 조사도 한 번으로 종료되면서 공공갈등에 대해 시민들의 인식은 어떻게 변화하였는지 보여주지 못하였다. 다행히 단국대학교 분쟁해결연구센터의 조사가 2008년 이후 매년 지속적으로 이어지면서 공공갈등에 대한 시민들의 인식을 좀 더 세밀하게 알아볼 수 있는 기회를 맞이하게 되었다. 특히 공공갈등 인식 지수를 통해 연도별 변화를 알 수 있었으며 정치, 사회적 배경에 따라 느끼는 차이가 어떠한지 알아볼 수 있었다. 무엇보다 일곱 차례에 걸친 조사를 통해 공공갈등 인식 지수를 알아볼 수 있었는데 2009년에 높았던 공공갈등 인식 지수가 2010년에 많이 떨어지는 모습을 보였지만 이후 지속적으로 상승하는 모습을 발견할 수 있었다. 이와 상응해서 갈등이 민주주의 발전에 미치는 기여 지수를 보면 갈등 인식 지수가 높았던 2009년, 2013년, 2014년에 기여 지수는 낮게 나타남을 알 수 있었다. 특히 점점 낮아지고 있는 민주주의 발전 기여도 지수를 통해 지속적으로 늘어나고 강도가 강해지는 공공갈등으로부터 느끼는 시민들의 피로감을 감지할 수 있었다.

정치, 사회적 배경에 따라 갈등에 대한 인식 그리고 갈등이 민주주의 발전에 미치는 영향력에 대해 달리 평가하고 있음을 알 수 있었다. 연령대별로 살펴보았을 때 40대가 공공갈등에 대해 가장 심각하게 인식하고 있는 것으로 나타나고 있다. 40대가 느끼는 공공갈등에 의한 사회적 불안감이 다른 연령대보다 높은데 이는 공공갈등에 의해 발생하는 혼란에 가장 큰 영향을 받는 대상이기 때문이다. 반면 연령이 높을수록 갈등이 민주주의 발전에 느끼는 기여도를 낮게 평가하고 있는 것으로 조사되었다. 이러한 점은 이념과 깊은 관련이 있다고 말할 수 있다. 즉, 진보적 성향의 시민들은 공공갈등이 민주주의 발전에 미치는 영향력에 대해 긍정적으로 평가하고 있는 것으로 나타나고 있다는 점이 연령대에 의한 차이를 말해준다. 한편 학력이 높을수록 공공갈등에 대해 심각하게 인식하는 것으로 나타나고 있으나 공공갈등이 민주주의 발전에 미치는 영향력에 대해서는 긍정적으로 평가하고 있는 것으로 나타나고 있다. 학력에 따른 사회적 위치 그리고 교육의 영향력이 이러한 차이를 보이게 한 것이라 하겠다.

공공갈등 인식 지수와 함께 이슈별 공공갈등 인식 지수를 살펴보았는데 과거 연구들과 마찬가지로 빈부갈등이 가장 심각한 공공갈등임을 알 수 있었다. 2008년부터 2014년까지 일곱 번 조사에서 모두 빈부갈등이 가장 심각한 갈등으로 시민들에 의해 인식되었다. 한편 과거 조사와 비교해 그리고 일곱 번의 조사를 2008년~2010년 전반기와 2011년~2014년으로 구분해 비교해 보았을 때 나타나는 중요한 차이는 이념갈등의 심각성이 급부상하고 있다는 점이다. 이념갈등의 원인이 빈부갈등과 깊은 관련성을 가지고 있다. 그러나 과거 연구들은 빈부갈등의 심각성은 발견하고 있는 데 비해 이념갈등의 심각성은 발견하지 못하였다. 이에 비해 이제는 빈부갈등과 이념갈등의 심각성이 같이 제기되고 있는 상황이다. 이념갈등의 심각성이 커진 것이 빈부갈등에 의한 것이기도 하지만 한국 사회에서 나타나는 이념대립 그리고 이념갈등으로 시작되지 않았지만 결국에는 이념 대립화되는 양상이 뚜렷하게 나타나고 있기 때문이다. 이러한 현상에 대한 시민들의 우려를 박근혜 정부에서 가장 심각할 것이라 예상되는 갈등으로 이념갈등이 뽑혔다는 점을 통해 알 수 있었다.

한국 사회에서 공공갈등은 단순한 사회적 현상이 아니다. 한국 사회가 어떠한 점을 고민하고 있으며 무엇을 중요하게 인식하고 있는가를 보여주는 척도라 하겠다. 한편 공공갈등에 대한 시민들의 인식은 공공갈등에 대해 느끼는 불안감과 함께 공공갈등으로 발생하는 문제점을 얼마나 인내할 수 있으며, 더 나아가 공공갈등이 미치는 긍정적인 면을 어느 정도 인식하고 있는지를 보여주는 결과들이다. 이러한 조사는 한국 사회를 다양한 차원에서 조명할 수 있는 기회를 제공한다는 점에서 의미가 크다. 단국대학교 분쟁해결연구센터는 공공갈등에 대한 인식조사, 한국 사회 관용에 대한 조사, 그리고 실제로 발생하고 있는 공공갈등에 대한 조사를 통해 인식과 현실의 차이점은 어떤지 알아보며 한국 사회를 다각적인 차원에서 조명하고 분석하려는 노력을 지속할 것이다.

참고 문헌

가상준(2010), 「한국 공공분쟁 특성에 대한 경험적 분석: 공공분쟁의 강도와 기간을 중심으로」, 『평화연구』 18-1: 27-51.

김선업 · 윤인진(2009), 「갈등 의식, 갈등 경험 및 갈등 대처 양식의 일반적 특징」, 윤인진 외 『한국인의 갈등의식: 2007년 한국인의 갈등의식 조사 결과 분석』, 고려대학교 출판부.

박길성(2009), 「한국 사회의 갈등 지형과 경향」, 윤인진 외 『한국인의 갈등의식: 2007년 한국인의 갈등의식 조사 결과 분석』, 고려대학교 출판부.

윤인진(2011), 「한국인의 갈등의식의 특성과 변화: 2007년과 2010년 한국인의 갈등의식조사 결과 분석」, 『분쟁해결연구』 9-2: 135-166.

이병량 · 김서용 · 전영평(2008), 「한국 사회 갈등구조의 진단과 해석: 수준, 원인, 대안을 중심으로」, 『한국공공관리학보』 22-4: 49-72.

이선우 · 이강원. 『한국 사회 공공갈등 이렇게 풀자』, 호도나무.

전형준(2010), 「한국 공공갈등에 대한 실증 분석: 2008-2010년 설문 조사를 중심으로」, 『한국정책과학학회보』 14-4: 123-141.

한국여성개발원(2005), 『국민통합을 위한 사회 갈등 해소 방안 연구』, 한국여성개발원.

제2장 공공갈등 해결에 대한 국민들의 인식

김강민

Ⅰ. 서론

시민의식의 성장과 정책참여가 점차 늘어나면서 시민들이 정책결정에 큰 영향을 미치는 정책참여자로서 정착되고 있다. 시민의식의 성장은 정치 분야에도 큰 변화를 일으켜 독재적 역량이 아닌 쌍방향적 반응을 통한 리더십의 중요성이 부각되면서 정부에 대한 다양한 평가에 민감하게 반응하고 있다(한영주, 2007). 참여정부가 출범한 2003년 이후에는 다양한 사회갈등이 봇물 터지듯 쏟아져 나왔다. 참여정부터 현재까지 한국사회는 사회를 양분하다시피 한 굵직한 갈등을 겪었다(정주진, 2010).

이처럼 정책참여체제 및 갈등인식의 변화와 함께 시민참여는 단순한 참여가 아닌 정책결정 및 평가자로서의 역할범위가 정착되고 있다. 반면 공무원들의 경우에는 과거처럼 일방향적인 주민과의 소통이 아직 적지 않게 잔존하고 있으며 이는 시민들과의 충돌로 이어져 결국 갈등을 심각한 상태로 만듦으로써 사회이슈화 되고 있다(김강민, 2012).

과거에는 정부나 공공기관의 장이 공공갈등 자체를 회피했다면 지금은 공공갈등을 해결하는 노력이나 성과가 기관장의 역량이나 리더십으로 평가를 받고 있는 실정이다. 이를 위해 정부나 공공기관차원에서는 해당 정책사업에 대한 갈등 관련 연구용역이나 공무원 및 공공기관 직원을 대상으로 갈등교육을 실시하고 있다. 그러나 이러한 노력들도 주민들과의 관계를 고려한 부분보다는 성과위주의 행위로 치부되거나 형식적인 수준인 경우도 아직 남아있다. 특히 대통령령으로 시행되고 있는 "공공기관의 갈등 예방과 해결에 관한 규정"은 우리나라에서 유일하게 활용되고 있는 갈등 관리 시스템이지만 아직까지 안정적으로 운영되고 있지 않다. 더불어 이러한 시스템 활용이나 정착에 있어서는 시민이나 주민은 시스템의 적용 대상일뿐 쌍방향적인 관계로서 시스템을 활용하기 위한 동반자로서의 인식이 부족하다.

시민의 적극적인 정책참여로 쌍방향적인 의사소통을 요구하는 최근의 현실로 봤을 때 갈등해소를 위한 시스템 정착에 있어서도 정부 뿐 아니라 시민의 적극적인 참여를 유도하여 상호 커뮤니케이션이 지속되어야 할 것이다. 상호 커뮤니케이션을 위한 첫 단계는 시민들이 갈등에 관련한 문제들에 대해 어떻게 인식하고 있는지를 파악해야 한다. 시민인식과 정부 정책과의 차이점을 알아야 상호 커뮤니케이션이 가능하기 때문이다. 이러한 맥락에서 보았을 때 갈등에 관련한 시민들의 인식 조사의 중요성에 더욱 큰 의미를 부여할 수 있다(김강민, 2012).

이를 위한 첫 단추로서 본 장에서는 공공갈등과 공공갈등의 해결에 대한 인식을 현재와 미래의 관점으로 구분하여 국민들을 대상으로 인식 조사를 실시하였다.

Ⅱ. 공공갈등 해결에 대한 인식 조사

1. 공공갈등의 해결 양상에 대한 인식

먼저, 우리나라에서 발생하는 공공갈등에 대해서 원만하게 해결되는 정도를 조사하였다. 조사 기준은 성별, 연령, 학력, 이념별로 조사하였으며, 조사기간은 2008년부터 2014년까지 조사한 결과를 나열하여 비교분석 및 변화추이를 살펴보았다.

먼저 남녀를 구분한 성별 조사 결과는 아래 〈표 2-1〉과 같이 나타났다. 2008년을 조사한 결과 남녀결과는 큰 차이 없이 비슷하게 나타났다. 남녀 모두 갈등이 원만하게 해결되고 있지 않다는 답변인 "전혀 그렇지 않다"와 "별로 그렇지 않다"가 각각 남자가 38%, 46% 여자가 34%, 50%로 조사되었다. 남녀 모두 갈등이 원만하게 해결되지 않는다는 부정적 비율을 합쳐서 84%로 나타났다. 2009년에는 남자가 "전혀 그렇지 않다" 30%, "별로 그렇지 않다" 47%로 77%가 갈등이 해결되지 않는다고 답변하였으며, 여자의 경우도 31%, 46%로 동일하게 77%로 조사되었다. 2008년에 비해서는 다소 낮게 조사되었으나 전체적인 비율에는 큰 변화가 없었다. 2010년에는 남자가 “전혀 그렇지 않다” 30%, “별로 그렇지 않다” 50%로 조사되었으며, 여자는 “전혀 그렇지 않다” 27%, “별로 그렇지 않다” 55%로 조사되었다. 결과를 합쳐보면 남자는 80%가 갈등이 원만하게 해결되지 않는다고 답변하였으며, 여자는 82%로 나타났다. 2011년도에도 “전혀 그렇지 않다”, “별로 그렇지 않다”는 답변을 종합해서 조사한 결과 남자가 84%, 여자가 86%로 갈등이 원만하게 해결되지 않는다고 조사되었다. 2012년에도 유사하게 조사한 결과 남녀 모두 85%로 동일한 결과로 나타났다. 2013년에는 남자가 “전혀 그렇지 않다” 39%, “별로 그렇지 않다” 49%로 종합해서 88%가 갈등이 해결되고 있지 않다고 답변하였으며, 여자는 종합해서 84%로 이전 년도들과 비슷한 수준으로 조사되었다. 마지막으로 2014년에는 남자의 경우 “전혀 그렇지 않다”가 40%, “별로 그렇지 않다”가 46%로 86%가 갈등이 잘 해결되지 않다고 답변하였다. 여자의 경우 “전혀 그렇지 않다” 35%, “별로 그렇지 않다”가 46%로 81%가 갈등이 잘 해결되지 않고 있다고 답변하였다.

갈등이 해결되지 않는다는 답변을 종합하여 2008년부터 2013년도 까지 나열해보면 남자는 84%, 77%, 80%, 84%, 85%, 88%, 86%,로 2009년에 일시적으로 다소 낮아진 이후 점차 높아지는 변화를 보였다. 여자는 84%, 77%, 82%, 86%, 85%, 84%, 81%로 2009년을 제외하고 비슷한 수준을 유지하였다. 하지만 공공갈등이 원만하게 해결되고 있지 않는다는 인식에 큰 변화를 주는 결과는 없었으며 이러한 추세는 남녀를 비교해도 동일한 수준으로 조

〈표 2-1〉 **성별 갈등의 원만한 해결 정도 인식 결과**

구 분			우리나라 갈등의 원만한 해결 정도					Total
			전혀그렇지 않다	별로그렇지 않다	그렇다	매우 그렇다	보통이다/ 모름/무응답	
2008	남자	빈도	176	211	47	12	14	460
		%	38%	46%	10%	3%	3%	100%
	여자	빈도	182	269	49	22	21	543
		%	34%	50%	9%	4%	4%	100%
2009	남자	빈도	150	231	22	50	43	496
		%	30%	47%	4%	10%	9%	100%
	여자	빈도	162	241	24	56	43	526
		%	31%	46%	5%	11%	8%	100%
2010	남자	빈도	141	234	59	12	25	471
		%	30%	50%	13%	3%	5%	100%
	여자	빈도	147	298	66	7	25	543
		%	27%	55%	12%	1%	5%	100%
2011	남자	빈도	138	277	55	3	19	492
		%	28%	56%	11%	1%	4%	100%
	여자	빈도	127	308	51	4	18	508
		%	25%	61%	10%	1%	4%	100%
2012	남자	빈도	178	201	34	3	31	447
		%	40%	45%	8%	1%	7%	100%
	여자	빈도	169	305	41	5	39	559
		%	30%	55%	7%	1%	7%	100%
2013	남자	빈도	185	230	36	6	16	473
		%	39%	49%	8%	1%	3%	100%
	여자	빈도	189	275	50	4	33	551
		%	34%	50%	9%	1%	6%	100%
2014	남자	빈도	197	228	49	4	14	492
		%	40%	46%	10%	1%	3%	100%
	여자	빈도	179	231	68	5	24	551
		%	35%	46%	13%	1%	5%	100%

사되었다.

다음은 연령별로 조사한 결과이다. 연령별 조사결과 2008년에는 19-29세가 "전혀 그렇지 않다", "별로 그렇지 않다"는 비율이 각각 40%, 53%로 93%가 해결되지않는다고 조사되었으며, 30대는 44%, 48%로 종합 결과 92%로 조사되었다. 또한 40대는 43%, 46%로 종합해 보면 89%가 부정적인 답변을 보였으며, 50대는 26%, 49%로 75%가 부정적인 답변을 보였다. 60대 이상은 24%, 45%로 부정적인 답변이 69%로 나타났다. 40대까지는 비슷한 수치로 갈등이 해결되지 않는다는 비율이 높게 나타났다. 하지만 50대와 60대로 갈수록 근소하지만 갈등이 해결되지 않는다는 비율은 낮아지고, 원만하게 해결되고 있다는 비율이 높아졌으며, 50대와 60대를 조사한 결과 "그렇다", "매우 그렇다"를 합해서 50대 18%, 60대 이상 24%로 높아졌으며, 40대 이하는 10%에 미치지 못했다. 2009년의 경우 "전혀 그렇지 않다", "별로 그렇지 않다"는 부정적인 답변을 종합해서 살펴보면 19세-29세가 75%, 30대 82%, 40대 80%, 50대 77%, 60대 이상은 70%로 나타났다. "그렇다", "매우 그렇다"는 긍정적인 답변은 19세-29세가 21%, 30대 14%, 40대 11%, 50대 15%, 60대 이상은 16%로 나타났다. 2008년과 비교하면 전반적으로 고령층으로 갈수록 부정적인 답변 비율이 상대적으로 높았으며, 긍정적인 비율은 비슷한 수준으로 조사되었다. 2010년에는 부정적인 답변의 비율을 종합해서 제시해 보면 19세-29세가 88%, 30대 89%, 40대 85%, 50대 77%, 60대 78%로 나타났다. 긍정적인 답변은 부정적인 답변과 동일한 연령의 순서대로 11%, 8%, 12%, 17%, 22%로 나타났다. 마찬가지로 2011년 부정적인 답변 비율은 연령순별로 90%, 85%, 84%, 88%, 80%로 나타났으며, 긍정적인 답변은 9%, 14%, 11%, 8%, 14%로 나타났다. 2012년도의 경우 부정적인 답변 비율은 88%, 91%, 88%, 84%, 77%로 나타났다. 긍정적인 답변은 5%, 5%, 8%, 19%, 11%, 8%로 조사되었다. 2013년은 부정적인 답변 비율은 95%, 92%, 90%, 80%, 79%로 나타났으며, 긍정적인 답변은 3%, 7%, 9%, 14%, 12%로 조사되었다. 마지막으로 2014년에는 96%, 94%, 56%, 77%, 68%가 부정적인 답변을 4%, 5%, 11%, 16%, 22%가 긍정적인 답변을 보였다.

종합해보면 2009년을 제외하고는 대부분 연령층이 낮을수록 갈등이 원만하게 해결되지 않았다는 답변이 높았으며, 비록 부정적인 답변에 비해 낮은 수치지만 긍정적인 답변은 연령층이 높아질수록 높은 비율을 보였다. 년도별로 근소한 차이는 있었지만 큰 차이는 나타나지 않았다. 아래 〈표 2-2〉는 연령별 갈등의 원만한 해결 정도에 대한 인식 결과를 표로 나타낸 것이다.

〈표 2-2〉 연령별 갈등의 원만한 해결 정도 인식 결과

구분			우리나라 갈등의 원만한 해결 정도					Total
			전혀 그렇지 않다	별로 그렇지 않다	그렇다	매우 그렇다	보통이다/모름/무응답	
2008	19~29세	빈도	71	94	8	4	1	178
		%	40%	53%	4%	2%	1%	100%
	30대	빈도	91	99	13	3	2	208
		%	44%	48%	6%	1%	1%	100%
	40대	빈도	103	111	18	5	4	241
		%	43%	46%	7%	2%	2%	100%
	50대	빈도	45	87	25	7	12	176
		%	26%	49%	14%	4%	7%	100%
	60대 이상	빈도	48	89	32	15	16	200
		%	24%	45%	16%	8%	8%	100%

구분			우리나라 갈등의 원만한 해결 정도					Total
			전혀 그렇지 않다	별로 그렇지 않다	그렇다	매우 그렇다	보통이다/모름/무응답	
2009	19~29세	빈도	34	73	8	22	7	144
		%	24%	51%	6%	15%	5%	100%
	30대	빈도	55	91	8	18	8	180
		%	31%	51%	4%	10%	4%	100%
	40대	빈도	84	127	8	22	22	263
		%	32%	48%	3%	8%	8%	100%
	50대	빈도	62	91	8	21	16	198
		%	31%	46%	4%	11%	8%	100%
	60대 이상	빈도	77	90	14	23	33	237
		%	32%	38%	6%	10%	14%	100%
2010	19~29세	빈도	52	90	14	3	2	161
		%	32%	56%	9%	2%	1%	100%
	30대	빈도	78	96	14	1	6	195
		%	40%	49%	7%	1%	3%	100%
	40대	빈도	77	115	24	3	8	227
		%	34%	51%	11%	1%	4%	100%
	50대	빈도	44	115	33	2	12	206
		%	21%	56%	16%	1%	6%	100%
	60대 이상	빈도	37	116	40	10	22	225
		%	16%	52%	18%	4%	10%	100%
2011	19~29세	빈도	52	94	14	0	3	163
		%	32%	58%	9%	0%	2%	100%
	30대	빈도	33	107	22	1	2	165
		%	20%	65%	13%	1%	1%	100%
	40대	빈도	63	119	19	4	11	216
		%	29%	55%	9%	2%	5%	100%
	50대	빈도	59	119	17	0	7	202
		%	29%	59%	8%	0%	3%	100%
	60대 이상	빈도	58	146	34	2	14	254
		%	23%	57%	13%	1%	6%	100%
2012	19~29세	빈도	55	70	7	0	10	142
		%	39%	49%	5%	0%	7%	100%
	30대	빈도	69	80	8	0	6	163
		%	42%	49%	5%	0%	4%	100%
	40대	빈도	91	114	18	1	11	235
		%	39%	49%	8%	0%	5%	100%
	50대	빈도	67	122	22	2	12	225
		%	30%	54%	10%	1%	5%	100%
	60대 이상	빈도	65	120	20	5	31	241
		%	27%	50%	8%	2%	13%	100%

구분			우리나라 갈등의 원만한 해결 정도					Total
			전혀 그렇지 않다	별로 그렇지 않다	그렇다	매우 그렇다	보통이다/모름/무응답	
2013	19~29세	빈도	57	88	5	0	3	153
		%	37%	58%	3%	0%	2%	100%
	30대	빈도	66	87	11	0	3	167
		%	40%	52%	7%	0%	2%	100%
	40대	빈도	89	111	17	2	4	223
		%	40%	50%	8%	1%	2%	100%
	50대	빈도	87	95	27	4	15	228
		%	38%	42%	12%	2%	7%	100%
	60대 이상	빈도	75	124	26	4	24	253
		%	30%	49%	10%	2%	9%	100%
2014	19~29세	빈도	92	80	7	0	0	179
		%	51%	45%	4%	0%	0%	100%
	30대	빈도	98	82	9	0	2	191
		%	51%	43%	5%	0%	1%	100%
	40대	빈도	87	95	23	1	6	212
		%	41%	15%	11%	5%	3%	100%
	50대	빈도	60	93	31	3	11	198
		%	30%	47%	16%	1%	6%	100%
	60대 이상	빈도	39	110	48	5	19	221
		%	18%	50%	22%	2%	8%	100%

학력별로 갈등의 원만한 해결 정도를 조사한 결과는 다음과 같다. 먼저 2008년을 살펴보면 중졸 이하는 "전혀 그렇지 않다", "별로 그렇지 않다"는 부정적인 답변의 비율을 종합해 보면 75%로 조사되었으며, "그렇다", "매우 그렇다"는 긍정적인 답변의 비율은 15%로 나타났다. 고졸은 부정적인 답변 79%, 긍정적인 답변 17%로 나타났으며, 대재 이상도 동일한 순서대로 89%, 10%의 부정 및 긍정의 답변을 보였다. 대부분이 갈등이 원만하게 해결되지 않았다는 부정적인 비율을 보였으며, 긍정적인 비율은 낮은 수치를 보였다. 이러한 비율은 학력이 높을수록 부정적인 인식이 높아지는 것으로 나타났다. 2009년에는 중졸 이하가 부정적인 답변

67%, 긍정적인 답변 18%로 나타났으며, 고졸은 80%, 13%, 대재 이상은 78%, 15%로 나타났다. 고졸과 대재 이상은 부정적인 답변 비율이 높게 나타났다. 2010년에는 중졸 이하가 부정적인 답변이 59%, 긍정적인 답변이 25%로 나타났으며, 고졸이 82%, 14%로 나타났다. 대재 이상은 87%, 10%로 나타났다. 2011년에는 중졸 이하가 부정적인 답변이 79%, 긍정적인 답변이 13%로 나타났으며, 고졸은 부정과 긍정의 답변 비율이 각각 83%, 14%, 대재 이상은 89%, 9%로 나타났다. 2012년도에는 중졸 이하의 경우 부정적인 답변이 70%, 긍정적인 답변이 12%, 고졸은 부정적인 답변이 87%, 긍정적인 답변이 8%, 대재 이상은 부정적인 답변 90%, 긍정적인 답변 6%로 나타났다. 2013년도에는 중졸 이하가 부정적인 답변이 68%, 긍정적인 답변이 15%, 고졸은 부정적인 답변이 83%, 긍정적인 답변이 15%, 대재 이상은 부정적인 답변 93%, 긍정적인 답변 5%로 조사되었다. 마지막으로 2014년도에는 중졸 이하가 64%, 23%, 고졸이 79%, 15%, 대재 이상이 90%, 9%로 조사되었다.

모든 년도별 조사결과 학력이 높아질수록 부정적인 답변 비율이 높아졌다. 긍정적인 답변 비율은 근소한 차이지만 대부분 학력이 낮을수록 높게 나타났다. 아래 〈표 2-3〉은 학력별 갈등의 원만한 해결 정도를 자세하게 표로 나타낸 것이다.

〈표 2-3〉 학력별 갈등의 원만한 해결 정도 인식 결과

구분			우리나라 갈등의 원만한 해결 정도					Total
			전혀 그렇지 않다	별로 그렇지 않다	그렇다	매우 그렇다	보통이다/모름/무응답	
2008	중졸 이하	빈도	43	85	16	10	15	169
		%	25%	50%	9%	6%	9%	100%
	고졸	빈도	110	140	39	15	11	315
		%	35%	44%	12%	5%	3%	100%
	대재 이상	빈도	205	252	39	9	9	514
		%	40%	49%	8%	2%	2%	100%
	무응답	빈도	0	3	2	0	0	5
		%	0%	60%	40%	0%	0%	100%
2009	중졸 이하	빈도	62	72	14	22	31	201
		%	31%	36%	7%	11%	15%	100%
	고졸	빈도	96	150	10	29	20	305
		%	31%	49%	3%	10%	7%	100%
	대재 이상	빈도	146	245	21	54	30	496
		%	29%	49%	4%	11%	6%	100%
2010	중졸 이하	빈도	21	80	37	5	27	170
		%	12%	47%	22%	3%	16%	100%
	고졸	빈도	86	178	40	7	11	322
		%	27%	55%	12%	2%	3%	100%
	대재 이상	빈도	181	274	48	7	12	522
		%	35%	52%	9%	1%	2%	100%
2011	중졸 이하	빈도	44	127	27	1	16	215
		%	20%	59%	13%	0%	7%	100%
	고졸	빈도	74	180	41	1	7	303
		%	24%	59%	14%	0%	2%	100%
	대재 이상	빈도	145	269	37	3	13	467
		%	31%	58%	8%	1%	3%	100%
	무응답	빈도	2	9	1	2	1	15
		%	13%	60%	7%	13%	7%	100%
2012	중졸 이하	빈도	38	89	20	2	34	183
		%	21%	49%	11%	1%	19%	100%
	고졸	빈도	102	169	23	3	15	312
		%	33%	54%	7%	1%	5%	100%
	대재 이상	빈도	202	242	32	2	18	496
		%	41%	49%	6%	0%	4%	100%
	무응답	빈도	5	6	0	1	3	15
		%	33%	40%	0%	7%	20%	100%

구분			우리나라 갈등의 원만한 해결 정도					Total
			전혀 그렇지 않다	별로 그렇지 않다	그렇다	매우 그렇다	보통이다/모름/무응답	
2013	중졸 이하	빈도	38	79	22	4	27	170
		%	22%	46%	13%	2%	16%	100%
	고졸	빈도	97	147	41	2	8	295
		%	33%	50%	14%	1%	3%	100%
	대재 이상	빈도	236	275	23	4	13	551
		%	43%	50%	4%	1%	2%	100%
	무응답	빈도	3	4	0	0	1	8
		%	38%	50%	0%	0%	13%	100%
2014	중졸 이하	빈도	24	53	25	2	16	120
		%	20%	44%	21%	2%	13%	100%
	고졸	빈도	99	150	45	4	16	314
		%	31%	48%	14%	1%	5%	100%
	대재 이상	빈도	252	251	48	2	6	559
		%	45%	45%	9%	0%	1%	100%
	무응답	빈도	2	6	0	0	1	9
		%	22%	67%	0%	0%	11%	100%

다음은 이념별 갈등의 원만한 해결 정도를 조사한 결과이다. 먼저 2008년도 우리나라 갈등의 원만한 해결 정도를 조사한 결과 매우 보수적인 집단의 경우 부정적인 답변이 76%, 보수집단은 80%, 중도집단은 88%, 진보적 집단은 87%, 매우 진보적 집단은 94%로 조사되었다. 반면 긍정적인 답변은 같은 순서로 24%, 16%, 9%, 11%, 6%로 나타났다. 2009년도에는 부정적인 답변이 매우 보수적인 집단의 경우 81%, 보수적 집단 79%, 중도적 집단 66%, 진보적 집단 60%로 나타났으며, 긍정적인 답변은 같은 순서로 11%, 13%, 21%, 17%로 나타났다. 2010년에는 부정적인 답변이 매우 보수적인 집단의 경우 81%, 보수적 집단 83%, 중도적 집단 84%, 진보적 집단 66%로 나타났으며 긍정적인 답변은 14%, 12%, 14%, 21%로 나타났다. 2011년에는 부정적인 답변이 매우 보

수적인 집단의 경우 87%, 보수적 집단 82%, 중도적 집단 86%, 진보적 집단 90%, 매우 진보적 집단 81%로 나타났다. 긍정적인 답변은 같은 순서로 13%, 15%, 10%, 8%, 10%로 나타났다. 2012년에도 매우 보수적인 집단의 경우 75%, 보수적 집단 84%, 중도적 집단 87%, 진보적 집단 92%, 매우 진보적 집단 96%로 부정적인 답변이 나타났으며, 긍정적인 답변은 16%, 11%, 6%, 6%, 0%로 나타났다. 2013년에는 매우 보수적인 집단의 경우 82%, 보수적 집단 86%, 중도적 집단 87%, 진보적 집단 94%, 매우 진보적 집단 85%가 부정적인 답변으로 나타났으며 같은 순서로 13%, 11%, 9%, 5%, 15%로 긍정적인 답변을 나타냈다. 마지막으로 2014년에는 78%, 75%, 87%, 95%, 100%가 부정적인 답변으로 조사되었으며, 4%, 6%, 4%, 2%, 0%가 긍정적인 답변 비율로 조사되었다. 아래 〈표 2-4〉는 이념별 갈등의 원만한 해결 정도에 대한 조사결과를 나타낸 것이다.

〈표 2-4〉 이념별 갈등의 원만한 해결 정도 인식 결과

구분			우리나라 갈등의 원만한 해결 정도					Total
			전혀 그렇지 않다	별로 그렇지 않다	그렇다	매우 그렇다	보통이다/모름/무응답	
2008	매우 보수적	빈도	7	6	2	2	0	17
		%	41%	35%	12%	12%	0%	100%
	보수적인편	빈도	104	155	42	11	11	323
		%	32%	48%	13%	3%	3%	100%
	중도적	빈도	121	166	21	10	8	326
		%	37%	51%	6%	3%	2%	100%
	진보적인편	빈도	103	114	20	8	5	250
		%	41%	46%	8%	3%	2%	100%
	매우 진보적	빈도	11	4	1	0	0	16
		%	69%	25%	6%	0%	0%	100%
	모름/무응답	빈도	12	35	10	3	11	71
		%	17%	49%	14%	4%	15%	100%

구분			우리나라 갈등의 원만한 해결 정도					Total
			전혀 그렇지 않다	별로 그렇지 않다	그렇다	매우 그렇다	보통이다/ 모름/무응답	
2009	매우 보수적	빈도	115	135	10	25	24	309
		%	37%	44%	3%	8%	8%	100%
	보수적인편	빈도	114	177	16	34	24	365
		%	31%	48%	4%	9%	7%	100%
	중도적	빈도	51	111	12	32	6	212
		%	24%	52%	6%	15%	3%	100%
	진보적인편	빈도	32	49	8	15	32	136
		%	24%	36%	6%	11%	24%	100%
2010	매우 보수적	빈도	72	204	44	4	18	342
		%	21%	60%	13%	1%	5%	100%
	보수적인편	빈도	98	156	34	4	14	306
		%	32%	51%	11%	1%	5%	100%
	중도적	빈도	102	122	29	8	7	268
		%	38%	46%	11%	3%	3%	100%
	진보적인편	빈도	16	50	18	3	11	98
		%	16%	51%	18%	3%	11%	100%
2011	매우 보수적	빈도	5	15	3	0	0	23
		%	22%	65%	13%	0%	0%	100%
	보수적인편	빈도	66	179	41	4	10	300
		%	22%	60%	14%	1%	3%	100%
	중도적	빈도	82	208	31	3	13	337
		%	24%	62%	9%	1%	4%	100%
	진보적인편	빈도	74	117	18	0	4	213
		%	35%	55%	8%	0%	2%	100%
	매우 진보적	빈도	8	9	2	0	2	21
		%	38%	43%	10%	0%	10%	100%
	모름/ 무응답	빈도	30	57	11	0	8	106
		%	28%	54%	10%	0%	8%	100%
2012	매우 보수적	빈도	16	17	7	0	4	44
		%	36%	39%	16%	0%	9%	100%
	보수적인편	빈도	91	165	31	2	15	304
		%	30%	54%	10%	1%	5%	100%
	중도적	빈도	114	179	18	3	21	335
		%	34%	53%	5%	1%	6%	100%
	진보적인편	빈도	88	92	8	3	4	195
		%	45%	47%	4%	2%	2%	100%
	매우 진보적	빈도	18	9	0	0	1	28
		%	64%	32%	0%	0%	4%	100%
	모름/ 무응답	빈도	20	44	11	0	25	100
		%	20%	44%	11%	0%	25%	100%

구분			우리나라 갈등의 원만한 해결 정도					Total
			전혀 그렇지 않다	별로 그렇지 않다	그렇다	매우 그렇다	보통이다/모름/무응답	
2013	매우 보수적	빈도	18	18	5	1	2	44
		%	41%	41%	11%	2%	5%	100%
	보수적인편	빈도	100	174	33	4	13	324
		%	31%	54%	10%	1%	4%	100%
	중도적	빈도	139	181	28	3	18	369
		%	38%	49%	8%	1%	5%	100%
	진보적인편	빈도	76	84	6	1	3	170
		%	45%	49%	4%	1%	2%	100%
	매우 진보적	빈도	8	3	2	0	0	13
		%	62%	23%	15%	0%	0%	100%
	모름/무응답	빈도	33	45	12	1	13	104
		%	32%	43%	12%	1%	13%	100%
2014	매우 보수적	빈도	14	18	7	1	1	41
		%	34%	44%	18%	2%	2%	100
	보수적인편	빈도	80	142	58	4	14	298
		%	27%	48%	19%	1%	5%	100%
	중도적	빈도	140	174	35	2	10	361
		%	39%	48%	9%	1%	3%	100%
	진보적인편	빈도	107	85	8	0	2	202
		%	53%	42%	4%	0%	1%	100%
	매우 진보적	빈도	15	7	0	0	0	22
		%	68%	32%	0%	0%	0%	100%
	모름/무응답	빈도	20	33	10	2	11	76
		%	26%	43%	13%	3%	15%	100%

종합적으로 보수적인 집단과 진보적인 집단의 년도별 결과를 종합해 보면 2008년에는 보수적인 집단의 경우 갈등이 원만하게 해결되지 않았다고 인식하는 비율이 78%, 중도는 88%, 진보는 91%로 나타났다. 2009년에는 보수가 80%, 중도가 66%, 진보가 60%로 나타났다. 2010년에는 보수 82%, 중도 84%, 진보 66%로, 2011년에는 보수 85%, 중도 86%, 진보 86%로 나타났다. 2012년에는 보수 80%, 중도 87%, 진보 94%로 나타났으며, 2013년에는

보수 84%, 중도 87%, 진보 90%로 나타났다. 마지막으로 2014년에는 보수 77%, 중도 87%. 진보 98%로 나타났다.

아래 〈그림 2-1〉에서는 진보, 중도, 보수로 다시 구분하여 갈등 해결에 대한 부정적인 인식의 년도별 변화를 살펴보았다. 진보와 중도는 2008년에 하향 추세를 보이고 있었으며 이후 진보는 2010년까지 하향세를 취하다 다시 점차 상승하여 2012년에 부정적인 인식이 가장 높게 나타났다. 중도도 마찬가지로 2008년에 갑자기 크게 하향하는 추세를 보이다가 2009년에 상승한 후 점차 완만하게 상승하는 곡선을 보였다. 마지막으로 보수는 진보와 중도가 갑자기 급하향했던 2008년에는 오히려 반대로 급상승곡선을 보이다가 2010년에 다시 급하락하면서 2011년부터 중도와 비슷한 추세를 보이고 있었다.

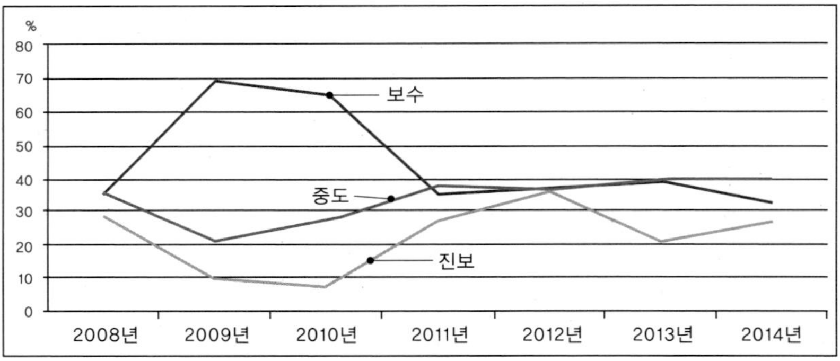

〈그림 2-1〉 진보 · 중도 · 보수 공공갈등 해결에 대한 부정적 인식 수준의 변화

아래 〈그림 2-2〉에서는 긍정적인 인식 수준을 시계열로 표시한 것으로서 진보는 2008년부터 완만한 하향곡선을 보이다가

2012년을 기점으로 급상승하여 2013년에는 가장 높은 수치를 나타냈다. 보수의 경우 2008년에 상승하다가 2009년부터 약 2010년까지 긍정적인 인식 수준을 높이 유지하다 2010년 이후 급격하게 하락하는 모습을 보였다.

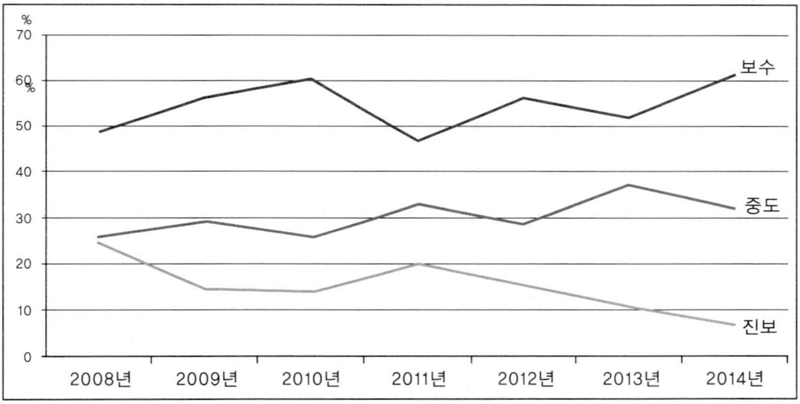

〈그림 2-2〉 **진보 · 중도 · 보수 공공갈등 해결에 대한 긍정적 인식 수준의 변화**

2. 공공갈등 해결의 주체에 대한 인식

다음은 공공갈등이 발생한 경우 주체적으로 참여하여 해결해야 할 집단에 대해 조사한 결과이다. 2008년을 조사한 결과 정부가 38%로 가장 높았으며, 국회 31%, 당사자간 합의 13%, 시민단체 12%, 법원 4%의 순으로 조사되었다. 아래 〈그림 2-3〉는 2008년 갈등 해결의 중요 주체를 상세하게 제시한 그래프이다.

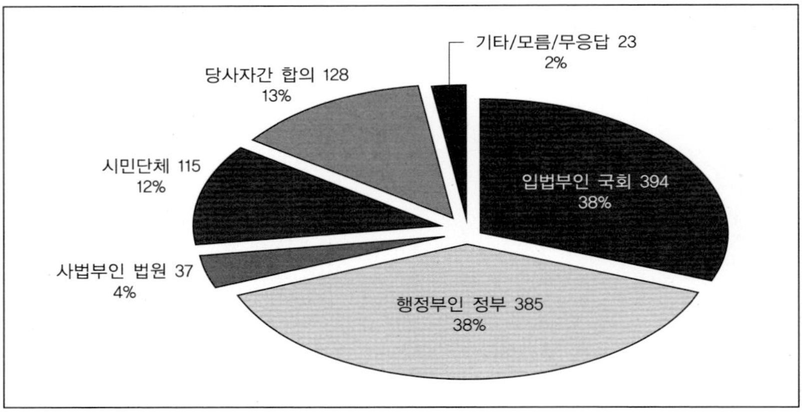

〈그림 2-3〉 2008년 갈등 해결의 중요 주체

2009년를 보면 법원이 41%로 가장 높았으며, 정부 27%, 시민단체 18%, 국회 8%, 당사자간 합의 6%의 순으로 나타났다. 2008년에 4%에 불과했던 법원이 41%로 갈등 해결을 위한 중요단체로서 인식 비율이 높아졌다. 아래 〈그림 2-4〉는 2009년 갈등 해결의 중요 주체를 그래프화하여 제시한 것이다.

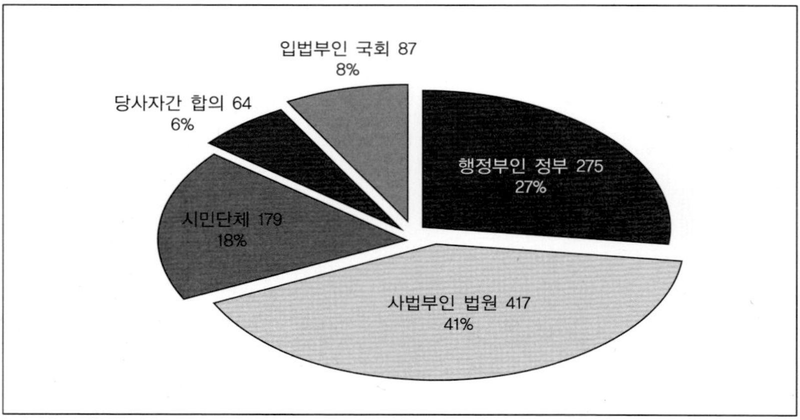

〈그림 2-4〉 2009년 갈등 해결의 중요 주체

2010년에는 정부가 41%로 가장 중요한 단체로 조사되었으며, 국회 35%, 시민단체 12%, 당사자간합의 9%, 법원 3%의 순으로 나타났다. 2009년에 가장 중요한 주체로 인식되었던 사법부인 법원은 가장 낮은 비율을 나타냈다. 아래 〈그림 2-5〉는 2010년 갈등 해결의 중요 주체를 그래프로 제시한 것이다.

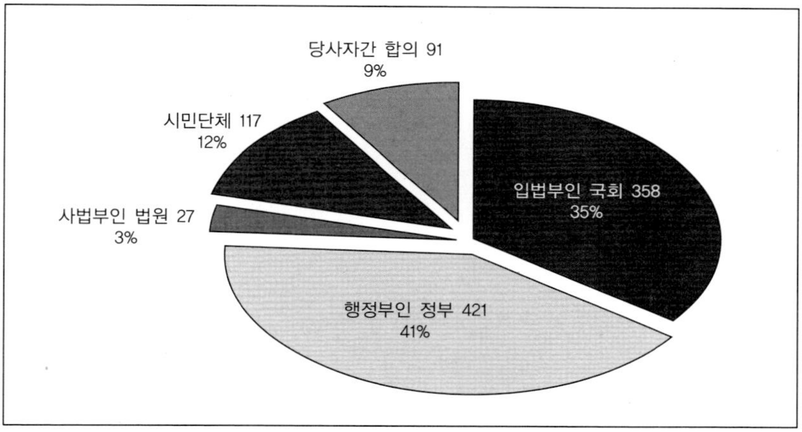

〈그림 2-5〉 2010년 갈등 해결의 중요 주체

다음은 2011년을 조사한 결과이다. 정부가 42%로 가장 중요한 단체로 인식되었으며, 다음으로 국회가 38%로 정부보다 다소 낮지만 비슷한 수준을 보였다. 이후 큰 차이를 보이면서 시민단체 11%, 대통령, 국민, 법원 등이 2% 이하로 인식되었다. 비록 낮은 수치지만 기존에 비해 갈등 해결의 중요주체들이 양적으로 늘어난 것으로 조사되었다. 아래〈그림 2-6〉는 2011년 갈등 해결의 중요 주체를 그래프로 제시한 것이다.

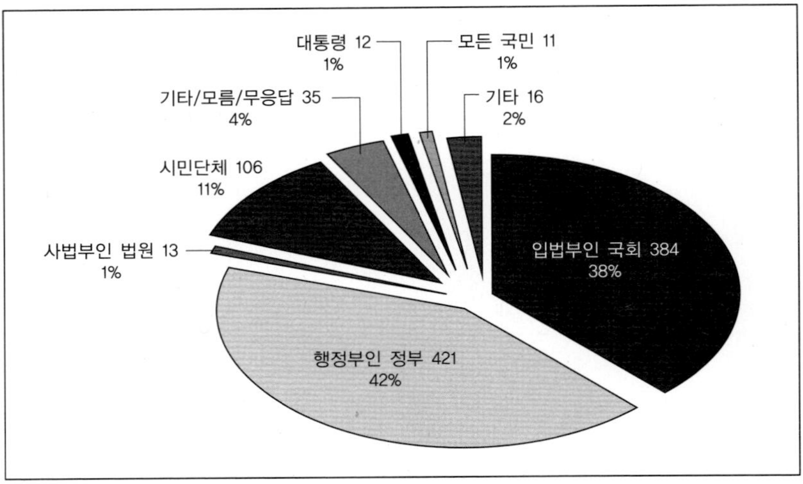

〈그림 2-6〉 **2011년 갈등 해결의 중요 주체**

2012년에도 갈등 해결에 있어 가장 중요한 단체로는 43%의 비율을 보인 정부로 인식되었다. 그 다음 순으로 국회 33%, 시민단체 11%로 나타났다. 대통령, 사법부, 국민, 갈등 당사자라는 답

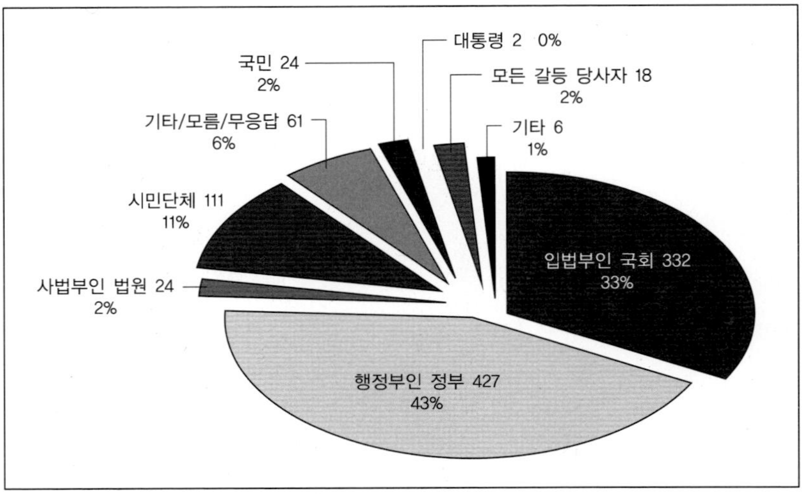

〈그림 2-7〉 **2012년 갈등 해결의 중요 주체**

변도 있었지만 모두 2% 이하의 비율로 나타났다. 〈그림 2-7〉은 2012년 갈등 해결의 중요 주체를 나타낸 그래프이다.

다음은 2013년 갈등 해결의 중요 주체를 조사한 결과이다. 가장 중요하게 인식되고 있는 단체는 국회로 38%로 나타났으며, 비슷한 수준으로 정부가 36%로 나타났다. 다음으로는 시민단체와 사법부가 동일하게 8%로 나타났으며, 갈등 당사자도 3%로 나타났다. 국민과 대통령은 1%로 나타났다. 아래 〈그림 2-8〉은 2013년 갈등 해결의 중요 주체를 그래프화한 것이다.

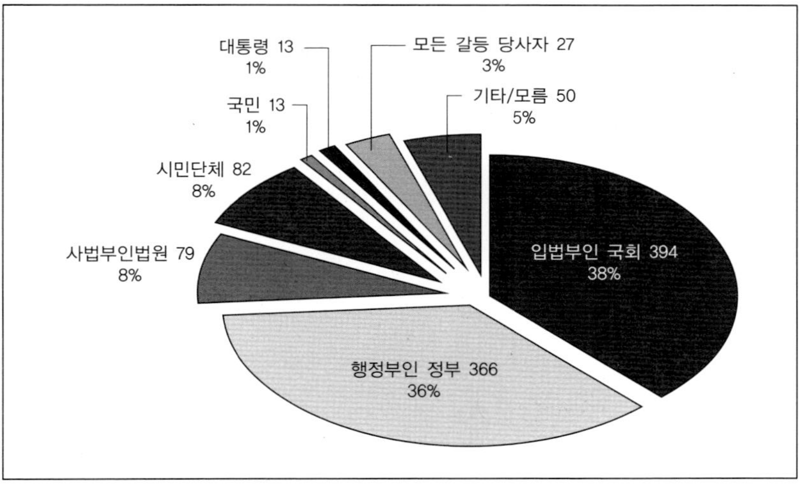

〈그림 2-8〉 **2013년 갈등 해결의 중요 주체**

2014년 갈등 해결의 주요 주체를 조사한 결과는 다음과 같다. 갈등 해결의 중요 주체로서는 행정부인 정부가 42%로 가장 높은 비율을 보였다. 다음으로는 국회로서 37%의 비율을 보였으며, 이 밖에 다른 주체들은 2013년과 비교했을 때 큰 차이 없이 비슷한 비율을 보이는 것으로 나타났다. 아래 〈그림 2-9〉는 2014년 갈등 해결의 중요 주체를 그래프로 나타낸 것이다.

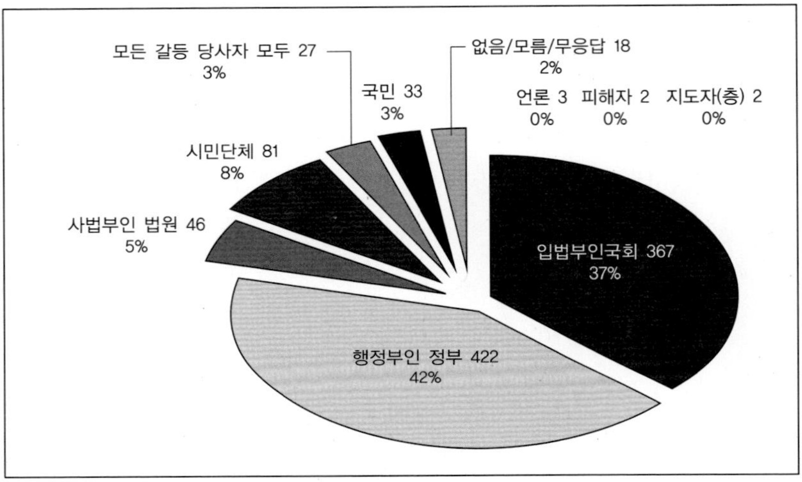

〈그림 2-9〉 **2014년 갈등 해결의 중요 주체**

종합적으로 살펴보면 대부분 행정부인 정부가 갈등을 해결하기 위한 가장 중요한 단체로 인식되고 있었다. 하지만 2009년에는 사법부가 가장 중요한 단체로 급상승하였다. 이러한 이유는 2008년 한·미 FTA, 쇠고기 협상 등으로 인한 촛불집회가 영향을 준 것으로 예측해 볼 수 있다.

Ⅲ. 향후 공공갈등에 대한 인식

1. 우리 사회의 갈등 증가 예상

다음 내용은 앞으로 우리 사회에 공공갈등이 증가할 것인가, 아니면 감소할 것인가 예상하는 인식 수준을 조사한 것이다. 조사 기준은 성별, 연령, 학력, 이념별로 앞에서 분석한 기준과 동일하게 분석하였다. "갈등이 매우 증가 할 것이다"와 "갈등이 약간 증가 할 것이다"를 합쳐서 갈등이 증가한다는 인식을 종합하여 제시하였으며, 마찬가지로 "갈등이 감소할 것이다"와 "갈등이 매우 감소할 것이다" 도 합쳐서 제시하였다.

먼저 성별로 조사한 결과 2008년에는 남자의 경우 77%가 증가할 것으로 조사되었으며, 18%는 감소할 것으로 나타났다. 여자는 72%가 증가, 19%가 감소할 것으로 조사되었다. 남녀 모두 향후 갈등이 증가할 것이라는 판단이 월등하게 높았다. 2009년에는 남자의 경우 71%가 갈등의 증가를 예측했으며, 23%가 갈등이 감소할 것으로 판단하였다. 여자는 갈등의 증가 비율이 66%, 감소 비율이 22%로 조사되어 갈등의 증가 비율이 다소 낮지만 비슷한 양상을 보였다. 2010년에는 남자의 경우 갈등증가 비율이 66%, 갈등감소 비율이 26%로 나타났으며, 여자는 갈등증가 비율이 68%, 감소 비율이 19%로 나타났다. 2011년에는 남자가 갈등 증가 74%, 갈등 감소 16%의 비율을 보였으며, 여자는 갈등 증가 76%, 갈등 감소 15%로 남자와 비슷한 양상을 보였다. 2012년에는 남자가 갈등 증가 69%, 갈등 감소 17%로 나타났으며, 여자는 65%가 증가를 18%가 감소로 조사되었다. 2013년에는 남자의 경우 갈등증가 72%, 갈등감소 19%로 나타났으며, 여자도 갈등 증가 68%, 갈등 감소 20%로 남자와 비슷한 양상을 보였다. 마지막으로 2014년에는 갈등이 증가할 것이라고 인식하고 있는 남자의 비율은 80%, 여자의 비율은 75%로 나타났으며, 갈등이 감소할 것이라는 남자의 비율은 14%, 여자의 비율은 17%로 나타났다.

전체적으로 남자보다는 여자가 갈등이 증가한다는 비율이 근소하게 낮게 나타났으며, 갈등이 감소한다는 비율은 대체적으로 비슷하게 나타났다. 전반적으로 향후 갈등이 증가한다는 비율이 갈등이 감소한다는 비율에 비해 상대적으로 높게 조사되었다. 아래 〈표 2-5〉는 성별로 향후 갈등 증감에 대한 예상 인식 결과를 표로 자세하게 나타낸 것이다.

〈표 2-5〉 성별 향후 갈등 증가 예상 인식 결과

<table>
<tr><th colspan="3" rowspan="2">구분</th><th colspan="5">향후 우리 사회의 갈등 증가 예상</th><th rowspan="2">Total</th></tr>
<tr><th>갈등이 매우 증가할 것이다</th><th>갈등이 약간 증가할 것이다</th><th>갈등이 감소할 것이다</th><th>갈등이 매우 감소할 것이다</th><th>보통이다/모름/무응답</th></tr>
<tr><td rowspan="4">2008</td><td rowspan="2">남자</td><td>빈도</td><td>128</td><td>227</td><td>79</td><td>4</td><td>22</td><td>460</td></tr>
<tr><td>%</td><td>28%</td><td>49%</td><td>17%</td><td>1%</td><td>5%</td><td>100%</td></tr>
<tr><td rowspan="2">여자</td><td>빈도</td><td>137</td><td>256</td><td>98</td><td>7</td><td>45</td><td>543</td></tr>
<tr><td>%</td><td>25%</td><td>47%</td><td>18%</td><td>1%</td><td>8%</td><td>100%</td></tr>
<tr><td rowspan="4">2009</td><td rowspan="2">남자</td><td>빈도</td><td>112</td><td>240</td><td>104</td><td>8</td><td>32</td><td>496</td></tr>
<tr><td>%</td><td>23%</td><td>48%</td><td>21%</td><td>2%</td><td>6%</td><td>100%</td></tr>
<tr><td rowspan="2">여자</td><td>빈도</td><td>107</td><td>240</td><td>105</td><td>8</td><td>66</td><td>526</td></tr>
<tr><td>%</td><td>20%</td><td>46%</td><td>20%</td><td>2%</td><td>13%</td><td>100%</td></tr>
</table>

구분			향후 우리 사회의 갈등 증가 예상					Total
			갈등이 매우 증가할 것이다	갈등이 약간 증가할 것이다	갈등이 감소할 것이다	갈등이 매우 감소할 것이다	보통이다/모름/무응답	
2010	남자	빈도	85	227	104	19	36	471
		%	18%	48%	22%	4%	8%	100%
	여자	빈도	89	282	96	7	69	543
		%	16%	52%	18%	1%	13%	100%
2011	남자	빈도	86	281	71	12	42	492
		%	17%	57%	14%	2%	9%	100%
	여자	빈도	94	290	69	7	48	508
		%	19%	57%	14%	1%	9%	100%
2012	남자	빈도	90	220	69	11	57	447
		%	20%	49%	15%	2%	13%	100%
	여자	빈도	106	257	93	4	99	559
		%	19%	46%	17%	1%	18%	100%
2013	남자	빈도	90	253	87	4	39	473
		%	19%	53%	18%	1%	8%	100%
	여자	빈도	102	270	101	10	68	551
		%	19%	49%	18%	2%	12%	100%
2014	남자	빈도	136	254	65	7	31	493
		%	28%	52%	13%	1%	6%	100%
	여자	빈도	116	265	81	6	39	507
		%	23%	52%	16%	1%	8%	100%

다음은 연령별로 조사한 결과이다. 2008년의 경우 19-29세는 갈등이 증가할 것이라고 89%가 예상하였으며, 30대는 84%, 40대는 78%, 50대는 68%, 60대 이상은 54%로 나타났다. 갈등이 감소할 것이라는 답변은 같은 조사 순서로 19-29세 10%, 30대 11%, 40대 18%, 50대 25%, 60세 이상 30%로 나타났다. 해당 년도에는 연령층이 낮을수록 갈등이 증가할 것이며, 연령층이 높을수록 갈등이 감소할 것으로 나타났다. 2009년의 경우 19-29세 84%,

30대 80%, 40대 79%, 50대 62%, 60세 이상 49%가 갈등이 증가할 것으로 판단하였으며, 동일한 연령순으로 13%, 18%, 20%, 27%, 28%가 갈등이 감소할 것으로 나타나 2008년과 비슷한 양상으로 조사되었다. 2010년, 2011년, 2012년, 2013년, 2014년의 경우에도 2008년, 2009년과 비슷한 결과를 나타냈다. 아래 〈표 2-6〉은 연령별로 향후 갈등 증감에 대한 예상 인식 결과를 조사한 결과이다.

〈표 2-6〉 연령별 향후 갈등 증가 예상 인식 결과

구분			향후 우리 사회의 갈등 증가 예상					Total
			갈등이 매우 증가할 것이다	갈등이 약간 증가할 것이다	갈등이 감소할 것이다	갈등이 매우 감소할 것이다	보통이다/모름/무응답	
2008	19~29세	빈도	43	115	18	0	2	178
		%	24%	65%	10%	0%	1%	100%
	30대	빈도	65	111	21	3	8	208
		%	31%	53%	10%	1%	4%	100%
	40대	빈도	73	116	41	3	8	241
		%	30%	48%	17%	1%	3%	100%
	50대	빈도	47	72	40	3	14	176
		%	27%	41%	23%	2%	8%	100%
	60대 이상	빈도	37	69	57	2	35	200
		%	19%	35%	29%	1%	18%	100%
2009	19~29세	빈도	35	87	19	0	3	144
		%	24%	60%	13%	0%	2%	100%
	30대	빈도	49	96	28	4	3	180
		%	27%	53%	16%	2%	2%	100%
	40대	빈도	63	128	48	6	18	263
		%	24%	49%	18%	2%	7%	100%
	50대	빈도	38	86	52	2	20	198
		%	19%	43%	26%	1%	10%	100%
	60대 이상	빈도	34	83	62	4	54	237
		%	14%	35%	26%	2%	23%	100%

구분			향후 우리 사회의 갈등 증가 예상					Total
			갈등이 매우 증가할 것이다	갈등이 약간 증가할 것이다	갈등이 감소할 것이다	갈등이 매우 감소할 것이다	보통이다/모름/무응답	
2010	19~29세	빈도	31	98	22	5	5	161
		%	19%	61%	14%	3%	3%	100%
	30대	빈도	49	116	24	0	6	195
		%	25%	59%	12%	0%	3%	100%
	40대	빈도	44	119	48	6	10	227
		%	19%	52%	21%	3%	4%	100%
	50대	빈도	24	98	55	7	22	206
		%	12%	48%	27%	3%	11%	100%
	60대 이상	빈도	26	78	51	8	62	225
		%	12%	35%	23%	4%	28%	100%
2011	19~29세	빈도	32	104	19	1	7	163
		%	20%	64%	12%	1%	4%	100%
	30대	빈도	32	103	20	3	7	165
		%	19%	62%	12%	2%	4%	100%
	40대	빈도	45	127	24	2	18	216
		%	21%	59%	11%	1%	8%	100%
	50대	빈도	38	105	33	8	18	202
		%	19%	52%	16%	4%	9%	100%
	60대 이상	빈도	33	132	44	5	40	254
		%	13%	52%	17%	2%	16%	100%
2012	19~29세	빈도	37	75	16	3	11	142
		%	26%	53%	11%	2%	8%	100%
	30대	빈도	41	92	15	1	14	163
		%	25%	56%	9%	1%	9%	100%
	40대	빈도	46	124	30	4	31	235
		%	20%	53%	13%	2%	13%	100%
	50대	빈도	37	104	45	4	35	225
		%	16%	46%	20%	2%	16%	100%
	60대 이상	빈도	35	82	56	3	65	241
		%	15%	34%	23%	1%	27%	100%

구분			향후 우리 사회의 갈등 증가 예상					Total
			갈등이 매우 증가할 것이다	갈등이 약간 증가할 것이다	갈등이 감소할 것이다	갈등이 매우 감소할 것이다	보통이다/모름/무응답	
2013	19~29세	빈도	31	91	20	1	10	153
		%	20%	59%	13%	1%	7%	100%
	30대	빈도	32	109	18	2	6	167
		%	19%	65%	11%	1%	4%	100%
	40대	빈도	50	127	34	2	10	223
		%	22%	57%	15%	1%	4%	100%
	50대	빈도	48	105	46	4	25	228
		%	21%	46%	20%	2%	11%	100%
	60대 이상	빈도	31	91	70	5	56	253
		%	12%	36%	28%	2%	22%	100%
2014	19~29세	빈도	56	103	13	2	5	179
		%	31%	58%	7%	1%	3%	100%
	30대	빈도	64	100	20	0	6	190
		%	34%	53%	11%	0%	3%	100%
	40대	빈도	61	123	22	3	4	213
		%	29%	58%	10%	1%	2%	100%
	50대	빈도	44	103	35	0	16	198
		%	22%	52%	18%	0%	8%	100%
	60대 이상	빈도	28	90	55	8	39	220
		%	13%	41%	25%	4%	18%	100%

다음은 학력별로 조사한 결과이다. 2008년부터 살펴보면 먼저 갈등이 증가할 것으로 예상한 중졸 이하는 53%, 고졸은 71%, 대재 이상은 84%로 나타났다. 갈등이 감소할 것으로 예상한 중졸 이하는 26%, 고졸은 23%, 대재 이상은 13%로 나타났다. 2009년은 갈등이 증가할 것이라는 답변이 중졸 이하 47%, 고졸 68%, 대재 이상 78%로 나타났으며, 갈등이 감소할 것이라는 답변은 같은 연령 순서로 24%, 26%, 19%로 나타났다. 2010년은 갈등이 증가할 것이라는 답변이 중졸 이하 34%, 고졸 67%, 대재 이상은 79%

로 나타났으며, 갈등이 감소할 것이라는 답변은 같은 연령 순서로 30%, 26%, 18%로 나타났다. 2011년에는 중졸 이하의 63%가 갈등이 증가할 것으로 인식하면서 전년도에 비해 다소 높은 비율을 보였다. 고졸은 75%, 대재 이상은 80%로 나타났다. 2012년에는 갈등이 증가할 것으로 인식하는 중졸 이하의 비율이 38%로 다시 낮아졌으며, 고졸은 65%, 대재 이상은 79%로 나타났다. 2013년에는 2012년과 거의 유사한 비율을 보였으며, 2014년에는 중졸 이하 50%, 고졸 71%, 대재 이상 87%가 갈등이 증가할 것으로 인식했다. 아래 〈표 2-7〉은 학력별로 향후 갈등 증감에 대한 예상 인식 결과를 자세하게 제시한 결과이다.

〈표 2-7〉 **학력별 향후 갈등 증가 예상 인식 결과**

구분			향후 우리 사회의 갈등 증가 예상					Total
			갈등이 매우 증가할 것이다	갈등이 약간 증가할 것이다	갈등이 감소할 것이다	갈등이 매우 감소할 것이다	보통이다/모름/무응답	
2008	중졸 이하	빈도	36	54	42	2	35	169
		%	21%	32%	25%	1%	21%	100%
	고졸	빈도	92	133	70	3	17	315
		%	29%	42%	22%	1%	5%	100%
	대재 이상	빈도	137	294	62	6	15	514
		%	27%	57%	12%	1%	3%	100%
	모름/무응답	빈도	0	2	3	0	0	5
		%	0%	40%	60%	0%	0%	100%
2009	중졸 이하	빈도	29	66	44	5	57	201
		%	14%	33%	22%	2%	28%	100%
	고졸	빈도	64	144	76	3	18	305
		%	21%	47%	25%	1%	6%	100%
	대재 이상	빈도	122	263	85	8	18	496
		%	25%	53%	17%	2%	4%	100%

구분			향후 우리 사회의 갈등 증가 예상					Total
			갈등이 매우 증가할 것이다	갈등이 약간 증가할 것이다	갈등이 감소할 것이다	갈등이 매우 감소할 것이다	보통이다/ 모름/무응답	
2010	중졸 이하	빈도	16	42	40	11	61	170
		%	9%	25%	24%	6%	36%	100%
	고졸	빈도	44	172	73	10	23	322
		%	14%	53%	23%	3%	7%	100%
	대재 이상	빈도	114	295	87	5	21	522
		%	22%	57%	17%	1%	4%	100%
2011	중졸 이하	빈도	24	112	40	3	36	215
		%	11%	52%	19%	1%	17%	100%
	고졸	빈도	61	168	41	8	25	303
		%	20%	55%	14%	3%	8%	100%
	대재 이상	빈도	94	281	56	7	29	467
		%	20%	60%	12%	1%	6%	100%
	모름/ 무응답	빈도	1	10	3	1	0	15
		%	7%	67%	20%	7%	0%	100%
2012	중졸 이하	빈도	23	46	44	4	66	183
		%	13%	25%	24%	2%	36%	100%
	고졸	빈도	54	149	58	4	47	312
		%	17%	48%	19%	1%	15%	100%
	대재 이상	빈도	117	275	58	7	39	496
		%	24%	55%	12%	1%	8%	100%
	모름/ 무응답	빈도	2	7	2	0	4	15
		%	13%	47%	13%	0%	27%	100%
2013	중졸 이하	빈도	16	60	39	4	51	170
		%	9%	35%	23%	2%	30%	100%
	고졸	빈도	53	139	71	5	27	295
		%	18%	47%	24%	2%	9%	100%
	대재 이상	빈도	121	322	77	5	26	551
		%	22%	58%	14%	1%	5%	100%
	모름/ 무응답	빈도	2	2	1	0	3	8
		%	25%	25%	13%	0%	38%	100%

구분			향후 우리 사회의 갈등 증가 예상					Total
			갈등이 매우 증가할 것이다	갈등이 약간 증가할 것이다	갈등이 감소할 것이다	갈등이 매우 감소할 것이다	보통이다/ 모름/무응답	
2014	중졸 이하	빈도	24	40	25	2	29	120
		%	20%	33%	21%	2%	24%	100%
	고졸	빈도	50	173	61	7	21	312
		%	16%	55%	20%	2%	7%	100%
	대재 이상	빈도	177	305	57	4	16	559
		%	32%	55%	10%	1%	3%	100%
	모름/ 무응답	빈도	1	1	3	0	3	8
		%	13%	13%	38%	0%	38%	100%

다음은 이념별로 조사한 결과이다. 먼저 2008년은 매우 보수적인 집단은 65%가 갈등이 증가할 것으로 예측했으며, 18%가 감소할 것으로 판단하였다. 보수적인 집단은 70%가 증가, 25%가 감소로 나타났으며, 중도적인 집단은 77%, 16%가 증가와 감소로 나타났다. 진보적인 집단은 갈등이 증가한다는 판단이 81%였으며, 감소한다는 판단은 16%로 나타났다. 매우 진보적인 집단은 증가한다가 88%, 감소한다가 13%로 조사되었다. 2009년에는 매우 보수적인 집단 64%, 보수적인 집단 72%, 중도적인 집단 78%, 진보적인 집단 50%가 갈등이 증가한다고 판단하였으며, 매우 보수적인 집단 29%, 보수적인 집단 19%, 중도적인 집단 18%, 진보적인 집단 21%가 감소할 것으로 나타났다. 2010년에는 매우 보수적인 집단에서 갈등이 증가한다는 답변이 67%, 갈등이 감소한다는 답변이 23%로 조사되었으며, 보수적인 집단은 갈등이 증가한다는 답변 비률이 65%, 갈등이 감소한다는 답변 비율이 25%, 중도적인 집단은 증가 77%, 감소 15%, 진보적인 집단은 증가 79%, 감

소 12%, 매우 진보적인 집단은 증가 71%, 감소 19%로 나타났다. 2011년은 매우 보수적인 집단은 갈등이 증가한다는 답변 비율이 61%, 갈등이 감소한다는 답변 비율이 30%, 보수적인 집단은 갈등이 증가한다는 답변 비율이 73%, 갈등이 감소한다는 답변 비율이 19%, 중도적인 집단은 갈등이 증가한다는 답변 비율이 77%, 갈등이 감소한다는 답변 비율이 15%, 진보적인 집단은 갈등이 증가한다는 답변 비율이 79%, 갈등이 감소한다는 답변 비율이 12%, 매우 진보적인 집단 은 갈등이 증가한다는 답변 비율이 79%, 갈등이 감소한다는 답변 비율이 12%로 나타났다. 2012년은 매우 보수적, 보수적, 중도적, 진보적, 매우 진보적인 집단의 순으로 갈등 증가의 비율이 48%, 68%, 68%, 77%, 71%로 나타났다. 갈등 감소는 37%, 19%, 17%, 13%, 25%로 나타났다. 2013년은 매우 보수적, 보수적, 중도적, 진보적, 매우 진보적인 집단의 순으로 55%, 66%, 75%, 81, 69%가 증가할 것으로 답변하였으며 34%, 25%, 15%, 14%, 31%가 감소한다고 답변하였다. 마지막으로 2014년에는 갈등이 증가할 것이라는 비율이 매우 보수적인 집단은 68%, 보수적인 집단 74%, 중도적인 집단 81%, 진보적인 집단 84%, 매우 진보적인 집단 77%로 나타났으며, 갈등이 감소할 것이라는 비율은 같은 순서로 25%, 54%, 15%, 12%, 23%로 나타났다. 아래 〈표 2-8〉은 이념별로 향후 갈등 증감에 대한 예상 인식 결과를 제시한 결과이다.

〈표 2-8〉 이념별 향후 갈등 증가 예상 인식 결과

구분			향후 우리 사회의 갈등 증가 예상					Total
			갈등이 매우 증가할 것이다	갈등이 약간 증가할 것이다	갈등이 감소할 것이다	갈등이 매우 감소할 것이다	보통이다/ 모름/무응답	
2008	매우 보수적	빈도	8	3	3	0	3	17
		%	47%	18%	18%	0%	18%	100%
	보수적인 편	빈도	67	159	73	5	19	323
		%	21%	49%	23%	2%	6%	100%
	중도적	빈도	88	168	50	2	18	326
		%	27%	52%	15%	1%	6%	100%
	진보적인 편	빈도	85	117	35	4	9	250
		%	34%	47%	14%	2%	4%	100%
	매우 진보적	빈도	8	6	2	0	0	16
		%	50%	38%	13%	0%	0%	100%
	모름/ 무응답	빈도	9	30	14	0	18	71
		%	13%	42%	20%	0%	25%	100%
2009	매우 보수적	빈도	48	147	84	5	25	309
		%	16%	48%	27%	2%	8%	100%
	보수적인 편	빈도	74	191	67	2	31	365
		%	20%	52%	18%	1%	8%	100%
	중도적	빈도	74	92	33	5	8	212
		%	35%	43%	16%	2%	4%	100%
	진보적인 편	빈도	23	50	25	4	34	136
		%	17%	37%	18%	3%	25%	100%
2010	매우 보수적	빈도	43	186	70	11	32	342
		%	13%	54%	20%	3%	9%	100%
	보수적인 편	빈도	51	148	69	5	33	306
		%	17%	48%	23%	2%	11%	100%
	중도적	빈도	66	140	47	7	8	268
		%	25%	52%	18%	3%	3%	100%
	진보적인 편	빈도	14	35	14	3	32	98
		%	14%	36%	14%	3%	33%	100%
2011	매우 보수적	빈도	5	9	6	1	2	23
		%	22%	39%	26%	4%	9%	100%
	보수적인 편	빈도	44	174	48	9	25	300
		%	15%	58%	16%	3%	8%	100%
	중도적	빈도	55	206	48	4	24	337
		%	16%	61%	14%	1%	7%	100%
	진보적인 편	빈도	54	116	24	3	16	213
		%	25%	54%	11%	1%	8%	100%
	매우 진보적	빈도	3	12	3	1	2	21
		%	14%	57%	14%	5%	10%	100%
	모름/ 무응답	빈도	19	54	11	1	21	106
		%	18%	51%	10%	1%	20%	100%

구분			향후 우리 사회의 갈등 증가 예상					Total
			갈등이 매우 증가할 것이다	갈등이 약간 증가할 것이다	갈등이 감소할 것이다	갈등이 매우 감소할 것이다	보통이다/ 모름/무응답	
2012	매우 보수적	빈도	10	11	13	3	7	44
		%	23%	25%	30%	7%	16%	100%
	보수적인 편	빈도	52	156	53	5	38	304
		%	17%	51%	17%	2%	13%	100%
	중도적	빈도	68	161	52	3	51	335
		%	20%	48%	16%	1%	15%	100%
	진보적인 편	빈도	42	108	22	3	20	195
		%	22%	55%	11%	2%	10%	100%
	매우 진보적	빈도	11	9	7	0	1	28
		%	39%	32%	25%	0%	4%	100%
	모름/ 무응답	빈도	13	32	15	1	39	100
		%	13%	32%	15%	1%	39%	100%
2013	매우 보수적	빈도	10	14	14	1	5	44
		%	23%	32%	32%	2%	11%	100%
	보수적인 편	빈도	51	163	77	4	29	324
		%	16%	50%	24%	1%	9%	100%
	중도적	빈도	63	215	52	4	35	369
		%	17%	58%	14%	1%	9%	100%
	진보적인 편	빈도	47	90	22	1	10	170
		%	28%	53%	13%	1%	6%	100%
	매우 진보적	빈도	4	5	3	1	0	13
		%	31%	38%	23%	8%	0%	100%
	모름/ 무응답	빈도	17	36	20	3	28	104
		%	16%	35%	19%	3%	27%	100%
2014	매우 보수적	빈도	10	18	8	2	3	41
		%	24%	44%	20%	5%	7%	100%
	보수적인 편	빈도	61	162	48	6	22	299
		%	20%	54%	16%	2%	7%	100%
	중도적	빈도	99	194	50	3	15	361
		%	27%	54%	14%	1%	4%	100%
	진보적인 편	빈도	54	115	24	1	8	202
		%	27%	57%	12%	0%	4%	100%
	매우 진보적	빈도	11	6	5	0	0	22
		%	50%	27%	23%	0%	0%	100%
	모름/ 무응답	빈도	17	26	10	1	21	75
		%	23%	35%	13%	1%	28%	100%

아래 〈그림 2-10〉는 가장 많은 비율을 차지하고 있는 향후 갈등이 증가할 것이라는 예상 결과를 크게 진보, 중도, 보수로 나누어 2008년부터 2014년까지 시계열로 살펴본 결과이다. 진보는 2008년부터 부정적인 인식 수준의 비율이 낮아지다가 2010년을 기점으로 다시 상승하여 2011년에 다시 완만하게 떨어지고 있다. 보수의 경우 부정적인 인식은 2008년에 진보와 반대로 크게 상승하여 2009년에 가장 높은 비율을 차지하고 있으며, 2010년에 크게 하락하여 2011년부터 중도와 비슷한 양상을 보이고 있다.

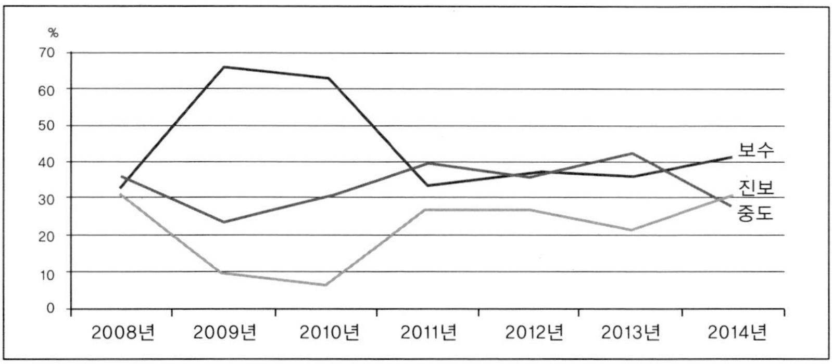

〈그림 2-10〉 진보 · 중도 · 보수집단의 향후 공공갈등 증가에 대한 부정적 인식 수준의 변화

아래 〈그림 2-11〉은 긍정적인 인식으로 조사한 그래프이다. 진보의 경우 큰 변화 없이 2008년부터 완만한 모습을 보이다가 2010년부터 다시 완만한 형태로 갈등이 감소할 것이라는 인식이 높아졌다. 보수의 경우 갈등이 감소할 것이라는 인식이 크게 상승하다가 2010년에 다시 낮아지고 있었다.

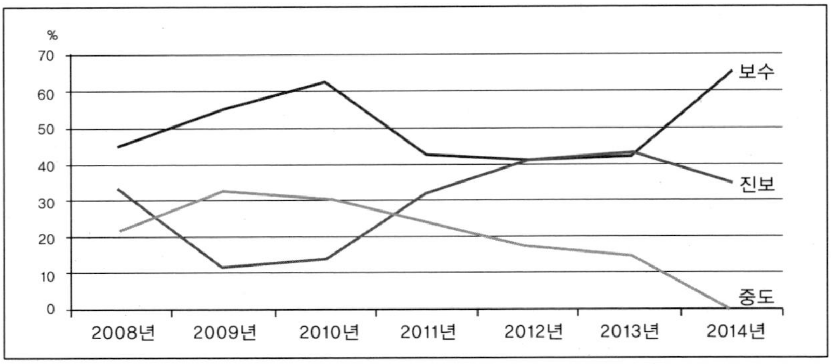

〈그림 2-11〉 **진보 · 중도 · 보수집단의 향후 공공갈등 증가에 대한 긍정적 인식 수준의 변화**

2. 우리 사회의 갈등 해결 예상

우리나라에서 발생한 공공갈등이 향후 어떻게 해결될 것인가를 알아보기 위해 앞에서 분석한 기준과 동일하게 성별, 연령별, 학력별, 이념별로 조사하였다.

먼저 성별 조사문항의 기준에서 "갈등이 해결되기 매우 어려울 것이다", "갈등이 해결되기 약간 어려울 것이다"라는 질문은 향후 우리나라의 갈등 해결 양상을 부정적으로 바라보는 부분이다. "갈등이 약간 잘 해결될 것이다", "갈등이 매우 잘 해결될 것이다"는 항목은 향후 갈등 해결을 긍정적으로 바라보는 부분이다.

2008년의 경우 남자는 "갈등이 해결되기 매우 어려울 것이다"는 13%, "갈등이 해결되기 약간 어려울 것이다"는 38%로 조사되었으며, 여자는 "갈등이 해결되기 매우 어려울 것이다" 12%, "갈등이 해결되기 약간 어려울 것이다" 39%로 남자와 유사했다. 또한 "갈등이 약간 잘 해결될 것이다" 40%, "갈등이 매우 잘 해결될 것이다" 4%로 남자 조사결과가 나타났으며, 여성은 "갈등이 약간 잘 해결될 것이다" 37%, "갈등이 매우 잘 해결될 것이다" 5%로 역시 남성과 비슷한 수치를 보였다. 향후 갈등 해결의 부정적인 인식은 남성이 51%, 여성이 51%로 동일하게 나왔으며, 긍정적인 인식은 남성, 여성 각각 44%, 42%로 나타났다. 향후 갈등 해결이 어려울 것이라는 부정적 인식이 긍정적 인식보다 약간 높은 것으로 조사되었다. 2009년에는 갈등 해결의 부정적 인식이 남성 51%, 여성 49%로 비슷한 수준으로 나타났으며, 긍정적인 인식은 44%, 43%로 나타나, 전년도 2008년과 유사한 수준으로 조사되었다. 2010년에는 부정적 인식이 남성 45%, 여성 47%로 나타났으며 긍정적 인식은 남성 52%, 여성 45%로 나타났다. 2011년은 남성 57%, 여성 52%가 부정적 인식으로 나타났으며, 남성 37%, 여성 38%가 긍정적 인식 결과로 나타났다. 2012년과 2013년 및 2014년의 이러한 추세는 큰 변화 없이 제시되었다. 아래 〈표 2-9〉는 성별 향후 갈등 해결 인식 결과를 자세하게 제시한 것이다.

〈표 2-9〉 성별 향후 갈등 해결 인식 결과

구분			향후 우리 사회 갈등 해결 예상					Total
			갈등이 해결되기 매우 어려울 것이다	갈등이 해결되기 약간 어려울 것이다	갈등이 약간 잘 해결될 것이다	갈등이 매우 잘 해결될 것이다	보통이다/모름/무응답	
2008	남자	빈도	62	176	186	19	17	460
		%	13%	38%	40%	4%	4%	100%
	여자	빈도	67	210	201	26	39	543
		%	12%	39%	37%	5%	7%	100%

구분			향후 우리 사회 갈등 해결 예상					Total
			갈등이 해결되기 매우 어려울 것이다	갈등이 해결되기 약간 어려울 것이다	갈등이 약간 잘 해결될 것이다	갈등이 매우 잘 해결될 것이다	보통이다/모름/무응답	
2009	남자	빈도	82	167	198	22	27	496
		%	17%	34%	40%	4%	5%	100%
	여자	빈도	68	188	206	21	43	526
		%	13%	36%	39%	4%	8%	100%
2010	남자	빈도	52	161	207	36	15	471
		%	11%	34%	44%	8%	3%	100%
	여자	빈도	58	196	223	24	42	543
		%	11%	36%	41%	4%	8%	100%
2011	남자	빈도	62	217	166	14	33	492
		%	13%	44%	34%	3%	7%	100%
	여자	빈도	50	214	190	7	47	508
		%	10%	42%	37%	1%	9%	100%
2012	남자	빈도	67	162	168	20	30	447
		%	15%	36%	38%	4%	7%	100%
	여자	빈도	57	183	219	19	81	559
		%	10%	33%	39%	3%	14%	100%
2013	남자	빈도	67	176	197	13	20	473
		%	14%	37%	42%	3%	4%	100%
	여자	빈도	58	199	221	33	40	551
		%	11%	36%	40%	6%	7%	100%
2014	남자	빈도	105	197	162	14	16	494
		%	21%	40%	33%	3%	3%	100%
	여자	빈도	71	242	152	18	23	506
		%	14%	48%	30%	4%	5%	100%

다음은 연령별 조사결과이다. 2008년 조사결과 19-29세는 갈등 해결의 부정적 인식이 59%, 30대 57%, 40대 55%, 50대 47%, 60대 이상이 38%로 나타났다. 긍정적 인식은 같은 순서로 39%,

40%, 38%, 44%, 54%로 나타났다. 연령층이 낮을수록 향후 갈등 해결 가능성을 부정적으로 바라봤으며, 높을수록 긍정적인 것으로 조사되었다. 2009년에는 향후 갈등 해결의 부정적인식이 19-29세 67%, 30대 55%, 40대 51%, 50대 48%, 60대 35%로 나타났다. 긍정적인식은 같은 연령순서로 29%, 45%, 44%, 44%, 51%로 나타났다. 전년도인 2008년와 마찬가지로 연령층이 높을수록 갈등 해결에 대한 긍정적 인식이 높아졌다. 이러한 추세는 2010년도 마찬가지로 조사되었다. 2011년에는 부정적 인식이 19-29세 58%, 30대 51%, 40대 55%, 50대 54%, 60대 55%로 나타났으며, 긍정적 인식은 34%, 46%, 37%, 37%, 35%로 전체 연령층에 큰 차이 없이 부정적 양상이 약간 높은 것으로 조사되었다. 2012년과 2013년도에는 2011년 이전의 양상과 비슷한 모습을 보였다. 마지막으로 2014년에는 갈등 해결에 대한 부정적인 인식이 19-29세는 72%, 30대는 67%, 40대는 65%, 50대는 60%, 60대는 45%로 다른 년도들에 비해 높아졌으며, 긍정적인 인식은 19-29세는 25%, 30대는 29%, 40대는 33%, 50대는 34%, 60대는 49%로 나타났다. 아래 〈표 2-10〉은 연령별 향후 갈등 해결 인식 결과를 표로 상세하게 제시한 내용이다.

〈표 2-10〉 연령별 향후 갈등 해결 인식 결과

구분			향후 우리 사회 갈등 해결 예상					Total
			갈등이 해결되기 매우 어려울 것이다	갈등이 해결되기 약간 어려울 것이다	갈등이 약간 잘 해결될 것이다	갈등이 매우 잘 해결될 것이다	보통이다/모름/무응답	
2008	19~29세	빈도	18	87	62	7	4	178
		%	10%	49%	35%	4%	2%	100%
	30대	빈도	27	92	80	5	4	208
		%	13%	44%	38%	2%	2%	100%
	40대	빈도	37	96	83	10	15	241
		%	15%	40%	34%	4%	6%	100%
	50대	빈도	21	61	71	7	16	176
		%	12%	35%	40%	4%	9%	100%
	60대 이상	빈도	26	50	91	16	17	200
		%	13%	25%	46%	8%	9%	100%
2009	19~29세	빈도	24	72	38	5	5	144
		%	17%	50%	26%	3%	3%	100%
	30대	빈도	34	64	75	5	2	180
		%	19%	36%	42%	3%	1%	100%
	40대	빈도	37	96	107	8	15	263
		%	14%	37%	41%	3%	6%	100%
	50대	빈도	30	65	77	10	16	198
		%	15%	33%	39%	5%	8%	100%
	60대 이상	빈도	25	58	107	15	32	237
		%	11%	24%	45%	6%	14%	100%
2010	19~29세	빈도	17	71	65	6	2	161
		%	11%	44%	40%	4%	1%	100%
	30대	빈도	25	85	68	8	9	195
		%	13%	44%	35%	4%	5%	100%
	40대	빈도	27	72	95	19	14	227
		%	12%	32%	42%	8%	6%	100%
	50대	빈도	14	65	104	8	15	206
		%	7%	32%	50%	4%	7%	100%
	60대 이상	빈도	27	64	98	19	17	225
		%	12%	28%	44%	8%	8%	100%

구분			향후 우리 사회 갈등 해결 예상					Total
			갈등이 해결되기 매우 어려울 것이다	갈등이 해결되기 약간 어려울 것이다	갈등이 약간 잘 해결될 것이다	갈등이 매우 잘 해결될 것이다	보통이다/모름/무응답	
2011	19~29세	빈도	14	80	54	2	13	163
		%	9%	49%	33%	1%	8%	100%
	30대	빈도	16	68	69	7	5	165
		%	10%	41%	42%	4%	3%	100%
	40대	빈도	28	90	74	7	17	216
		%	13%	42%	34%	3%	8%	100%
	50대	빈도	24	85	73	3	17	202
		%	12%	42%	36%	1%	8%	100%
	60대 이상	빈도	30	108	86	2	28	254
		%	12%	43%	34%	1%	11%	100%
2012	19~29세	빈도	18	60	46	9	9	142
		%	13%	42%	32%	6%	6%	100%
	30대	빈도	26	59	59	7	12	163
		%	16%	36%	36%	4%	7%	100%
	40대	빈도	26	85	90	10	24	235
		%	11%	36%	38%	4%	10%	100%
	50대	빈도	22	71	103	3	26	225
		%	10%	32%	46%	1%	12%	100%
	60대 이상	빈도	32	70	89	10	40	241
		%	13%	29%	37%	4%	17%	100%
2013	19~29세	빈도	23	66	55	4	5	153
		%	15%	43%	36%	3%	3%	100%
	30대	빈도	17	83	55	4	8	167
		%	10%	50%	33%	2%	5%	100%
	40대	빈도	28	94	84	7	10	223
		%	13%	42%	38%	3%	4%	100%
	50대	빈도	36	63	101	13	15	228
		%	16%	28%	44%	6%	7%	100%
	60대 이상	빈도	21	69	123	18	22	253
		%	8%	27%	49%	7%	9%	100%

구분			향후 우리 사회 갈등 해결 예상					Total
			갈등이 해결 되기 매우 어려울 것이다	갈등이 해결 되기 약간 어려울 것이다	갈등이 약간 잘 해결될 것이다	갈등이 매우 잘 해결될 것이다	보통이다/모름/무응답	
2014	19~29세	빈도	36	93	40	5	6	180
		%	20%	52%	22%	3%	3%	100%
	30대	빈도	37	91	54	1	7	190
		%	19%	48%	28%	1%	4%	100%
	40대	빈도	47	92	62	8	3	212
		%	22%	43%	29%	4%	1%	100%
	50대	빈도	34	86	62	6	11	199
		%	17%	43%	31%	3%	6%	100%
	60대 이상	빈도	23	77	97	12	12	221
		%	10%	35%	44%	5%	5%	100%

다음은 학력별로 향후 갈등 해결 인식을 조사한 결과이다. 2008년에는 향후 갈등 해결에 대한 부정적인 인식이 중졸 이하 42%, 고졸 47%, 대재 이상 58%로 나타났으며, 긍정적인 인식은 45%, 48%, 40%로 조사되었다. 학력이 높을수록 향후 갈등 해결에 대해 부정적으로 바라보았으나, 긍정적인 인식은 고졸 이상이 다소 높은 비율을 보였다. 2009년에는 부정적인 인식이 중졸 이하 39%, 고졸 48%, 대재 이상 56%로 나타났으며 긍정적인 인식은 중졸 이하 44%, 고졸 47%, 대재 이상 42%로 조사되었다. 마찬가지로 학력이 높을수록 부정적인 인식이 높았으며, 근소한 차이지만 긍정적인 인식은 고졸이 높게 나타났다. 2010년에는 부정적인 인식이 중졸 이하 38%, 고졸 43%, 대재 이상 51%로 나타났으며, 긍정적인 인식이 중졸 이하 48%, 고졸 52%, 대재 이

상 46%로 나타나, 2008년 및 2009년과 유사한 결과가 나타났다. 2011년, 2012년, 2013년도 거의 비슷한 수준으로 나타났다. 다만 긍정적인 인식이 그동안 고졸이 근소하지만 가장 높았던 것과 달리 2011년에는 대재 이상이 가장 높았으며, 2013년에는 중졸 이하가 가장 높은 비율로 나타났다. 마지막으로 2014년에는 부정적인 인식의 비율이 중졸 이하 49%, 고졸 57%, 대재 이상 67%로 다른 년도에 비해 높은 비율을 보였으며, 긍정적인 인식은 중졸 이하 42%, 고졸 38%, 대재 이상 31%로 다른 년도에 비해 낮은 비율을 보였다. 아래 〈표 2-11〉은 학력별 향후 갈등 해결 인식을 표로 자세하게 나타낸 것이다.

〈표 2-11〉 **학력별 향후 갈등 해결 인식 결과**

구분			향후 우리 사회 갈등 해결 예상					Total
			갈등이 해결되기 매우 어려울 것이다	갈등이 해결되기 약간 어려울 것이다	갈등이 약간 잘 해결될 것이다	갈등이 매우 잘 해결될 것이다	보통이다/모름/무응답	
2008	중졸 이하	빈도	17	54	63	9	26	169
		%	10%	32%	37%	5%	15%	100%
	고졸	빈도	52	96	135	15	17	315
		%	17%	30%	43%	5%	5%	100%
	대재 이상	빈도	60	235	186	20	13	514
		%	12%	46%	36%	4%	3%	100%
	모름/무응답	빈도	0	1	3	1	0	5
		%	0%	20%	60%	20%	0%	100%
2009	중졸 이하	빈도	19	60	72	16	34	201
		%	9%	30%	36%	8%	17%	100%
	고졸	빈도	45	100	131	13	16	305
		%	15%	33%	43%	4%	5%	100%
	대재 이상	빈도	82	193	191	14	16	496
		%	17%	39%	39%	3%	3%	100%

구분			향후 우리 사회 갈등 해결 예상					Total
			갈등이 해결 되기 매우 어려울 것이다	갈등이 해결 되기 약간 어려울 것이다	갈등이 약간 잘 해결될 것이다	갈등이 매우 잘 해결될 것이다	보통이다/ 모름/무응답	
2010	중졸 이하	빈도	20	45	66	16	23	170
		%	12%	26%	39%	9%	14%	100%
	고졸	빈도	28	109	151	17	17	322
		%	9%	34%	47%	5%	5%	100%
	대재 이상	빈도	62	203	213	27	17	522
		%	12%	39%	41%	5%	3%	100%
2011	중졸 이하	빈도	22	96	72	2	23	215
		%	10%	45%	33%	1%	11%	100%
	고졸	빈도	32	141	101	6	23	303
		%	11%	47%	33%	2%	8%	100%
	대재 이상	빈도	57	185	180	13	32	467
		%	12%	40%	39%	3%	7%	100%
	모름/ 무응답	빈도	1	9	3	0	2	15
		%	7%	60%	20%	0%	13%	100%
2012	중졸 이하	빈도	19	50	62	10	42	183
		%	10%	27%	34%	5%	23%	100%
	고졸	빈도	42	96	135	10	29	312
		%	13%	31%	43%	3%	9%	100%
	대재 이상	빈도	61	197	183	19	36	496
		%	12%	40%	37%	4%	7%	100%
	모름/ 무응답	빈도	2	2	7	0	4	15
		%	13%	13%	47%	0%	27%	100%
2013	중졸 이하	빈도	10	38	84	16	22	170
		%	6%	22%	49%	9%	13%	100%
	고졸	빈도	37	116	122	12	8	295
		%	13%	39%	41%	4%	3%	100%
	대재 이상	빈도	77	218	210	16	30	551
		%	14%	40%	38%	3%	5%	100%
	모름/ 무응답	빈도	1	3	2	2	0	8
		%	13%	38%	25%	25%	0%	100%

구분			향후 우리 사회 갈등 해결 예상					Total
			갈등이 해결되기 매우 어려울 것이다	갈등이 해결되기 약간 어려울 것이다	갈등이 약간 잘 해결될 것이다	갈등이 매우 잘 해결될 것이다	보통이다/모름/무응답	
2014	중졸 이하	빈도	16	43	44	6	11	120
		%	13%	36%	37%	5%	9%	100%
	고졸	빈도	53	125	107	14	13	312
		%	17%	40%	34%	4%	4%	100%
	대재 이상	빈도	106	267	163	11	12	559
		%	19%	48%	29%	2%	2%	100%
	모름/무응답	빈도	1	3	1	0	3	8
		%	13%	38%	13%	0%	38%	100%

다음은 이념별 향후 갈등 해결에 대한 인식 결과이다. 2008년 향후 갈등 해결에 대한 부정적인 인식을 조사한 결과 매우 보수적인 집단은 59%, 보수적인 집단은 47%, 중도적인 집단은 58%, 진보적인 집단은 49%, 매우 진보적인 집단은 69%가 향후 갈등 해결에 대하여 힘들 것으로 예측하였다. 긍정적인 시각으로 바라보는 비율은 같은 순서로 35%, 48%, 37%, 46%, 25%로 나타났다. 2009년은 부정적인 인식은 매우 보수적 집단 48%, 보수적인 집단 50%, 중도적인 집단 56%, 진보적인 집단 42%로 조사되었으며 긍정적인 인식은 같은 이념순서로 47%, 45%, 43%, 34%로 나타났다. 2010년은 매우 보수적인 집단 45%, 보수적인 집단 41%, 중도적인 집단 54%, 진보적인 집단 43%가 부정적으로 인식하는 것으로 나타났으며, 같은 이념순서로 52%, 51%, 43%, 42%는 긍정적으로 인식하는 것으로 조사되었다. 2011년은 부정적 인식은 매우 보수적인 집단 52%, 보수적인 집단 53%, 중도적인 집단 54%, 진보적인 집단 56%, 매우 진보적인 집단 38%로 나타났다. 긍정적인

인식은 같은 이념순서로 30%, 39%, 39%, 37%, 52%로 나타났다. 2012년은 부정적인 인식이 매우 보수적인 집단 38%, 보수적인 집단 50%, 중도적인 집단 50%, 진보적인 집단 45%, 매우 진보적인 집단 50% 나타났으며, 긍정적 인식은 같은 이념순서로 41%, 39%, 42%, 46%, 36%으로 나타났다. 2013년은 매우 보수적인 집단 50%, 보수적인 집단 44%, 중도적인 집단 49%, 진보적인 집단 62%, 매우 진보적인 집단 69%가 부정적 인식 결과를 보였으며, 긍정적 인식은 같은 이념순서로 50%, 53%, 44%, 33%. 31%, 44%로 나타났다. 2014년에는 61%, 58%, 70%, 73%, 53%가 부정적인 인식의 비율을 보였으며, 37%, 39%, 28%, 26%, 28%가 긍정적인 인식 비율을 보였다.

〈표 2-12〉 **이념별 향후 갈등 해결 인식 결과**

구분			향후 우리 사회 갈등 해결 예상					Total
			갈등이 해결되기 매우 어려울 것이다	갈등이 해결되기 약간 어려울 것이다	갈등이 약간 잘 해결될 것이다	갈등이 매우 잘 해결될 것이다	보통이다/모름/무응답	
2008	매우 보수적	빈도	7	3	5	1	1	17
		%	41%	18%	29%	6%	6%	100%
	보수적인 편	빈도	40	114	138	17	14	323
		%	12%	35%	43%	5%	4%	100%
	중도적	빈도	38	151	106	12	19	326
		%	12%	46%	33%	4%	6%	100%
	진보적인 편	빈도	36	87	106	10	11	250
		%	14%	35%	42%	4%	4%	100%
	매우 진보적	빈도	6	5	4	0	1	16
		%	38%	31%	25%	0%	6%	100%
	모름/무응답	빈도	2	26	28	5	10	71
		%	3%	37%	39%	7%	14%	100%

구분			향후 우리 사회 갈등 해결 예상					Total
			갈등이 해결 되기 매우 어려울 것이다	갈등이 해결 되기 약간 어려울 것이다	갈등이 약간 잘 해결될 것이다	갈등이 매우 잘 해결될 것이다	보통이다/모름/무응답	
2009	매우 보수적	빈도	37	112	131	15	14	309
		%	12%	36%	42%	5%	5%	100%
	보수적인 편	빈도	45	137	151	13	19	365
		%	12%	38%	41%	4%	5%	100%
	중도적	빈도	52	65	84	7	4	212
		%	25%	31%	40%	3%	2%	100%
	진보적인 편	빈도	16	41	38	8	33	136
		%	12%	30%	28%	6%	24%	100%
2010	매우 보수적	빈도	28	126	156	19	13	342
		%	8%	37%	46%	6%	4%	100%
	보수적인 편	빈도	28	99	142	16	21	306
		%	9%	32%	46%	5%	7%	100%
	중도적	빈도	43	101	102	14	8	268
		%	16%	38%	38%	5%	3%	100%
	진보적인 편	빈도	11	31	30	11	15	98
		%	11%	32%	31%	11%	15%	100%
2011	매우 보수적	빈도	2	10	6	1	4	23
		%	9%	43%	26%	4%	17%	100%
	보수적인 편	빈도	29	129	114	4	24	300
		%	10%	43%	38%	1%	8%	100%
	중도적	빈도	34	148	126	6	23	337
		%	10%	44%	37%	2%	7%	100%
	진보적인 편	빈도	28	92	73	6	14	213
		%	13%	43%	34%	3%	7%	100%
	매우 진보적	빈도	3	5	11	0	2	21
		%	14%	24%	52%	0%	10%	100%
	모름/무응답	빈도	16	47	26	4	13	106
		%	15%	44%	25%	4%	12%	100%

구분			향후 우리 사회 갈등 해결 예상					Total
			갈등이 해결 되기 매우 어려울 것이다	갈등이 해결 되기 약간 어려울 것이다	갈등이 약간 잘 해결될 것이다	갈등이 매우 잘 해결될 것이다	보통이다/ 모름/무응답	
2012	매우 보수적	빈도	9	8	15	3	9	44
		%	20%	18%	34%	7%	20%	100%
	보수적인 편	빈도	36	115	115	4	34	304
		%	12%	38%	38%	1%	11%	100%
	중도적	빈도	41	126	132	11	25	335
		%	12%	38%	39%	3%	7%	100%
	진보적인 편	빈도	22	67	80	10	16	195
		%	11%	34%	41%	5%	8%	100%
	매우 진보적	빈도	8	6	8	2	4	28
		%	29%	21%	29%	7%	14%	100%
	모름/ 무응답	빈도	8	23	37	9	23	100
		%	8%	23%	37%	9%	23%	100%
2013	매우 보수적	빈도	10	12	19	3	0	44
		%	23%	27%	43%	7%	0%	100%
	보수적인 편	빈도	29	112	153	19	11	324
		%	9%	35%	47%	6%	3%	100%
	중도적	빈도	49	131	153	11	25	369
		%	13%	36%	41%	3%	7%	100%
	진보적인 편	빈도	21	85	53	4	7	170
		%	12%	50%	31%	2%	4%	100%
	매우 진보적	빈도	6	3	3	1	0	13
		%	46%	23%	23%	8%	0%	100%
	모름/ 무응답	빈도	10	32	37	8	17	104
		%	10%	31%	36%	8%	16%	100%

구분			향후 우리 사회 갈등 해결 예상					Total
			갈등이 해결되기 매우 어려울 것이다	갈등이 해결되기 약간 어려울 것이다	갈등이 약간 잘 해결될 것이다	갈등이 매우 잘 해결될 것이다	보통이다/모름/무응답	
2014	매우 보수적	빈도	9	16	13	2	1	41
		%	22%	39%	32%	5%	2%	100%
	보수적인 편	빈도	51	122	104	12	11	300
		%	17%	41%	35%	4%	4%	100%
	중도적	빈도	51	170	120	11	10	362
		%	14%	47%	33%	3%	3%	100%
	진보적인 편	빈도	44	96	55	3	3	201
		%	22%	48%	27%	1%	1%	100%
	매우 진보적	빈도	7	10	5	1	0	23
		%	30%	43%	22%	4%	0%	100%
	모름/무응답	빈도	14	25	18	3	14	74
		%	19%	34%	24%	4%	19%	100%

〈그림 2-12〉와 같이 진보, 중도, 보수집단으로 구분하여 향후 갈등 해결에 대한 부정적인 인식 수준을 조사한 결과 보수는 향후 갈등이 해결될 것이라는 인식이 2008년부터 큰 폭으로 상승하여 2009년에 가장 높은 수치를 보였으며 이후 크게 감소하면서 2011년에는 중도와 비슷한 양상을 보였다. 진보는 보수와 반대로 하향 곡선을 보이다가 2010년에 점차 상승하는 양상을 보이고 있다.

다음으로 〈그림 2-13〉과 같이 향후 갈등이 잘 해결될 것이라는 긍정적인 인식은 보수의 경우 2011년에 낮은 비율을 보이다가 2012년에 다소 상승된 비율을 보이지만 이후 다시 낮아지는 추세를 보이고 있다. 중도와 진보의 경우 2011년에 다소 긍정적인 인식을 보였으며, 나머지는 대부분 낮은 비율을 보였다.

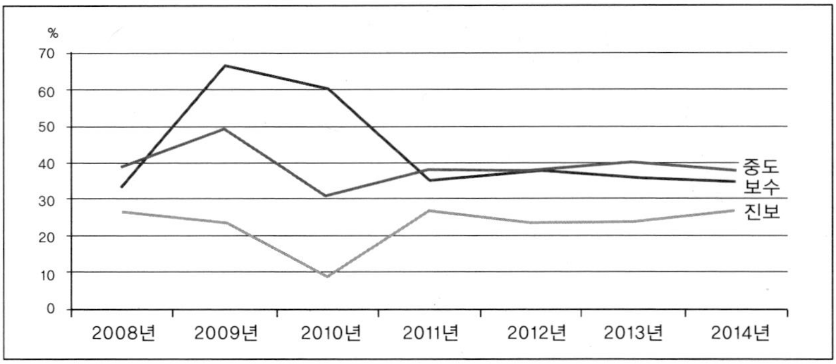

〈그림 2-12〉 **진보 · 중도 · 보수 공공갈등 해결에 대한 부정적 인식 수준의 변화**

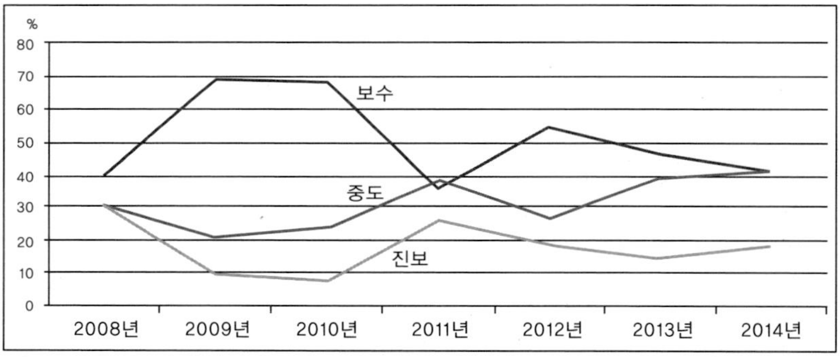

〈그림 2-13〉 **진보 · 중도 · 보수 공공갈등 해결에 대한 긍정적 인식 수준의 변화**

Ⅳ. 결 론

먼저 공공갈등의 해결 양상에 대한 인식에서는 성별 조사의 경우 남녀 모두 공공갈등이 원만하게 해결되지 않는다고 답변하였다. 연령별 조사의 경우 2009년을 제외하고는 대부분 연령층이 낮을수록 갈등이 원만하게 해결되지 않았다는 답변이 높았다. 학력별로는 학력이 높아질수록 부정적인 답변 비율이 높아졌다. 긍정적인 답변 비율은 근소한 차이지만 대부분 학력이 낮을수록 높게 나타났다. 이념을 기준으로 한 조사에서는 연도별 흐름상으로 2000년말에 다소 차이가 있었으나 2014년에 가까워지면서 보수, 중도, 진보 대부분 갈등 해결에 대한 부정적 인식 수준이 비슷한 수치를 보였다. 시계열적으로는 보수는 2008년부터 2014년까지 점차 부정적인 인식 수준이 낮아진 반면 중도와 진보는 부정적인 인식 수준이 다소 높아진 것으로 나타났다.

미래적인 관점에서는 향후 공공갈등에 대한 발생 부분과 갈등이 해결될 것이라는 두 가지 관점에서 조사한 결과 먼저 우리 사회의 갈등증가를 예상하는 질문에서는 성별의 경우 남자보다는 여자가 갈등이 증가할 것이라는 비율이 아주 근소하게 낮게 나타났으며, 갈등이 감소할 것이라는 비율은 대체적으로 비슷하게 나타났다. 전반적으로 향후 갈등이 증가할 것이라는 비율이 갈등이 감소할 것이라는 비율과 비교하여 상대적으로 높게 조사되었다. 연령별로는 연령층이 낮을수록 갈등이 증가할 것이라는 답변이 높았으며, 연령이 높을수록 갈등이 감소할 것이라는 비율이 상대적으로 높게 나타났다. 학력별로는 학력이 높을수록 향후 갈등이 증가할 것으로 답변한 비율이 대다수였다. 이념별로 조사한 결과 앞에서 조사한 현재 시점의 조사결과와 유사하게 나타났다. 다만 향후 갈등증가에 대한 긍정적 인식 수준에서는 보수가 2014년도로 갈수록 높게 나타났으며, 중도의 경우 크게 하락세를 보이는 것으로 조사되었다.

향후 우리나라의 갈등 해결에 대한 예상을 조사한 결과에서는 성별의 경우 남녀 모두 긍정적인 인식보다는 부정적인 인식이 조금 높은 것으로 나타났다. 연령별로는 연령이 높을수록 향후 갈등 해결에 대한 인식이 긍정적인 것으로 나타났다. 학력별로도 대체적으로 학력이 높을수록 갈등 해결에 부정적인 경향을 보였다. 이념별 조사에서는 보수는 2008년에서 2014년도로 갈수록 부정적인 인식이 낮아진 반면 진보는 약간 높아진 것으로 조사되었다.

모든 분석기준에 년도별로 특성을 가지고 있지만 종합적으로 볼 때 대부분 갈등에 대한 현재 관점에서도 부정적인 인식이 높았으며, 향후 갈등발생이나 해결에 대한 관점에서도 부정적인 인식이 높은 것으로 조사되었다.

한편, 공공갈등을 해결하는 중요 주체로는 년도별 조사결과 행정부인 정부가 대부분의 년도에서 다른 주체보다 월등하게 높은 비율로 나타났다. 다만 2009년에 사업부인 법원이 갈등을 해결하기 위한 중요 주체로 인식되었다.

이를 종합하면 현재 공공갈등에 대한 부정적인 인식은 향후 우리나라의 공공갈등 해결에 대한 관점에도 그대로 반영되어 부정적인 것으로 조사되었다. 앞으로 공공갈등을 해결하기 위해서는 많은 면에서 부족한 것으로 국민들이 인식하고 있으며, 이를 해결하기 위해서는 먼저 행정부인 정부의 주도적인 역할을 기대하고 있음을 알 수 있다.

정부의 입장에서 사안별로는 적극적으로 대응해야 할 부분이나 주체적 역할이 필요한 부분도 있지만 주요 당사자 입장일수도 있거나 중립적인 문제가 크게 부각될 경우 적극적 주체이기 보다는 적극적 지원자의 역할이 중요할 수 있다. 하지만 공공갈등 관리의 기반이 확립되기 위해서는 갈등 초기에 정부의 역할이 보다 중요하다고 판단할 수 있으며, 기반이 마련되면 한국적 갈등 관리 시스템을 위한 노력과 더 나아가 지역맞춤형 갈등 관리 시스템이 중요하다고 볼 수 있다.

참고 문헌

김강민(2012), 「시민단체 및 정부에 대한 역량평가와 갈등지각의 관계」, 『사회과학연구』 38-3: 145-169.

정주진(2010), 『갈등 해결과 한국사회』. 아르케.

한영주(2007), 『서울시 갈등사례실태분석과 갈등 관리방안』. 서울시정개발연구원.

제3장 공공갈등과 신뢰: 일반화된 타자, 정부, 시민단체[1)]

김재신

I. 서론

공공갈등의 합리적인 해결을 위해서는 신뢰가 전제되어야 한다. 일반화된 타자에 대한 신뢰는 모든 공동체 구성원에 대해 배타적이지 않고 개방적인 접근을 용이하게 하며, 공동의 이익과 가치에 중점을 두어 서로 협력하여 공동체의 발전을 가능하게 하는 한편, 갈등을 사전에 예방하고 갈등이 발생했을 때 원만한 해결을 이끈다(Fukuyama, 1995; Putnam, 1993 등). 또한 공공갈등의 당사자 혹은 조정자 역할을 하는 정부에 대한 신뢰도 갈등 해결에 중요한 역할을 한다. 민주주의 사회에서 국민으로부터의 신뢰나

3) 본 장은 김재신(2011)이 한국심리학회지: 사회 및 성격, 25(2)에 쓴 「일반화된 타자, 정부, 시민단체에 대한 신뢰가 공공갈등의 인식에 미치는 영향」을 참고하여 새롭게 수정, 보완한 것임.

사회적 합의없이 정부가 공공정책을 성공적으로 추진하거나 공공갈등을 원만하게 해결하기는 쉽지 않다(Boss, 1978; Carnevale, 1995). 시민단체들에 대한 신뢰 역시 공공갈등의 합리적 해결에 중요하다. 한국 사회에서 시민단체는 시민들의 자발적 참여로 자치 역량을 강화하는 기능을 하기보다 사회적 소수자나 약자 등 다양한 집단의 권익을 주창하는 기능을 해왔으며, 공공갈등에서 정부와 마찬가지로 갈등의 당사자나 조정자의 역할을 수행해 왔다(김영수, 2004; 박상필, 2001; 정수복, 1996). 이러한 역할을 하는 시민단체들에 대한 신뢰 없이는 공공갈등을 원만하게 해결하기 어렵다.

많은 연구들이 공공갈등의 합리적 해결에 있어서 신뢰의 중요성을 언급하고 있지만, 이에 대한 경험적 연구는 많지 않다. 본 장에서는 전국적인 설문 조사 자료를 통해 일반화된 타자, 정부, 시민단체에 대한 신뢰 수준을 알아보고 이러한 세가지 신뢰와 공공갈등의 인식간의 관계를 살펴보았다.

Ⅱ. 일반화된 타자, 정부, 시민단체에 대한 신뢰

신뢰는 심리학, 사회학, 경제학 등 여러 학문 분야에서 연구되어온 개념이며, 각 분야에 따라 그 접근 방식에서 차이를 보이고 있다. 심리학 분야에서는 개인의 심리적 역동에 초점을 두고 신뢰의 개인차를 이용하여 개인의 성격, 태도, 행동과의 관계를 알아보고자 하는 반면, 경제학과 사회학 분야에서는 비록 신뢰를 개인 수준에서 측정하지만, 개인적 특성보다는 집단적 특성에 초점을 두어, 한 사회나 집단의 규범, 제도, 조직, 기업 등에 관한 신뢰와 이를 향상시키는 방안에 관심을 두고 있다(임성만 · 김명언, 2000; 최상진 · 김기범 · 강오순 · 김지영, 2005; Lewicki, 2006; Worchel, 1979). 사회과학 분야에서 신뢰 연구는 대인관계, 조직장면, 그리고 집단간 관계에 관한 것이 많은 편이며, 국내에서는 조직 내 신뢰(구자숙, 2005; 임성만 · 김명언, 2000; 최대정 · 박동건, 2002), 집단간 관계(양계민 · 정진경, 2005), 한국인의 신뢰의식(Kim, 2002; 박영신 · 김의철, 2005; 최상진 · 김의철 · 김기범, 2003; 최상진 등, 2005)에 초점을 둔 연구들이 있다.

신뢰 개념은 학자들의 접근 방식에 따라 다양하게 정의되고 있으나, 포괄적으로 볼 때, 한 개인이 다른 사람 혹은 대상에 대해 갖는 긍정적인 기대나 믿음으로 정의할 수 있다(Kramer & Carnevale, 2001; Fukuyama, 1995; Lewicki, McAllister, & Bies, 1998; Yamagashi & Yamagashi, 1994). 구체적으로 Fukuyama(1995)는 일반화된 타자에 대한 신뢰를 "어떤 공동체 내에서 그 공동체의 다른 구성원들이 보편적인 규범에 기초하여 규칙적이고 정직하며 협동적인 행동을 할 것이라는 기대"로 정의하였다. 그는 이러한 일반화된 타자에 대한 신뢰가 그 사회의 민주화와 경제성장 등 사회 발전의 근간이 된다는 의미에서 신뢰를 사회적 자본(social capital)이라고 불렀다. Inglehart(1990)는 각 국가간의 일반화된 타자에 대한 신뢰 수준과 민주주의와의 관계를 살펴본 결과, 일반화된 타자에 대한 신뢰 수준이 높을수록 국가의 민주주의가 안정적으로 발전해 있음을 발견했다.

일반화된 타자에 대한 신뢰가 사회의 불특정 다수를 대상으로 하는 반면, 구체적 신뢰는 특정한 대상에 대한 신뢰를 말한다. Putnam(2000)은 일반화된 타자에 대한 신뢰가 구체적 신뢰와 서로 동일한 것이 아니라고 하였다. 그는 타인을 신뢰하는 사람이 특정 정부나 제도에 대해서는 불신할 수 있다고 하면서 정부에 대한 신뢰가 일반화된 타자에 대한 신뢰의 원인 혹은 결과가 될 수 있다고 보았다. Yamagishi(2001)는 일반화된 타자에 대한 신뢰와 구체적 신뢰를 구분하면서 일반화된 타자에 대한 신뢰가 타인의 신뢰성에 대한 구체적인 정보가 없는 상태에서 갖는 신뢰라면, 구체적 신뢰는 특정 대상에 대한 구체적인 정보에 따른 것으로 정보의존적 신뢰라고 했다. 따라서, 정부와 시민단체들에 대한 신뢰는 정보의존적인 구체적 신뢰라고 할 수 있다.

정부에 대한 신뢰는 정부의 국정운영과 역할 수행이 국민의 기대에 따라 이루어지고 있다는 믿음을 말한다(양건모 2007; Miller, 1974). 정부 신뢰는 과거에 정부가 수행한 공공정책과 사업에 대한 객관적 평가와 국민 개개인의 주관적 인식에 달려 있다(김현구 · 이승종 · 최도림, 2009). 국민이 갖는 정부에 대한 신뢰는 민주주의 사회에서 중요한 의미를 갖는다. 민주주의 체제에서 국민으로부터 불신받는 정부는 그 존립의 정당성을 찾기 힘들고, 또한 정부가 다양한 개인과 집단간의 이해 관계를 조정하고 국정을 원활하게 수행하기 위해서는 국민의 신뢰가 바탕이 되어야 하기 때문이다(Boss, 1978; Carnevale, 1995).

민주주의 사회에서 정부와 함께 시민단체의 역할이 중요하다.

한국 사회에서 시민단체는 1987년 민주화운동 이후 급속하게 늘어났다. 시민참여, 경제정의, 환경, 생태, 생명, 평화, 양성평등 등 다양한 사회적 가치들을 내세운 시민단체들이 정부 정책의 문제점을 비판하거나 시민과 소수자 집단의 이익을 대변해왔으며(주성수, 2006), 또한 사회구성원 간, 집단 간 갈등이 발생했을 때, 이를 중립적인 위치에서 조정 및 해결하는 역할도 수행해왔다(김영수, 2004; 박상필, 2001; 정수복, 1996).

Ⅲ. 신뢰와 공공갈등

국외의 많은 심리학자들이 갈등 해결에 있어서 신뢰의 중요성을 지적하고 연구를 수행해왔으나(Larson, 1997; Pruitt & Carnevale, 1993; Rothbart & Hallmark, 1988; Tam, Hewstone, Kenworthy, & Cairns, 2009), 국내 심리학 분야에서는 김태준(2004)의 연구를 제외하고는 이에 대한 연구가 많지 않은 편이다. 김태준(2004)은 한국의 교육 현장에서 교사와 학생 간의 갈등 문제를 살펴보고 서로 상대방의 가치를 수용할 때 상호 신뢰 수준이 높아질 수 있음을 밝히고, 이에 따라 서로간의 갈등도 해결될 수 있다고 주장하였다.

다른 사회과학 분야에서는 신뢰와 공공갈등에 관한 여러 연구들이 진행되어 왔다. 먼저 일반화된 타자, 즉 사회 구성원들에 대한 신뢰에 대해 여러 사회과학자들은 이것이 한 사회에서 발생하는 공공갈등을 관리하고 해결해가는 데 중요한 역할을 한다고 평가하고 있다(박상필, 2000; Allen, 2001; Brown & Ashman, 1996). 이들에 따르면, 사회 전반에 걸친 일반화된 타자에 대한 신뢰의 축적은 집단 이기주의를 극복하고 사회 전체의 이익을 추구해나가는데 필요하다. 또한 신뢰는 갈등을 예방하는 완충 효과와 함께 갈등 발생 시에도 합리적이고 원만한 해결을 촉진시킨다. Putnam(1993)은 일반화된 타자에 대한 신뢰가 각 지역사회 구성원이 사회 전체의 목적을 위해 협력하는 데 필수적이며 이로 인해 해당 지역사회의 문제와 갈등이 해결될 수 있다고 한다.

대부분의 공공갈등이 정부로 대표되는 공공기관의 행정 활동에서 발생하며, 다양한 집단들의 이해관계가 얽혀있다. 정부는 공공갈등의 당사자가 되기도 하며 관리자 혹은 조정자가 되기도 한다. 따라서 정부가 국민으로부터 신뢰를 얻는 것은 공공갈등의 합리적이고 평화로운 해결에 전제 조건이라고 할 수 있다(김유환, 2008). 하지만 여러 연구들이 보여주듯이 한국 사회에서 정부에 대한 신뢰는 낮은 편이다(김인영 2008; 이재열, 1998). 공공갈등의 합리적 해결에 장애가 되는 이러한 낮은 정부 신뢰의 원인은 한국 사회 과거 권위주의 정권들이 대중의 정치적 참여와 사회적, 경제적 요구들을 억압하였고, 이러한 억압적인 공공정책의 수행방식이 1987년 민주화 운동 이후 변화하기 시작하였지만(대통령자문 지속가능발전위원회, 2005), 아직 시민사회에서 빠르게 확산되는 권리의식, 정책 참여 욕구, 민주적 절차에 대한 요구 등에는 못 미치고 있기 때문이라고 보여진다.

공공갈등의 해결에 있어서 시민단체의 역할도 점차 커지고 있다. 정부와 마찬가지로 시민단체도 공공갈등의 당사자 또는 관리자 혹은 조정자의 역할을 한다. 강영진(2000)은 시민단체의 역할을 다섯가지로 세분하여, 1) 공익의 대변자로서 공공갈등의 당사자, 2) 감시, 압력 및 지원하는 역할, 3) 문제 제기자로서 공공갈등을 야기하는 역할, 4) 시민사회 내 갈등 조정자, 5) 정부와 시민사회간 갈등 조정자로 보고 있다. 이러한 시민단체의 역할이 공공갈등의 해결에 있어서 긍정적 혹은 부정적 기능을 하는지에 대해서는 논란이 있으나(김유환, 2008; 김학린 · 강명헌, 2009a, 2009b; 임재형, 2007), 시민들이 당사자 혹은 조정자로 등장한 시민단체에 대한 신뢰가 없다면 그 시민단체가 어떤 역할을 수행하던지 간에 부정적인 결과를 초래할 가능성이 크다.

따라서 한국 사회 신뢰에 관한 연구들을 종합해볼 때, 일반화된 타자에 대한 신뢰, 정부에 대한 신뢰, 시민단체들에 대한 신뢰와 공공갈등의 인식간에 긍정적인 관계를 예측해볼 수 있다. 즉, 우리 사회 구성원들, 정부, 시민단체들에 대한 높은 신뢰 수준은 그만큼 그들이 보편적인 사회규범에 따라 긍정적인 사회적 기능을 할 것이라는 기대와 판단을 반영하는 것이고, 이는 현재 우리 사회 공공갈등이 사회 발전에 긍정적인 기여를 하고 있다는 평가와 앞으로 이러한 갈등이 점차 줄어들고 바람직한 방향으로 해결될 것이라는 긍정적인 전망을 이끌어 낼 수 있으며, 반대로 우리 사회 구성원들, 정부, 시민단체들에 대한 낮은 신뢰 수준은 그들이 우리 사회에서 별로 긍정적인 역할을 하지 못하고 있으며, 이로 인해 우리 사회 공공갈등에 대해서도 부정적인 평가와 전망을 하게 만들 것이라는 가설을 세울 수 있다.

우리 사회 공공갈등 해결에 있어서 신뢰의 중요성이 강조되고 있음에도 불구하고 이에 관한 심리학적 연구는 거의 없는 편이며, 다른 사회과학 분야에서도 이에 대한 경험적 연구는 다음의 연구들(이공희 · 신은종, 2010; 장용석, 정장훈, 조문석, 2009; 최흥석 등, 2003)을 제외하고는 많지 않은 편이다. 최흥석 등(2003)은 한탄강댐건설 갈등 당사자들을 면접한 자료를 질적 분석한 결과, 갈등 당사자들의 인식에는 상대방에 대한 불신이 공통적으로 자리잡고 있으며 불신과 갈등이 함께 증폭되는 것을 발견했다. 이공희와 신은종(2010)은 노동위원회에 조정을 신청했던 노사갈등의 당사자들을 대상으로 설문 조사를 실시하여 분석한 결과, 노동조합은 회사측이 통합 전략을 사용한다고 인식할수록, 그리고 조정인에 대한 신뢰도가 높을수록 조정이 성립될 가능성이 높았다.

또한 장용석 등(2009)은 설문 조사를 통해 일반화된 타자에 대한 신뢰, 정부에 대한 신뢰, 시민단체에 대한 신뢰와 개인의 사회통합 의식간의 관계를 살펴보았다. 그 결과, 일반화된 타자에 대한 신뢰와 시민단체에 대한 신뢰 수준이 높은 사람들은 그러한 신뢰 수준이 낮은 사람들에 비해서 다양한 관점에 포용적이고, 갈등을 지양하며 사회 통합을 이루려는 의식이 높았고, 반면 정부에 대한 신뢰가 높은 사람들은 정부 신뢰가 낮은 사람들에 비해서 갈등을 지양하고 사회 통합을 이루려는 의식이 낮았다. 정부 신뢰와 사회 통합 의식의 부적인 관계는 기존의 연구들이 예측하는 것과는 다른 결과이며, 이 결과가 조사 시기의 특정 정부(노무현 정부)에만 해당되는 것인지 후속 연구에서 살펴볼 필요가 있다.

본 장에서는 전국적인 설문 조사 자료를 분석하여 먼저 일반화된 타자, 정부, 시민단체에 대한 신뢰 수준을 살펴보고, 다음으로 성별, 연령, 학력, 이념 성향 등 사회경제적 배경에 따른 신뢰 수준의 차이를 알아보았다. 마지막으로 공공갈등의 심각성을 인식하는 정도에 따라 신뢰 수준의 차이가 있는지 분석함으로써 공공갈등과 신뢰간의 관계를 살펴보았다.

Ⅳ. 경험적 분석

본 연구는 단국대학교 분쟁해결연구센터가 한국 사회 공공갈등에 대한 시민 인식을 알아보기 위해 지난 2008년부터 매년 1회씩 실시하고 있는 전국적 규모의 설문 조사 자료 중 신뢰에 관한 설문문항이 포함된 최근 5년간의 자료를 분석하였다. 이 조사는 전국에 거주하는 만 19세 이상의 성인 남녀를 대상으로 매년 실시되며 성별/연령/지역별 인구 비례 할당 표본추출법을 사용하여 전화면접으로 실시되었다. 구체적인 조사 문항들은 다음과 같다.

일반화된 타자에 대한 신뢰는 "선생님께서는 일반적으로 대부분의 사람들을 어느 정도 신뢰하십니까?"라는 한 문항으로 측정하였다. 이는 Inglehart(1990)가 세계가치조사(World Value Survey)에서 일반화된 타자에 대한 신뢰를 측정하기 위해 사용한 단독 문항인 "일반적으로 대부분의 사람들은 신뢰할 수 있다"를 수정한 것이다. 응답자는 '전혀 신뢰하지 않는다(1)', '별로 신뢰하지 않는다(2)', '대체로 신뢰한다(3)', '매우 신뢰한다(4)'의 4점 척도상에 자신의 응답을 표시하였다. 정부 신뢰는 "선생님께서는 정부를 어느 정도 신뢰하십니까?"의 한 문항으로, 시민단체 신뢰는 "선생님께서는 시민단체들을 어느 정도 신뢰하십니까?"라는 한 문항으로 측정하였으며, 4점 척도 '전혀 신뢰하지 않는다(1)', '별로 신뢰하지 않는다(2)', '대체로 신뢰한다(3)', '매우 신뢰한다(4)'로 측정하였다. 공공갈등의 심각성을 묻는 질문은 "선생님께서는 올해 우리나라의 갈등 상황이 전반적으로 어떻다고 생각하십니까?"라는 한 문항으로 측정하였으며, 4점 척도 '전혀 갈등이 없었다(1)', '별로 갈등이 없는 편이었다(2)', '약간 갈등이 있는 편이었다(3)', '매우 갈등이 심했다(4)'로 측정하였다.[4)]

인구통계학적 변인들은 응답자의 성별, 연령, 학력 등을 질문하였고, 이념 성향은 "선생님께서는 본인이 정치적으로 어느 정도 보수적 또는 진보적이라고 생각하십니까?"라는 한 문항으로 '매우 보수적(1)', '보수적인 편(2)', '중도적(3)', '진보적인 편(4)', '매우 진보적(5)', '모름/무응답(6)'의 6점 척도로 측정하였다.

4) 원 설문 조사에서는 모든 측정 문항들이 '보통이다'가 포함된 5점 척도로 측정되었으나, 본 연구에서는 이를 제외한 4점 척도의 자료만 이용하였다. 그 이유는 원 설문 조사에서 전화 면접을 통해 피면접자에게 4점 척도의 선택지들을 먼저 불러주고 선택하게 한 다음, 잠시 답변을 기다린 후 피면접자가 그 선택지들 중 어느 하나도 고르지 않거나 본인 스스로 보통 혹은 중간을 의미하는 답변을 했을 경우에만 '보통이다'에 표기하였는데, 이로 인해 정규분포, 즉 중간이 가장 많은 분포를 가정하기 어렵게 되었기 때문이다.

1. 신뢰 수준 비교

〈표 3-1〉에서 보듯이 2010년 일반화된 타자에 대한 신뢰는 '전혀 신뢰하지 않는다'가 2.1%, '별로 신뢰하지 않는다'가 21.1%로 불신한다는 응답이 총 23.2%, '대체로 신뢰한다'가 69.5%, '매우 신뢰한다'가 7.3%로 신뢰한다는 응답이 총 76.8%였다. 2011년에는 불신한다는 응답이 29.3%, 신뢰한다는 응답이 70.7%였으며, 2012년에는 불신한다는 응답이 30.8%, 신뢰한다는 응답이 69.2%였고, 2013년에는 불신한다는 응답이 27.7%, 신뢰한다는 응답이 72.2%, 2014년에는 불신한다는 응답이 34.1%, 신뢰한다는 응답이 66%였다.

정부에 대한 신뢰의 경우 2010년 '전혀 신뢰하지 않는다'가 13.5%, '별로 신뢰하지 않는다'가 40.9%로 불신한다는 응답이 총 54.4%, '대체로 신뢰한다'가 40.6%, '매우 신뢰한다'가 5.1%로 신뢰한다는 응답이 총 45.7%였다. 2011년에는 불신한다는 응답이 68%, 신뢰한다는 응답이 32%였으며, 2012년에는 불신한다는 응

〈표 3-1〉 일반화된 타자에 대한 신뢰 수준

	전혀 신뢰하지 않는다	별로 신뢰하지 않는다	신뢰한다	매우 신뢰한다
2010년	2.1%	21.1%	69.5%	7.3%
2011년	2.0%	27.3%	62.6%	8.1%
2012년	3.0%	27.8%	63.5%	5.7%
2013년	3.2%	24.5%	64.9%	7.3%
2014년	3.2%	30.9%	60.4%	5.6%

답이 66.3%, 신뢰한다는 응답이 33.7%였고, 2013년에는 불신한다는 응답이 54.5%, 신뢰한다는 응답이 45.5%, 2014년에는 불신한다는 응답이 60%, 신뢰한다는 응답이 39.9%였다(〈표 3-2〉 참조).

〈표 3-2〉 **정부에 대한 신뢰 수준**

	전혀 신뢰하지 않는다	별로 신뢰하지 않는다	신뢰한다	매우 신뢰한다
2010년	13.5%	40.9%	40.6%	5.1%
2011년	21.5%	46.5%	30.0%	2.0%
2012년	17.8%	48.5%	30.9%	2.8%
2013년	12.6%	41.9%	40.5%	5.0%
2014년	18.7%	41.3%	36.7%	3.2%

시민단체들에 대한 신뢰는 2010년 '전혀 신뢰하지 않는다'가 9.7%, '별로 신뢰하지 않는다'가 36.1%로 불신한다는 응답이 총 45.8%, '대체로 신뢰한다'가 48.7%, '매우 신뢰한다'가 5.5%로 신뢰한다는 응답이 총 54.2%였다. 2011년에는 불신한다는 응답이 54.2%, 신뢰한다는 응답이 45.8%였으며, 2012년에는 전해와 똑같이 불신한다는 응답이 54.2%, 신뢰한다는 응답이 45.8%였고, 2013년에는 불신한다는 응답이 61.6%, 신뢰한다는 응답이 38.5%, 2014년에는 불신한다는 응답이 63.1%, 신뢰한다는 응답이 36.9%였다(〈표 3-2〉 참조).

〈그림 3-1〉은 2010년부터 2014년까지 일반화된 타자, 정부, 시민단체들에 대한 신뢰 수준의 변화를 4점 척도 기준으로 보여주고 있다. 일반화된 타자에 대한 신뢰 수준은 2010년에 비해 2011

〈표 3-3〉 **시민단체에 대한 신뢰 수준**

	전혀 신뢰하지 않는다	별로 신뢰하지 않는다	신뢰한다	매우 신뢰한다
2010년	9.7%	36.1%	48.7%	5.5%
2011년	12.5%	41.7%	42.6%	3.2%
2012년	12.0%	42.2%	42.3%	3.5%
2013년	13.4%	48.2%	36.4%	2.1%
2014년	15.5%	47.6%	34.7%	2.2%

년과 2012년 연이어 감소하였고 2013년에 높아졌다가 2014년 다시 감소하는 경향이 보였다. 정부에 대한 신뢰 수준은 2010년에 비해 2011년 감소하였다가 2012년, 2013년에 다시 회복되었다가 2014년 다시 감소하는 경향을 보였다. 이에 비해 시민단체에 대한 신뢰 수준은 2010년에는 정부 신뢰 수준보다 높았으나 2011년, 2012년, 2013년, 2014년 연이어 감소하는 경향을 보였다.

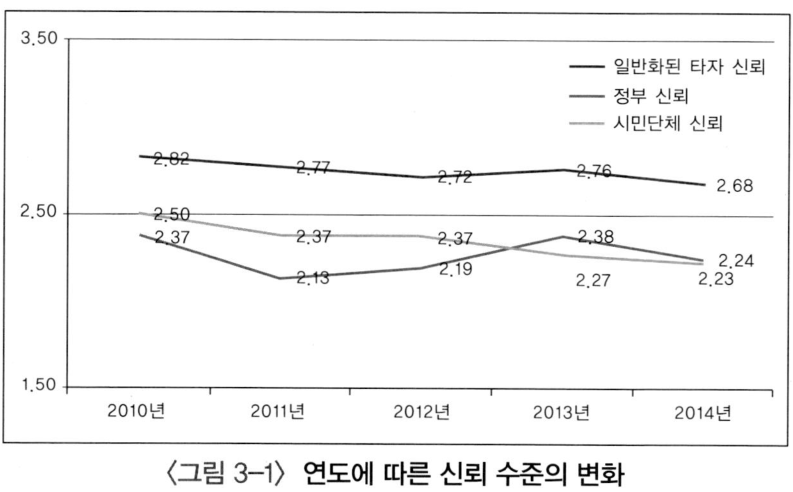

〈그림 3-1〉 **연도에 따른 신뢰 수준의 변화**

2. 일반화된 타자에 대한 신뢰

사회경제적 배경에 따라 일반화된 타자에 대한 신뢰 수준에 차이가 있는지 살펴보았다. 먼저 성별에 따라 살펴본 결과, 〈표 3-4〉에서와 같이 연도에 상관없이 남성과 여성이 갖는 일반화된 타인에 대한 신뢰 수준은 큰 차이를 보이지 않았다.

〈표 3-4〉 성별에 따른 일반화된 타자 신뢰

		전혀 신뢰하지 않는다	별로 신뢰하지 않는다	신뢰한다	매우 신뢰한다	평균
2010년	남성	2.7%	21.8%	68.2%	7.3%	2.80
	여성	1.5%	20.5%	70.6%	7.4%	2.84
2011년	남성	1.7%	26.9%	62.8%	8.6%	2.78
	여성	2.4%	27.7%	62.4%	7.5%	2.75
2012년	남성	3.6%	28.2%	61.1%	7.1%	2.72
	여성	2.6%	27.4%	65.4%	4.5%	2.72
2013년	남성	3.8%	23.0%	65.5%	7.6%	2.77
	여성	2.7%	25.8%	64.4%	7.0%	2.76
2014년	남성	3.9%	32.4%	58.4%	5.4%	2.65
	여성	2.5%	29.5%	62.3%	5.8%	2.71

둘째, 연령에 따른 일반화된 타자에 대한 신뢰 수준의 차이를 살펴보았다. 〈표 3-5〉에서와 같이 연도에 상관없이 연령에 따라 일반화된 타자에 대한 신뢰 수준의 차이가 크지 않은 것으로 나타났다. 즉 나이가 젊은 세대나 많은 세대나 모르는 타인에 대한 신

뢰 수준은 크게 다르지 않았다.

〈표 3-5〉 **연령에 따른 일반화된 타자 신뢰**

		전혀 신뢰하지 않는다	별로 신뢰하지 않는다	신뢰한다	매우 신뢰한다	평균
2010년	19~29세	2.5%	21.3%	71.3%	5.0%	2.79
	30대	1.6%	21.2%	74.1%	3.2%	2.79
	40대	1.8%	19.1%	72.7%	6.4%	2.84
	50대	2.1%	17.9%	70.8%	9.2%	2.87
	60대 이상	2.5%	26.1%	59.1%	12.3%	2.81
2011년	19~29세	0.0%	26.1%	62.7%	11.1%	2.85
	30대	1.3%	24.0%	67.3%	7.3%	2.81
	40대	1.0%	22.7%	68.0%	8.4%	2.84
	50대	4.7%	31.6%	56.3%	7.4%	2.66
	60대 이상	2.6%	30.6%	60.0%	6.8%	2.71
2012년	19~29세	0.7%	27.3%	61.9%	10.1%	2.81
	30대	4.4%	24.1%	68.4%	3.2%	2.70
	40대	2.2%	28.3%	64.2%	5.3%	2.73
	50대	4.2%	28.3%	62.3%	5.2%	2.68
	60대 이상	3.2%	29.6%	61.6%	5.6%	2.69
2013년	19~29세	2.0%	26.8%	61.7%	9.4%	2.79
	30대	1.9%	23.8%	70.0%	4.4%	2.77
	40대	2.3%	25.5%	65.7%	6.5%	2.76
	50대	3.7%	27.1%	63.6%	5.6%	2.71
	60대 이상	5.5%	20.1%	63.9%	10.5%	2.79
2014년	19~29세	4.2%	25.0%	64.6%	6.3%	2.73
	30대	1.5%	30.1%	64.0%	4.4%	2.71
	40대	4.8%	32.8%	57.7%	4.8%	2.62
	50대	2.2%	33.0%	57.3%	7.5%	2.70
	60대 이상	3.1%	31.4%	60.8%	4.7%	2.67

셋째, 학력에 따른 일반화된 타자에 대한 신뢰 수준의 차이를 살펴보았다. 〈표 3-6〉에서와 같이 전반적으로 볼 때 2013년을 제외하고 학력이 높을수록 일반화된 타자에 대한 신뢰 수준이 높았으나 이러한 차이는 크지 않았다.

〈표 3-6〉 학력에 따른 일반화된 타자 신뢰

		전혀 신뢰하지 않는다	별로 신뢰하지 않는다	신뢰한다	매우 신뢰한다	평균
2010년	중졸 이하	4.7%	23.6%	56.8%	14.9%	2.82
	고졸	1.0%	22.2%	71.9%	4.9%	2.81
	대재 이상	2.0%	19.5%	71.9%	6.6%	2.83
2011년	중졸 이하	4.0%	30.5%	59.0%	6.5%	2.68
	고졸	2.8%	32.0%	56.2%	8.9%	2.71
	대재 이상	0.7%	22.4%	68.7%	8.2%	2.84
2012년	중졸 이하	5.0%	29.8%	58.4%	6.8%	2.67
	고졸	4.3%	27.6%	63.8%	4.3%	2.68
	대재 이상	1.5%	26.9%	65.5%	6.1%	2.76
2013년	중졸 이하	4.8%	17.2%	62.8%	15.2%	2.88
	고졸	2.6%	25.5%	66.8%	5.1%	2.74
	대재 이상	2.8%	26.3%	64.5%	6.4%	2.74
2014년	중졸 이하	7.4%	28.9%	57.9%	5.8%	2.62
	고졸	3.1%	31.1%	60.4%	5.3%	2.68
	대재 이상	2.2%	31.0%	61.1%	5.8%	2.70

넷째, 이념 성향에 따라 일반화된 타자에 대한 신뢰 수준의 차이를 살펴보았다. 〈표 3-7〉에서와 같이 2011년, 2013년, 2014년

에 진보 성향 집단이 보수 성향 집단보다 일반화된 타자에 대한 신뢰 수준이 높은 것으로 나타났으나 전반적으로 볼 때 이러한 차이는 크지 않았으며 일관되게 나타나지 않았다.

〈표 3-7〉 **이념 성향에 따른 일반화된 타자 신뢰**

		전혀 신뢰하지 않는다	별로 신뢰하지 않는다	신뢰한다	매우 신뢰한다	평균
2010년	보수	2.1%	20.8%	69.1%	8.0%	2.83
	중도	1.3%	22.9%	69.7%	6.1%	2.80
	진보	2.7%	17.4%	74.5%	5.4%	2.83
2011년	보수	2.0%	30.4%	61.7%	5.9%	2.72
	중도	0.9%	27.8%	62.8%	8.5%	2.79
	진보	1.9%	22.7%	64.4%	11.1%	2.85
2012년	보수	2.1%	27.7%	64.8%	5.4%	2.73
	중도	4.4%	26.5%	62.8%	6.3%	2.71
	진보	2.3%	29.4%	63.1%	5.1%	2.71
2013년	보수	3.7%	26.0%	63.7%	6.6%	2.73
	중도	2.0%	25.8%	66.4%	5.8%	2.76
	진보	2.2%	23.0%	66.3%	8.4%	2.81
2014년	보수	4.3%	32.3%	58.2%	5.2%	2.64
	중도	2.1%	28.1%	65.3%	4.5%	272
	진보	1.9%	32.7%	58.2%	7.2%	2.71

3. 정부에 대한 신뢰

사회경제적 배경에 따라 정부에 대한 신뢰 수준에 차이가 있는지 살펴보았다. 먼저 성별에 따라 살펴본 결과, 〈표 3-8〉에서와 같이 연도에 상관없이 남성과 여성이 갖는 정부에 대한 신뢰 수준은 일관되거나 큰 차이를 보이지 않았다.

〈표 3-8〉 성별에 따른 정부 신뢰

		전혀 신뢰하지 않는다	별로 신뢰하지 않는다	신뢰한다	매우 신뢰한다	평균
2010년	남성	16.9%	35.8%	42.0%	5.3%	2.36
	여성	10.4%	45.4%	39.3%	4.9%	2.39
2011년	남성	22.2%	42.0%	33.4%	2.4%	2.16
	여성	20.9%	50.9%	26.6%	1.7%	2.09
2012년	남성	20.3%	46.7%	29.8%	3.1%	2.16
	여성	15.8%	49.8%	31.9%	2.5%	2.21
2013년	남성	14.9%	39.4%	39.4%	6.3%	2.37
	여성	10.5%	44.1%	41.4%	3.9%	2.39
2014년	남성	17.8%	39.1%	39.3%	3.8%	2.29
	여성	19.6%	43.5%	34.2%	2.7%	2.20

둘째, 연령에 따른 정부에 대한 신뢰 수준의 차이를 살펴보았다. 〈표 3-9〉에서와 같이 전반적으로 연령이 많을수록 정부 신뢰 수준이 높아지는 경향이 나타났다. 이러한 경향은 2010년, 2011년, 2012년, 2013년, 2014년 모두 유의미하게 나타났다.

〈표 3-9〉 **연령에 따른 정부 신뢰**

		전혀 신뢰하지 않는다	별로 신뢰하지 않는다	신뢰한다	매우 신뢰한다	평균
2010년	19~29세	16.4%	53.9%	28.3%	1.3%	2.14
	30대	15.2%	53.9%	30.4%	0.5%	2.16
	40대	18.0%	42.9%	35.5%	3.7%	2.25
	50대	10.6%	33.3%	47.5%	8.6%	2.54
	60대 이상	7.8%	24.3%	57.8%	10.2%	2.70
2011년	19~29세	21.8%	55.8%	22.4%	0.0%	2.01
	30대	23.7%	52.6%	23.0%	0.7%	2.01
	40대	25.6%	51.7%	21.7%	1.0%	1.98
	50대	22.3%	43.5%	31.1%	3.1%	2.15
	60대 이상	15.7%	33.9%	46.1%	4.3%	2.39
2012년	19~29세	14.5%	60.9%	22.5%	2.2%	2.12
	30대	22.6%	52.3%	23.2%	1.9%	2.05
	40대	21.2%	49.6%	27.4%	1.8%	2.10
	50대	20.6%	42.6%	35.4%	1.4%	218
	60대 이상	10.0%	42.1%	41.6%	6.2%	2.44
2013년	19~29세	17.1%	56.2%	26.0%	0.7%	2.10
	30대	14.2%	51.2%	34.0%	0.6%	2.21
	40대	14.7%	49.5%	33.5%	2.3%	2.23
	50대	11.8%	36.0%	46.4%	5.7%	2.46
	60대 이상	6.8%	23.7%	56.2%	13.2%	2.76
2014년	19~29세	23.2%	51.4%	24.6%	0.7%	2.03
	30대	28.6%	49.6%	20.3%	1.5%	1.95
	40대	26.5%	45.9%	25.0%	2.6%	2.04
	50대	16.4%	41.3%	38.7%	3.6%	2.29
	60대 이상	7.3%	28.1%	58.8%	5.8%	2.63

셋째, 학력에 따른 일반화된 타자에 대한 신뢰 수준의 차이를 살펴보았다. 〈표 3-10〉에서와 같이 전반적으로 볼 때 학력이 높을수록 정부에 대한 신뢰 수준이 낮아지는 경향이 나타났으며, 이

러한 경향은 2010년, 2011년, 2012년, 2013년, 2014년에 걸쳐 전반적으로 일관되게 나타났다.

〈표 3-10〉 **학력에 따른 정부 신뢰**

		전혀 신뢰하지 않는다	별로 신뢰하지 않는다	신뢰한다	매우 신뢰한다	평균
2010년	중졸 이하	9.5%	29.9%	48.3%	12.2%	2.63
	고졸	12.7%	44.2%	38.6%	4.5%	2.35
	대재 이상	14.8%	42.3%	39.5%	3.4%	2.31
2011년	중졸 이하	15.7%	42.4%	39.3%	2.6%	2.29
	고졸	23.4%	47.6%	27.6%	1.4%	2.07
	대재 이상	23.0%	47.2%	27.8%	2.0%	2.09
2012년	중졸 이하	13.2%	45.3%	36.5%	5.0%	2.33
	고졸	20.8%	44.0%	33.4%	1.7%	2.16
	대재 이상	17.4%	52.4%	27.4%	2.8%	2.15
2013년	중졸 이하	4.3%	30.7%	54.3%	10.7%	2.71
	고졸	10.4%	39.3%	44.6%	5.7%	2.46
	대재 이상	15.7%	46.6%	34.5%	3.2%	2.25
2014년	중졸 이하	7.4%	34.7%	52.9%	5.0%	2.55
	고졸	17.5%	37.9%	40.4%	4.1%	2.31
	대재 이상	22.2%	44.8%	30.8%	2.1%	2.13

넷째, 이념 성향에 따라 정부에 대한 신뢰 수준의 차이를 살펴보았다. 〈표 3-11〉에서와 같이 전반적으로 볼 때 보수 성향 집단이 진보 성향 집단에 비해 정부에 대한 신뢰 수준이 높은 경향이 나타났으며, 이러한 경향은 2010년, 2011년, 2012년, 2013년, 2014년에 걸쳐 유의미하고 일관되게 나타났다. 보수 성향 집단의 정부 신뢰 점수는 2010년이 가장 높았다.

〈표 3-11〉 이념 성향에 따른 정부 신뢰

		전혀 신뢰하지 않는다	별로 신뢰하지 않는다	신뢰한다	매우 신뢰한다	평균
2010년	보수	7.9%	32.2%	53.5%	6.4%	2.58
	중도	13.1%	40.7%	42.8%	3.4%	2.37
	진보	21.9%	50.2%	24.9%	3.0%	2.09
2011년	보수	16.7%	38.9%	40.8%	3.6%	2.31
	중도	18.8%	50.7%	29.3%	1.3%	2.13
	진보	32.5%	50.4%	16.2%	0.9%	1.86
2012년	보수	11.3%	44.2%	41.2%	3.3%	2.36
	중도	17.6%	54.6%	26.1%	1.6%	2.12
	진보	28.6%	48.8%	19.8%	2.8%	1.97
2013년	보수	4.8%	32.2%	54.7%	8.3%	2.66
	중도	13.9%	48.6%	34.7%	2.9%	2.27
	진보	25.7%	50.8%	20.7%	2.8%	2.01
2014년	보수	12.4%	31.6%	50.3%	5.7%	2.49
	중도	18.9%	48.2%	31.4%	1.5%	2.16
	진보	30.0%	46.7%	21.9%	1.4%	1.95

4. 시민단체에 대한 신뢰

사회경제적 배경에 따라 시민단체에 대한 신뢰 수준에 차이가 있는지 살펴보았다. 먼저 성별에 따라 살펴본 결과, 〈표 3-12〉에서와 같이 연도에 상관없이 여성이 남성보다 시민단체에 대한 신뢰 수준이 높은 경향이 나타났으며 그 수치는 2010년이 가장 높았다.

〈표 3-12〉 **성별에 따른 시민단체 신뢰**

		전혀 신뢰하지 않는다	별로 신뢰하지 않는다	신뢰한다	매우 신뢰한다	평균
2010년	남성	14.2%	37.7%	42.2%	5.9%	2.40
	여성	5.7%	34.8%	54.4%	5.1%	2.59
2011년	남성	16.0%	41.9%	38.3%	3.8%	2.30
	여성	9.0%	41.4%	46.8%	2.7%	2.43
2012년	남성	15.9%	39.1%	40.6%	4.4%	2.33
	여성	8.7%	44.7%	43.7%	2.8%	2.41
2013년	남성	20.0%	48.0%	29.9%	2.1%	2.14
	여성	7.6%	48.3%	42.1%	2.0%	2.39
2014년	남성	21.3%	44.9%	31.8%	1.9%	2.14
	여성	9.7%	50.3%	37.6%	2.4%	2.33

둘째, 연령에 따른 시민단체에 대한 신뢰 수준의 차이를 살펴보았다. 〈표 3-13〉에서와 같이 전반적으로 연령이 많을수록 시민단체에 대한 신뢰 수준이 낮아지는 경향이 나타났다. 이러한 경향은 2010년, 2011년, 2013년, 2014년에 유의미하게 나타났다.

〈표 3-13〉 **연령에 따른 시민단체 신뢰**

		전혀 신뢰하지 않는다	별로 신뢰하지 않는다	신뢰한다	매우 신뢰한다	평균
2010년	19~29세	8.7%	33.6%	52.3%	5.4%	2.54
	30대	5.3%	35.8%	52.6%	6.3%	2.60
	40대	6.6%	35.5%	54.5%	3.3%	2.55
	50대	14.1%	38.2%	42.4%	5.2%	2.39
	60대 이상	14.0%	37.1%	41.4%	7.5%	2.42

		전혀 신뢰하지 않는다	별로 신뢰하지 않는다	신뢰한다	매우 신뢰한다	평균
2011년	19~29세	6.0%	44.0%	49.3%	0.7%	2.45
	30대	9.1%	36.4%	50.6%	3.9%	2.49
	40대	8.4%	42.9%	45.5%	3.1%	2.43
	50대	17.8%	39.5%	38.4%	4.3%	2.29
	60대 이상	18.8%	44.6%	32.9%	3.8%	2.22
2012년	19~29세	8.2%	47.8%	40.3%	3.7%	2.40
	30대	8.4%	40.3%	48.1%	3.2%	2.46
	40대	11.6%	38.1%	47.0%	3.3%	2.42
	50대	12.4%	42.3%	41.3%	4.0%	2.37
	60대 이상	17.1%	44.2%	35.2%	3.5%	2.25
2013년	19~29세	5.4%	51.7%	41.5%	1.4%	2.39
	30대	8.4%	47.4%	42.2%	1.9%	2.38
	40대	10.3%	48.4%	37.6%	3.8%	2.35
	50대	14.1%	45.9%	37.1%	2.9%	2.29
	60대 이상	25.4%	48.3%	26.3%	0.0%	2.01
2014년	19~29세	10.8%	52.5%	36.7%	0.0%	2.26
	30대	13.0%	44.3%	41.2%	1.5%	2.31
	40대	14.6%	41.7%	39.6%	4.2%	2.33
	50대	17.5%	46.6%	33.6%	2.2%	2.21
	60대 이상	18.5%	52.3%	27.2%	2.1%	2.13

셋째, 학력에 따른 시민단체에 대한 신뢰 수준의 차이를 살펴보았다. 〈표 3-14〉에서와 같이 학력에 따라 시민단체에 대한 신뢰 수준은 일관되거나 큰 차이를 보이지 않았다.

〈표 3-14〉 학력에 따른 시민단체 신뢰

		전혀 신뢰하지 않는다	별로 신뢰하지 않는다	신뢰한다	매우 신뢰한다	평균
2010년	중졸 이하	10.7%	34.4%	42.0%	13.0%	2.57
	고졸	9.8%	35.7%	49.5%	5.1%	2.50
	대재 이상	9.4%	36.7%	50.1%	3.9%	2.48
2011년	중졸 이하	13.4%	48.3%	36.0%	2.3%	2.27
	고졸	10.6%	41.9%	42.6%	4.9%	2.42
	대재 이상	13.7%	38.7%	45.3%	2.4%	2.36
2012년	중졸 이하	11.2%	39.2%	44.8%	4.9%	2.43
	고졸	10.3%	38.1%	48.4%	3.2%	2.44
	대재 이상	12.5%	46.5%	37.6%	3.4%	2.32
2013년	중졸 이하	10.5%	53.2%	36.3%	0.0%	2.26
	고졸	13.7%	49.1%	34.7%	2.6%	2.26
	대재 이상	13.8%	46.6%	37.4%	2.3%	2.28
2014년	중졸 이하	16.2%	45.9%	35.1%	2.7%	2.24
	고졸	16.7%	49.8%	30.5%	3.0%	2.20
	대재 이상	14.7%	46.2%	37.5%	1.6%	2.26

넷째, 이념 성향에 따라 시민단체에 대한 신뢰 수준의 차이를 살펴보았다. 〈표 3-15〉에서와 같이 전반적으로 볼 때 진보 성향 집단이 보수 성향 집단에 비해 시민단체에 대한 신뢰 수준이 높은 경향이 나타났으며, 이러한 경향은 2010년, 2011년, 2012년, 2013년, 2014년에 걸쳐 유의미하고 일관되게 나타났다.

〈표 3-15〉 이념 성향에 따른 시민단체 신뢰

		전혀 신뢰하지 않는다	별로 신뢰하지 않는다	신뢰한다	매우 신뢰한다	평균
2010년	보수	12.9%	41.0%	41.3%	4.7%	2.38
	중도	10.9%	36.1%	49.1%	3.9%	2.46
	진보	4.2%	30.1%	59.1%	6.6%	2.68
2011년	보수	18.4%	45.7%	33.4%	2.4%	2.20
	중도	11.6%	45.5%	40.3%	2.6%	2.34
	진보	5.3%	29.2%	60.8%	4.8%	2.65
2012년	보수	19.2%	49.7%	29.9%	1.3%	2.13
	중도	9.0%	42.1%	45.0%	3.9%	2.44
	진보	4.8%	31.9%	57.5%	5.8%	2.64
2013년	보수	19.8%	48.7%	30.4%	1.2%	2.13
	중도	10.9%	52.1%	35.5%	1.5%	2.28
	진보	6.9%	39.9%	48.6%	4.6%	2.51
2014년	보수	22.3%	52.8%	22.6%	2.3%	2.05
	중도	12.1%	45.7%	40.4%	1.9%	2.32
	진보	8.7%	43.5%	45.4%	2.4%	2.42

5. 공공갈등과 신뢰

마지막으로 공공갈등의 심각성 인식 수준에 따라 일반화된 타자, 정부, 시민단체에 대한 신뢰 수준에 차이가 있는지 살펴보았다. 〈표 3-16〉에서와 같이 정부 신뢰 수준의 경우 전반적으로 '갈등없음' 집단이 '갈등있음' 집단에 비해 높았으며 이러한 경향은 2010년과 2014년에 유의미했으나 다른 해에는 그렇지 않았다. 이에 비해 일반화된 타자, 시민단체에 대한 신뢰 수준은 공공갈등의 심각성 인식에 따라 큰 차이를 보이지 않았다.

〈표 3-16〉 **공공갈등의 심각성에 따른 신뢰 수준**[5)]

		일반화된 타자 신뢰	정부 신뢰	시민단체 신뢰
2010년	갈등없음	2.81	2.60	2.43
	갈등있음	2.83	2.36	2.50
2011년	갈등없음	2.86	2.23	2.44
	갈등있음	2.77	2.11	2.36
2012년	갈등없음	2.60	2.37	2.33
	갈등있음	2.73	2.17	2.38
2013년	갈등없음	2.72	2.49	2.44
	갈등있음	2.77	2.37	2.26
2014년	갈등없음	2.61	2.58	2.42
	갈등있음	2.69	2.21	2.22

V. 결론

본 장에서는 전국적 규모의 설문 조사 자료를 이용하여 일반화된 타자에 대한 신뢰, 정부에 대한 신뢰, 시민단체들에 대한 신뢰

5) '갈등없음' 집단은 공공갈등의 심각성을 묻는 질문에 대해 '전혀 갈등이 없었다(1)'와 '별로 갈등이 없는 편이었다(2)'고 응답한 집단이며, '갈등있음' 집단은 '약간 갈등이 있는 편이었다(3)', '매우 갈등이 심했다(4)'라고 응답한 집단임.

수준을 살펴보고 사회경제적 배경, 공공갈등이 심각성 인식 수준과의 관계를 살펴보았다. 주요 결과를 요약하면 다음과 같다. 첫째, 일반화된 타자에 대한 신뢰 수준은 2010년에 가장 높았으나 2011년, 2012년 낮아졌으며 2013년 한해 높아졌다가 2014년 다시 낮아지는 경향을 보였으며, 정부 신뢰 수준은 2010년에서 감소하여 2011년 가장 낮았다가 2012년, 2013년 높아졌다가 2014년 다시 낮아지는 경향을 보였다. 시민단체에 대한 신뢰 수준은 2010년 가장 높았다가 2011년, 2012년, 2013년, 2014년 연이어 낮아지는 경향을 보였다. 전반적으로 신뢰 수준이 2010년에 가장 높은 것은 공공갈등과 연관지어 해석해볼 수 있다. 공공갈등은 2010년이 다른 해에 비해 덜 심각한 것으로 나타났는데[6] 이에 따라 시민들이 심리적으로 덜 불안하고 타인, 정부, 시민단체 등을 신뢰할 수 있는 분위기가 형성되었기 때문이다.

둘째, 정부에 대한 신뢰 수준은 연령, 학력, 이념 성향에 따라 차이를 보였다. 구체적으로 연령이 많을수록 보수 성향을 가질수록 높은 정부 신뢰 수준을 나타냈으며, 반면 학력이 높을수록 정부 신뢰 수준은 낮아지는 경향을 보였다. 이에 비해 시민단체에 대한 신뢰 수준은 성별, 연령, 이념 성향에 따라 차이를 보였는데, 구체적으로 여성이 남성보다 시민단체에 대한 신뢰 수준이 높았으며 연령이 젊은 세대가 많은 세대보다 진보 성향 집단이 보수 성향 집단보다 시민단체에 대한 신뢰 수준이 높았다.

셋째, 공공갈등의 심각성 인식 수준은 정부 신뢰 수준과 관계를

6) 제1장 공공갈등에 대한 국민들의 인식: 갈등 인식 지수 〈그림 1-1〉 참조

보였는데, 공공갈등이 심각하다고 인식하는 집단이 그렇지 않다고 인식하는 집단보다 정부 신뢰 수준이 낮은 것으로 나타났다. 이는 앞에서 연도별 정부 신뢰 수준의 변화에 대한 해석과 비슷한 맥락에서 구체적으로 공공갈등의 관리와 해결의 중요한 역할이 정부에 있다고 인식하기 때문이라고 볼 수 있다. 만약 그렇다면 이는 반대로 정부가 공공갈등을 합리적으로 관리하고 잘 해결한다면 시민들로부터 정부 신뢰 수준을 끌어올리는 좋은 기회가 될 수 있는 것을 의미한다.

정부 신뢰에 대한 선행 연구들(김인영, 2008; 조기숙 · 박혜윤, 2004)은 대체로 한국 사회에서 시민들이 갖는 정부에 대한 신뢰가 낮다는 데에 동의하고 있다. 그러한 이유에 대해 김인영(2008)은 역사적으로 식민지시대 이후 한국 사회에 공적 신뢰가 형성된 적이 없음을 지적하고 있다. 일본 식민지시대에는 정부 등 공공기관이 곧 일본제국주의를 의미하였으므로 신뢰의 대상이 될 수 없었으며, 해방 이후 미군정의 통치와 권위주의 체제하에서도 건전한 정부 신뢰의 형성이 이루어지지 못했다는 것이다. 이는 여러 연구들(김인영, 2008; 이재열, 1998; Levi, 1998)에서 한국 사회 갈등 해결과 사회통합을 위해 공적 신뢰 회복의 중요성을 우선적으로 강조하는 것과 맥을 같이한다. 이재열(1998)은 한국 사회 연고주의 등 사적 신뢰의 문제점을 제기하면서 정부정책의 일관성, 제도화된 규칙의 정당성과 예측 가능성 등 공적 신뢰를 정립함으로써 사적 신뢰의 영역을 공적인 영역으로 확대해야 한다고 주장한다. 김인영(2008)은 한국 사회가 근대화 과정을 겪으면서 일본제국주의, 미군정, 권위주의 정권의 통치 등 공식 통치 기관에 대한 불신이 뿌리박혀 있음을 주장하고 정부와 제도의 공적 신뢰가 한국 사회의 발전과 통합을 이루는 데 있어서 중요하다고 강조하고 있다.

현재는 우리 사회는 정부와 시민단체에 대해 낮은 신뢰 수준을 회복하기 위해 어떤 노력을 할지 근본적인 성찰이 필요한 때이다. 앞으로 이를 위해 후속 연구에서는 갈등 관리 능력과 같은 신뢰의 구성 요소나 신뢰에 영향을 미치는 요인들을 알아보는 학문적 노력과 함께 각 신뢰 수준을 매년 측정하는 종단연구를 통해 각 시기의 정치, 사회, 경제적 상황이 어떤 영향을 미치는지, 보다 안정적인 신뢰를 형성하기 위한 구체적인 방법을 모색하려는 노력이 수반되어야할 것이다.

사회적 파급력이 큰 공공갈등은 그 갈등이 장기화될 경우 결과적으로 엄청난 사회적 비용이 발생할 수 있다. 몇몇 연구나 보고서에서 이런 사회적 비용을 부풀리고 갈등의 책임을 당사자 한쪽에만 전가시키어 어떻게든 빨리 해결되도록 압박하기도 한다. 하지만, 역사적인 측면에서 한국 사회가 보다 합리적이고 객관적인 근거에 기초한 신뢰를 새롭게 형성해가는 과정임을 인식한다면, 갈등 해결의 결과와 함께 갈등 해결의 과정 역시 중요하다는 점을 간과해서는 안된다. 앞에서 논의하였듯이, 한국 사회에서 정부 신뢰 또는 공적 신뢰가 제대로 형성된 적이 없었다면, 공적 신뢰와 공공갈등의 합리적 해결 중 어느 쪽이 우선되어야 하는지, 어느 쪽이 원인이고 결과인가에 대한 논의는 비생산적일 수 있다. 그보다 정부가 공공정책과 사업을 수행하는 과정이나 공공갈등을 해결해나가는 과정에서 적극적인 시민 참여를 유도하고, 다양한 집단들의 이해관계를 고려하고, 투명한 정보 공개와 민주적 절차에 따라 해결해 나간다면, 시민들의 정부에 대한 신뢰와 공공갈등 인식 모두 긍정적으로 변화될 수 있을 것이며, 이렇게 형성된 정부 신뢰는 시민들의 공공갈등 인식을 긍정적으로 변화시켜, 궁극적으로 보다 안정적인 사회 안에서 신뢰와 합리적 갈등 해결이라는 선순환의 고리를 창출해낼 수 있을 것이다.

마지막으로 본 연구의 제한점을 논하면, 신뢰와 공공갈등에 대한 문항들이 각 한 문항씩으로 측정되어 신뢰도와 타당도에 있어 취약하다는 점이 있으며, 후속 연구에서는 측정의 오류를 줄이고 신뢰도와 타당도를 높일 수 있도록 충분한 수의 문항이 적절한 내용으로 구성되어야 할 필요가 있다.

참고 문헌

강영진(2000), 『갈등분쟁 해결 매뉴얼』, 성공회대.

구자숙(2005), 「조직내 신뢰: 개념화와 연구동향」, 『한국심리학회지: 사회문제』 11: 69-83.

김영수(2004), 『시민단체의 갈등중재역할』, 한국학술정보.

김인영(2008), 「한국 사회와 신뢰: 후쿠야마와 퍼트남 논의의 재검토」, 『세계지역연구논총』 26-1: 5-29.

김유환(2008), 『공공갈등 관리를 위한 제도정비방향』, 홍준형 (편), 공공갈등의 관리, 과제와 해법 (pp.79~115), 법문사.

김태준(2004), 「교육현장에서 세대간 갈등과 해소 구조의 탐구」, 『한국심리학회지: 발달』 17: 57-80.

김학린 · 강명헌(2009a), 「공공분쟁해결에 있어서 시민단체의 영향: 시민단체의 특성에 따른 차이를 중심으로」, 『분쟁해결연구』 7: 67-89.

김학린 · 강명헌(2009b), 「공공분쟁 해결전략의 결정요인에 관한 경험적 연구 - 인과구조에 대한 탐색」, 『경영사학』 24: 213-237.

김현구 · 이승종 · 최도림(2009), 「정부 신뢰의 지표체계 개발 및 적용: 외부신뢰와 내부신뢰의 비교분석」, 『행정논총』 47-3: 1-24.

대통령자문 지속가능발전위원회 편(2005), 『공공갈등 관리의 이론과 기법(상)』, 논형.

박상필(2000), 「이익집단 갈등과 사회자본: 경실련의 한약분쟁 조정 사례연구」, 『한국행정학보』 34-2: 121-138.

박상필(2001), 「직능단체와 시민단체간의 갈등: 사법개혁과 의약분업을 중심으로」, 『시민정치학회 동계학술대회발표논문집』.

박영신 · 김의철(2005), 「한국인의 신뢰의식에 나타난 토착심리 탐구」,

『한국심리학회지: 사회문제』 11: 21-55.

양건모(2007), 「정부 신뢰 개념의 이론적 논의 및 타당성 검증」, 『한국행정학회 하계학술대회 발표논문』.

양계민 · 정진경(2005), 「북한이탈주민과의 접촉이 남한 사람들의 신뢰와 수용에 미치는 영향」, 『한국심리학회지: 사회문제』 11: 97-115.

이공희 · 신은종(2010), 「노동분쟁에서 조정의 성공요인에 관한 경험적 연구: 협상전략, 갈등 수준 및 조정인의 신뢰를 중심으로」, 『산업관계연구』 20-2: 125-152.

이재열(1998), 「민주주의, 사회적 신뢰, 사회적 자본」, 『계간 사상』 여름호: 65-93.

임성만 · 김명언(2000), 「조직에서의 신뢰: 개관」, 『한국심리학회지: 산업 및 조직』 13-2: 1-19.

임재형(2007), 「한국의 공공분쟁에 있어서 시민단체의 개입이 분쟁기간에 미치는 영향에 관한 경험적 연구」, 『정치정보연구』 10-2: 219-235.

장용석 · 정장훈 · 조문석(2009), 「한국의 사회적 자본과 갈등: 사회적 자본의 다면적 속성에 대한 재조명」, 『조사연구』 10-2: 45-69.

정수복(1996), 『참여민주주의를 위한 시민단체의 역할과 정책과제』, 박영률출판사.

조기숙 · 박혜윤(2004), 「신뢰의 측정: 실험과 설문 조사의 차이」, 『한국정치학회보』 38-2: 95-116.

주성수(2006). 「한국 시민사회의 '권익주창적' 특성: CIVICUS 시민사회 지표 분석을 중심으로」, 『한국정치학회보』 40-5: 233-250.

최대정 · 박동건(2002), 「가상화된 조직의 환경특성, 신뢰 및 협력행동간의 관계」, 『한국심리학회지: 산업 및 조직』 15-2: 123-149.

최상진 · 김기범 · 강오순 · 김지영(2005), 「한국문화에서 대인관계 신뢰-불신의 기반과 심리적 기능에 대한 문화심리학적 분석」, 『한국심리학

회지: 사회문제』 11: 1-20.
최상진 · 김의철 · 김기범(2003), 「한국 사회에서의 대인관계 속의 신뢰와 불신의 기반으로서의 마음에 대한 문화심리학적 접근」, 『한국심리학회지: 사회문제』 9-2: 1-17.
Allen, J. C.(2001), "Community Conflict Resolution: The Development of Social Capital Within an Interactional Field," *Journal of Socio-Economics*, 30: 119-120.
Boss, R. W.(1978), "Trust and Managerial Problem Solving Revisited," *Group & Organizations Studies*, 3: 331-342.
Brown, L. D. & Ashman, D.(1996), "Participation, Social Capital, and Intersectoral Problem Solving: African and Asian Cases," *World Development*, 24: 1467-1479.
Carnevale, D. G.(1995), *Trustworthy Government: Leadership and Management Strategies for Building Trust and High Performance*. Jossey Bass.
Fukuyama, F.(1995), *Trust: The Social Virtues and the Creation of Prosperity*. New York: Free Press.
Inglehart, R.(1990), *Culture Shift in Advance Industrial Society*. Princeton: Princeton University Press.
Kim, U.(2002), "Democracy, Leadership and Political Culture in Korea: With Specific Focus on Political Efficacy and Trust," *Korean Journal of Psychological and Social Issues*, 8: 137-170.
Kramer, R. M., & Carnevale, P. J.(2001), "Trust and Intergroup Negotiation," In R. Brown & S. Gaertner (Eds.), *Blackwell Handbook of Social Psychology: Intergroup Processes*. MA: Blackwell.
Larson, D. W.(1997), "Trust and Missed Opportunities in

International Relations," *Political Psychology*, 18: 701-734.

Levi, M.(1998), A State of Trust. In V. Braithwaite & M. Levi (Eds.), *Trust and Governance*. New York: Russell Sage.

Lewicki, R. J.(2006), "Trust, Trust Development, and Trust Repair," In M. Deutsch, P. T. Coleman, & E. C. Marcus (Eds.), *The Handbook of Conflict Resolution: Theory and Practice*. San Francisco: Jossey Bass.

Lewicki, R. J., McAllister, D. J., & Bies, R. J.(1998), "Trust and Distrust: New Relationships and Realities," *Academy of Management Review*, 23: 438-458.

Miller, A. H.(1974), "Political Issues and Trust in Government 1964-1970," *American Political Science Review*, 68(3), 951-972.

Pruitt, D. G., & Carnevale, P. J.(1993), *Negotiation in Social Conflict*. UK: Open University Press.

Putnam, R. D.(1993), *Making Democracy Work: Civic Traditions in Modern Italy*. Princeton University Press.

Putnam, R. D.(2000), *Bowling Alone: The Collapse and Revival of American Community*. New York: Touchstone.

Rothbart, M., & Hallmark, W.(1988), "Ingroup Outgroup Differences in the Perceived Efficacy of Coercision and Conciliation in Resolving Social Conflict," *Journal of Personality and Social Psychology*, 55: 248-257.

Tam, R., Hewstone, M., Kenworthy, J., & Cairns, E.(2009), "Intergroup Trust in North Ireland," *Personality and Social Psychology Bulletin*, 35: 45-59.

Worchel, P.(1979), "Trust and Distrust," In W. G. Austin & S. Worchel (Eds.), *The Social Psychology of Intergroup Relations*.

CA: Wadsworth.
Yamagishi, T.(2001), 『신뢰의 구조: 동, 서양의 비교』, (김의철, 박영신, 이상미 역). 서울: 교육과학사 (원전은 1998에 출판).

제4장 공공갈등의 해결: 정부 개입 vs. 당사자간 해결[1)]

김재신 · 가상준

I. 서론

한 사회에서 발생하는 갈등은 사회적 약자를 포함한 다양한 집단들의 이해와 요구를 드러내고 사회 통합과 발전의 기회로 작용하는 순기능을 하지만, 한편으로 갈등이 악화되고 장기화되면 물질적 비용이 커지고 당사자들 간의 관계가 손상되는 등 역기능이 나타나게 된다. 특히 사회적 파급력이 큰 공공갈등은 갈등이 빠른 시간 내에 해결되지 않고 방치될 경우 더욱 악화될 가능성이 높고 시간이 지날수록 더 큰 사회적, 경제적 비용을 초래할 뿐 아니라, 당사자들 간의 심리적 상처도 커져 갈등이 발생한 지역사회의

3) 본 장은 김재신과 가상준(2014)이 공저하여 『한국정치학회보』 48(2)에 쓴 「공공갈등 해결 방식에 있어 정부 역할에 대한 시민 인식과 영향요인 분석: 2010-2013」에 2014년 자료를 포함하여 새롭게 수정, 보완한 것임.

공동체가 와해되기도 하는 등 많은 부정적인 결과들을 낳을 수 있다. 따라서 갈등의 순기능은 높이고 역기능은 줄이는 방식으로 공공갈등을 해결하는 것이 현명한 선택임에 틀림없다.

그동안 한국 사회는 공공갈등을 어떻게 해결해왔을까? 1960년대와 70년대, 정부 주도의 산업화 추진 전략에 따라 경제, 사회, 노동, 복지 등 거의 모든 분야에 정부가 개입하여 정책 결정을 주도했으며, 정치, 사회적으로 억압적인 분위기 속에서 지역주민, 이익집단, 시민단체 등이 정부정책에 이의를 제기하여 갈등이 표출되기 어려운 상황이었고, 반대하더라도 정부의 개입에 의해 일방적 혹은 강압적 방식으로 종결되는 경우가 대부분이었다. 이 시기 표면화되지 못한 갈등은 사라진 게 아니라 노동자, 여성 등 특정개인이나 집단의 희생을 낳거나, 다른 한편으로 잠재된 상태로 오랫동안 남아 있다가 나중에 격렬한 양상으로 분출되기도 했다.

1980년대 후반 민주화를 거치고 1990년대 지방자치 시대가 열리면서, 보다 자유로운 분위기 속에 과거 억압되었던 다양한 집단들의 요구가 사회 곳곳에서 표출되기 시작했으며, 각 개인이 어느 정도 경제적 안정 속에 행복, 복지와 같은 삶의 질에 대한 관심을 가지게 되면서, 자신이 사는 주변 환경과 지역사회 문제에 적극적으로 참여하려는 요구를 드러내게 되었다. 이로 인해 현재까지 환경, 노동, 이념, 교육, 지역, 계층 등 사회 전반에 걸쳐 많은 공공갈등이 발생하고 있으며, 이러한 공공갈등을 해결하는 방식은 과거 정부의 개입에 의한 일방적, 강압적 방식에서 아직 벗어났다고 하기는 이르나, 공공갈등 당사자 간의 해결을 중시하는 협상, 조정과 같은 대체적 분쟁해결 방식(Alternative Dispute

Resolution: ADR)에 의한 갈등 해결이 점차 증가하고 있다(하혜영, 2007).

정부 차원에서도 공공갈등의 합리적 해결을 위한 노력을 기울이고 있는데 2007년 2월 '공공기관의 갈등 예방 및 해결에 관한 규정'이 대통령령으로 제정되었다. 2005년 이에 관한 법률안이 국회에 제출되었다가 법으로 제정되지 못하고 대통령령으로 된 것이다. 비록 이 규정은 법이 아닌 행정규정이며 그 범위도 공공기관 전체가 아닌 중앙행정기관으로 제한되어 있지만, 그 내용에서 볼 때 공공정책을 추진하는 과정에서 갈등 당사자, 일반 시민, 전문가 등의 실질적인 참여를 보장하고 갈등이 발생하면 당사자들 간의 대화와 타협을 통해 자율적인 방식으로 갈등을 해결하는 원칙을 명시한 점에서 정부가 과거에 보여주었던 일방적 개입에 의한 갈등 해결 방식에서 탈피했음을 공식적으로 보여준 것이라 말할 수 있다(홍준형, 2008).

정부의 제도적 노력과 함께 학문적으로도 많은 연구자들이 한국 사회에서 발생하는 공공갈등의 바람직한 해결 방안을 모색하고 있으며, 특히 시간과 비용이 많이 드는 법원에서의 해결과 달리 갈등 당사자 간의 대화와 타협에 의한 갈등 해결에 중점을 둔 ADR 방식에 관심을 쏟고 있다(김경배 2005; 김도희 2005; 김준한 1996). 여러 연구들이 일방적 행정 집행, 법원판결 등 전통적 방식의 갈등 해결보다 협상, 조정과 같은 ADR 방식의 갈등 해결이 더 긍정적임을 주장하고 있으며, 이러한 효과를 실증적으로 분석한 연구들도 있다(이순자 외, 2012; 하혜영, 2007).

그러나 이러한 노력과 함께 ADR과 같은 합리적이고 참여적인 공공갈등 해결 방식이 한국 사회에 뿌리내리고 그 실제적인 효과를 나타내기 위해서는 무엇보다 이에 대한 사회적 합의, 더 나아가 문화적 차원에서 공공갈등에 대한 시민들의 인식 파악 없이는 불가능하다. 공공갈등의 합리적 해결을 위한 토대가 아무리 제도적으로 잘 갖춰있다고 하더라도 시민들의 의식 수준이 그에 걸맞게 준비되어 있지 않다면, 현실에서 효과적으로 작동하기 어려울 수밖에 없기 때문이다. 따라서 실증적 조사 연구를 통해 공공갈등 해결 방식에 대한 선호도, 구체적으로 공공갈등 해결에 있어 정부의 역할에 대한 시민들의 인식을 살펴보는 것이 필요하다. 특히, 공공갈등 해결에 있어 정부의 적극적 개입을 통한 단기간 해결을 선호하는지 아니면 시간이 걸리더라도 당사자 간 해결을 선호하는지 알아보는 것은 한국 공공갈등에 대해 어떠한 의견을 가지고 있으며 공공갈등 해결에 있어 시민들은 어떠한 점을 중요시하고 있는지 알아보는 기회를 제공한다.

기존 연구들이 공공갈등 해결을 위한 효과적인 방안을 논의하고 있지만, 한국 사회 시민들이 구체적으로 어떤 공공갈등 해결 방식을 선호하는지, 이러한 선호에 영향을 미치는 요인들은 무엇인지를 살펴본 연구는 거의 없다. 본 연구는 지난 4년 동안 실시한 전국적 규모의 설문 조사 자료를 분석하여 공공갈등 해결 방식에 있어 정부 개입과 당사자 간 해결이라는 선택적 상황에 대해 어떠한 인식을 가지고 있으며 이러한 인식에 영향을 미치는 요인들은 무엇인지 분석해보는 것을 목적으로 한다. 구체적으로 응답자의 정치 · 사회 · 경제적 변인에 따라 공공갈등 해결 방식 중 정부의 개입에 의한 해결과 당사자 간 해결 중 어떤 방식을 선호하는 지를 기술적으로 분석하고, 다음으로 사회 · 심리적 변인들을 포함하여 연도에 따른 공공갈등 해결 방식 선호의 차이와 그 영향 요인들에 대한 분석을 시도했다.

Ⅱ. 공공갈등의 해결 방식

공공갈등 해결 방식은 크게 전통적 방식과 대체적 방식으로 구분할 수 있다(박형서 외, 2004; Carpenter et al., 2001; Moore, 2003). 전통적 방식은 일반적으로 정부 즉 행정부, 사법부, 입법부에 의한 해결 방식으로 제도적, 공적 방식으로 인식되어 왔으며, 대체적 방식은 이러한 전통적 방식을 대체하기 위한 방식으로 협상, 조정 등 당사자 간의 대화와 협력을 통해 갈등을 해결하는 방식이다. 〈그림 4-1〉은 다양한 공공갈등 해결 방식을 당사자 간 대화와 협력을 중심으로 해결하는 대체적 방식과 정부의 개입이나 공적 제도에 의해 해결하는 전통적 방식, 두 가지 축으로 구분해 살펴본 것이다. 구체적인 갈등 해결 방식에는 당사자간 협상, 조정, 조직내 행정절차, 제3자에 의한 중재적 개입, 사법적 판결, 입법, 강제적 종료, 폭력적 진압 등이 있으며, 이 중 협상, 조정, 행정절차, 중재는 당사자 중심, 사적 해결 방식에 속하며, 사법적 판결, 입법, 강제적 종결, 폭력적 진압은 정부의 개입이나 공적 제도에 의한 해결 방식에 속한다(Moore, 2003).

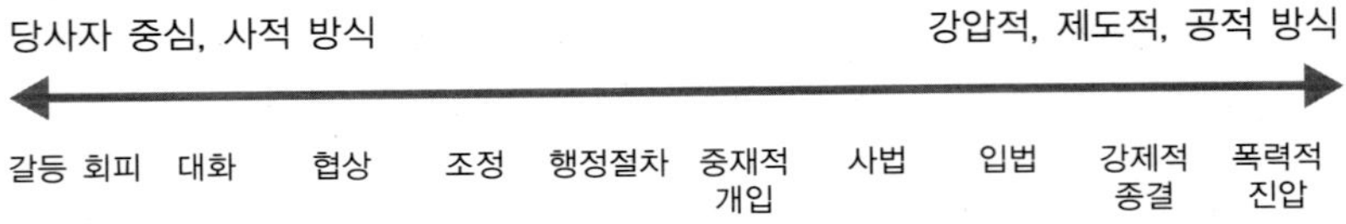

출처: Moore(2003, p. 7)의 그림을 본 논문 내용에 맞게 재구성함

〈그림 4-1〉 갈등 해결 방식 스펙트럼

한국 사회의 공공갈등 해결 방식을 살펴보면 1980년대까지 한국 사회에서 공공갈등을 해결하는 방식은 주로 권위주의적, 관료주의적이었다(고승한, 2006; 김두환, 2005; 이병량 외, 2008). 이러한 일방적, 강압적 방식은 정부가 공익을 대표하고 개인은 사익을 추구한다는 가정에 의해 뒷받침되며, 따라서 정부가 계획한 공공정책이나 사업을 반대하여 나타나게 되는 갈등은 공익에 위배되는 부정적인 것으로 보일 수밖에 없었다. 이러한 관점에서 볼 때, 공공정책과 사업을 계획하고 집행하는 과정에서 민간을 참여시킨다거나 공공갈등을 해결하는 과정에서 지역주민 등 갈등 당사자들과 대화와 타협을 한다는 것은 불필요한 것으로 여겨졌다. 이러한 권위주의적, 관료주의적 방식은 상대방 갈등 당사자의 이해관계를 고려하고 쌍방 간의 합의를 추구하는 것이 아니라, 일방적 혹은 강압적 방식으로 정부의 의지를 관철시키는 것을 목적으로 하기 때문에 갈등 해결이라기보다 갈등의 회피 혹은 억압이라고 할 수 있다(김두환, 2005).

1987년 민주화, 1990년대 지방분권화가 진행되면서, 과거 정부 주도의 일방적, 강압적 방식은 더 이상 작동하기 어려워졌다. 예를 들어 쓰레기소각장, 방사성폐기물처리장 등 비선호 시설의 건설을 추진할 때, 정부가 많이 취하던 DAD(Decide – Announce –

Defend)방식, 즉 정부나 소수의 전문가들이 정책을 결정하고, 결정된 사항을 지역주민들에게 발표하고, 지역주민들이 반대하게 되면 방어하는 방식은 과거와 다르게 민주성과 자율성이 중시되는 상황에서 정부의 계획대로 정책을 추진하기 어려울 뿐 아니라 더 큰 반대와 갈등을 불러일으키는 결과를 낳게 되었다(김도희 2004). 이러한 상황에서 ADR 방식이 기존의 갈등 해결 방식에 대한 효과적인 대안으로서 갈등의 순기능을 높이고 역기능을 막는 데 효과적인 것으로 제시되었다. ADR은 1960년대 후반 미국을 중심으로 주목받기 시작하여 현재 많은 선진국에서 그 기본 원칙과 구체적인 기법들을 활용하고 있다. ADR은 법적 소송과 같은 전통적 갈등 해결 방식에 비해 시간과 비용이 적게 드는 반면 갈등 당사자간의 합의를 도출하는 데 주력하여 갈등 당사자들의 만족도를 높이는 등 많은 긍정적인 결과들을 나타내는 것으로 알려져 있다(Bingham 1986; Moore, 2003).

ADR은 갈등 당사자들이 직접 얼굴을 보고 대화와 타협을 통해 서로가 수용할 수 있는 합의안에 도달하는 것을 목적으로 하는 다양한 방법들을 말한다(Bingham, 1986). 오리어리 등(O'Leary et al., 1999)은 ADR의 핵심 요소로서 갈등 당사자가 스스로 ADR 방식과 절차에 참여하는 것을 동의할 것, 갈등 당사자 혹은 대리인이 직접 참여할 것, 제3자는 갈등 당사자가 합의에 도달하는 것을 도울 뿐 해결책을 강요하지 않을 것 등을 제시했다. 즉 ADR은 갈등 해결의 주체로서 다른 사람이 아닌 갈등 당사자의 자발적인 의지와 해결 능력을 중시하며 이를 통해 갈등을 합리적으로 해결하고자 하는 방식이다.

한편 당사자간 해결을 중시하는 ADR 방식이 갖는 문제점에 대해서도 여러 연구자들이 지적하고 있다(Amy, 1987; Conley et al., 2001; Rabe, 1988). 구체적으로 ADR이 공공갈등을 비공식적인 방식으로 해결함으로써 갈등 이슈 중 법적으로 처리해야 할 부분을 간과하게 만들며, 협상 능력이 뛰어난 당사자와 협상에 대해 무지한 당사자를 동등하게 취급함으로써 갈등 당사자들 간 힘의 불균형을 정당화하며, 환경갈등과 같이 광범위한 영향을 고려해서 지역사회 전체가 논의해야할 이슈를 직접적인 이해집단만을 중심으로 그 범위를 축소시키는 등의 문제점이 지적되고 있다(Conley et al. 2001). 따라서 한국 사회에 효율적인 공공갈등 해결 방식이 무엇인지에 대해서는 더욱 많은 연구와 논의가 필요한 실정이다.

Ⅲ. 선행 연구

공공갈등 해결에 관한 연구들은 소수의 갈등 사례를 분석한 사례연구, 다수의 사례를 대상으로 통계 분석한 실증적 연구, 설문조사 자료를 이용한 조사분석 연구로 구분하여 살펴볼 수 있다. 이 중 특정 갈등 사례를 중심으로 분석한 사례 연구들이 가장 많으며(강인호 외, 2005; 김도희, 2004; 채경석, 2010), 대부분 갈등 당사자들의 적극적인 참여 등 당사자 간 해결을 바람직한 갈등 해결 방식으로 보고 있다. 김도희(2004)는 울산 북구 화장장 유치사업과 경부고속전철 울산역 유치사업 갈등 사례를 중심으로 갈등 구조와 갈등 해결 방안을 논의하였다. 두 사례 모두 갈등 종결과정에서 갈등 당사자들 간의 긴밀한 협의 없이는 성공적으로 정책을 추진할 수 없음을 밝히고 있다. 강인호 등(2005)은 김제시 공항건설 갈등 사례와 군산시 외국어고 유치사업 갈등 사례를 분석하여, 비선호 시설과 선호 시설 입지를 둘러싼 지방자치단체들 간의 갈등은 중앙정부의 개입보다는 시간이 걸리더라도 당사자들 간의 대화와 타협 등 자율적인 노력으로 해결하는 것이 보다 바람직하다고 말하고 있다.

다음으로, 공공갈등 해결 방식에 따른 효과를 실증적으로 분석한 연구들이 있다(가상준 외, 2009; 이순자 외, 2012; 하혜영, 2007). 가상준 등(2009)은 1990년부터 2007년까지 한국 사회에서 발생한 482건의 공공갈등 사례들을 분석한 결과, 협상, 조정과 같은 당사자 간 해결 중심의 ADR 방식이 행정집행, 법원판결과 같은 전통적 갈등 해결 방식보다 갈등 지속 기간이 더 짧다는 점을 밝히고 있다. 하혜영(2007)은 337건의 공공갈등 사례들을 분석하여 ADR 방식이 전통적 방식보다 갈등 해결에 더 긍정적인 영향을 주고 있음을 밝혔다.

마지막으로, 공공갈등 해결 방식에 대한 시민들의 인식을 조사 분석한 연구들이 있다(김선업 외, 2009; 양기용 외, 2009; 윤영채 외, 2000; 이병량 외, 2008; 임동진, 2011). 이병량 등(2008)은 2005년 9월 전국 1000명의 성인을 대상으로 공공갈등에 대한 설문 조사를 실시했다. 응답자들은 정치, 경제, 환경, 교육, 지역 등 사회 전반적인 영역에서 갈등의 심각성을 인식하고 있었으며, 공공갈등 해결을 위한 정부의 개입에 관해서는 68.7%가 찬성한다고 답했으며, 31.2%가 반대한다고 응답했다. 반면 김선업 등(2009)은 2007년 11월에 전국 1500명의 성인을 대상으로 공공갈등의 심각성, 갈등의 원인과 해결 방식 등을 묻는 설문 조사를 실시하고 그 자료를 분석하였다. 공공갈등의 심각성을 묻는 질문에 대해 아주 심각한 정도를 10점, 전혀 심각하지 않은 정도를 0점이라고 할 때, 시민들이 인식하는 심각성 정도는 7.38점으로 매우 심각하게 인식하고 있었다. 공공갈등 해결 방식에 대해서는 응답자의 49.7%가 '시간이 걸리더라도 기본적으로 당사자들에게 맡겨두어야 한다'고 했으며, 38.1%가 '제3자에 의한 해결이 효과적이다'라고 답해 당사자 간 해결을 제3자에 의한 해결보다 선호하고 있음을 보여주었다. 반면 공공갈등 해결을 위한 정부역할에 대해서는 50.5%가 '적극적으로 개입해야 한다'고 했으며, 45.6%가 '최소한 역할에 머물러야 한다'고 응답해, 정부의 소극적 개입보다 적극적 개입이 선호됨을 밝히고 있다.

임동진(2011)은 2010년 9월 중앙행정기관의 갈등 관리 담당 공무원과 민간위원 194명을 대상으로 설문 조사를 실시하였는데, 공공갈등의 원인이 무엇인지를 묻는 질문에 대해 '경제적 이익관계' 때문이라고 답한 응답자가 24.7%로 가장 많았다. 다음으로 '정부의 일방적인 공공정책 추진'이 16.5%, '정부불신 등 전반적인 사회신뢰 부족'이 17.6%를 차지했다. 공공갈등 해결의 핵심 주체를 묻는 질문에 '직접적 이해당사자'라는 응답이 50.0%로 가장 많았으며, '중립적 갈등조정위원회'가 18.6%, '중앙정부(지방자치단체)'가 10.8%로 나타났다. 미래에 어떤 갈등 해결 방식이 주로 활용될 지를 묻는 질문에 대해 당사자 간의 협상이 61.3%로 가장 많았으며, 진압, 행정집행과 같은 일방적 방식이 가장 낮았다.

위의 설문 조사 연구 결과를 종합해서 살펴볼 때, 한국 사회 시민들은 공공갈등 해결 방식 중 당사자 간의 해결 혹은 협상을 선호하고 있으며, 이러한 경향은 시간에 따라 점차 증가하는 것으로 보인다. 또한 공공갈등 해결을 위한 정부의 개입에 대해서는 많은 사람들이 긍정적으로 생각하고 있으나, 이러한 경향은 점차 감소하는 추세를 보이고 있다. 이러한 연구들은 설문 조사를 통해 공공갈등 해결에 대한 시민들의 인식을 파악하는 데 기여하고 있으나, 설문 조사가 대개 한번 실시된 자료를 분석한 것이어서 인식의 변화를 알기 어렵고, 분석이 대부분 기술적인 수준에 그쳐 시민들의 인식에 영향을 미치는 요인들을 구체적으로 살펴보기 어렵다는 제한점을 갖는다.

Ⅳ. 경험적 분석

앞에서 언급한 바와 같이 본 연구는 공공갈등 해결 방식에 대한 시민들의 인식을 살펴보고, 이러한 인식에 영향을 미치는 요인들을 분석하는 데 목적이 있다. 이를 위해 단국대학교 분쟁해결연구센터가 한국 사회 공공갈등에 대한 시민 인식을 알아보기 위해 지난 2008년부터 매년 1회씩 실시하고 있는 전국적 규모의 설문 조사 자료 중 공공갈등 해결 방식에 대한 설문 문항이 포함된 최근 5

년간의 자료를 분석하였다. 설문 조사는 여론조사 전문기관에 의뢰해 전국에 거주하는 만 19세 이상의 성인을 대상으로 2010년, 2011년, 2012년, 2013년, 2014년 매년 11월초에 전화면접으로 실시되었다. 표본추출방법은 성별, 거주지, 연령 요인을 비례 할당하는 방법을 사용했다.

먼저 연도별로 공공갈등 해결 방식에 대한 선호 비율을 살펴보았다. 공공갈등 해결 방식의 선호를 묻는 질문은 "선생님께서는 공공갈등 해결 방식 중 다음 중 어느 쪽을 선호하십니까?"이며, 선택지는 '정부의 개입을 통한 신속한 해결'과 '시간이 걸리더라도 당사자 간 해결' 두 가지를 제시했다. 〈그림 4-2〉에서와 같이 2010년에는 공공갈등 해결 방식 중 정부의 개입을 선호한다는 응답이 42.0%, 당사자간 해결을 선호한다는 응답이 51.5%로 당

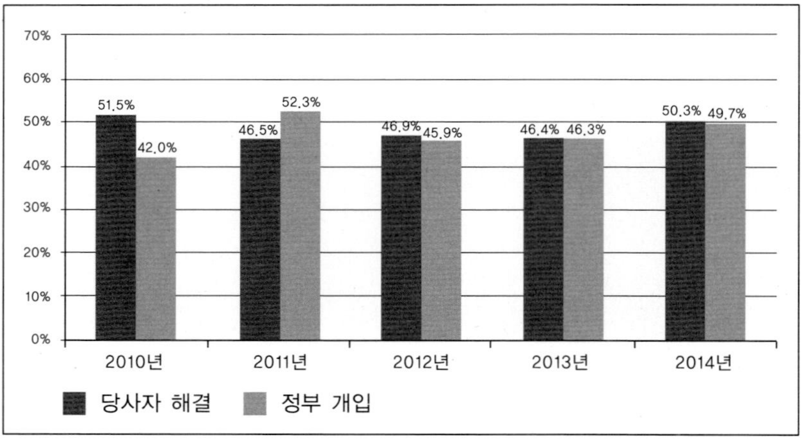

〈그림 4-2〉 **연도별 공공갈등 해결 방식 선호 빈도**[2)]

2) 무응답 및 잘 모르겠다는 응답은 2010년 6.5%, 2011년 1.2%, 2012년 7.2%, 2013년 7.3%, 2014년 0%임.

사자간 해결을 더 선호하는 것으로 나타났다. 하지만 2011년에는 정부의 개입을 선호한 응답과 당사자간 해결을 선호한 응답이 각각 46.5%와 52.3%로 정부의 개입을 더 선호하는 것으로 나타났으며, 2012년, 2013년, 2014년에는 정부의 개입에 의한 해결 방식과 당사자간 해결 방식을 선호한 응답이 서로 큰 차이를 보이지 않았다. 선행 연구들이 당사자 간 해결 방식이 정부 개입에 의한 해결보다 선호되고 있음을 밝히고 있지만 최근 조사 결과들은 두 방식에 있어 뚜렷한 차이는 발견할 수 없었다.

다음은 성별에 따라 어떤 공공갈등 해결 방식을 선호하는지 살펴보았다. 〈표 4-1〉에서 보듯이 전반적으로 남자가 정부의 개입보다 당사자 간 해결을 여성에 비해 선호하는 것으로 나타나고 있지만, 연도별 성별에 따른 공공갈등 해결 방식 선호의 차이는 크지 않은 것으로 나타났다.

〈표 4-1〉 연도별 성별에 따른 공공갈등 해결 방식 선호 빈도

구분		남자	여자
2010년	당사자간 해결	249	273
	정부의 개입	201	225
2011년	당사자간 해결	238	227
	정부의 개입	245	278
2012년	당사자간 해결	225	247
	정부의 개입	198	264
2013년	당사자간 해결	225	250
	정부의 개입	210	264
2014년	당사자간 해결	240	265
	정부의 개입	251	247

〈표 4-2〉는 연령에 따라 공공갈등 해결 방식 선호의 차이를 살펴본 것이다. 2010년 자료에 따르면, 60대 이상은 당사자 간 해결보다 정부의 개입을 통한 해결을 더 선호했으며, 19~29세, 30대, 40대, 50대는 모두 당사자 간 해결을 더 선호했다. 2011년 자료에서는 30대, 50대, 60대이상이 정부의 개입을 더 선호했으며, 19~29세, 40대는 당사자 간 해결을 더 선호했다. 2014년 자료에서는 50대, 60대 이상이 정부의 개입을 더 선호했으며, 40대 이하 젊은 세대는 당사자 간 해결을 더 선호했다. 2012년과 2013년에는 연령에 따른 공공갈등 해결 방식 선호의 차이가 유의미하지 않았다. 전반적으로 볼 때, 연령이 높을수록 당사자 간 해결보다 정부의 개입을 통한 해결을 더 선호하는 경향이 나타났다.[3)]

〈표 4-2〉 연도별 연령에 따른 공공갈등 해결 방식 선호 빈도

구분		19~29세	30대	40대	50대	60대 이상
2010년	당사자간 해결	98	111	128	101	84
	정부의 개입	57	77	86	96	110
2011년	당사자간 해결	89	75	121	85	95
	정부의 개입	71	89	92	116	155
2012년	당사자간 해결	73	88	111	98	102
	정부의 개입	62	67	99	113	121
2013년	당사자간 해결	86	80	107	96	106
	정부의 개입	61	79	107	119	108
2014년	당사자간 해결	86	76	110	112	121
	정부의 개입	59	60	92	129	158

3) 교차분석결과, 연령대에 따른 공공갈등 해결 방식의 선호차이는 2010년, 2011년, 2014년에 통계적으로 유의미하였으며, 2012년과 2013년에는 유의미하지 않았다.

〈표 4-3〉은 연도별 학력에 따른 공공갈등 해결 방식의 선호 차이를 보여주고 있다. 전반적으로 볼 때, 학력이 높을수록 정부의 개입을 통한 해결보다 당사자 간 해결을 더 선호하는 것으로 나타났다.[4)]

〈표 4-3〉 연도별 학력에 따른 공공갈등 해결 방식 선호 빈도

구분		중졸 이하	고졸	대재 이상
2010년	당사자간 해결	57	161	302
	정부의 개입	67	132	212
2011년	당사자간 해결	74	123	265
	정부의 개입	108	175	230
2012년	당사자간 해결	63	139	279
	정부의 개입	73	128	241
2013년	당사자간 해결	55	138	275
	정부의 개입	66	115	276
2014년	당사자간 해결	56	161	284
	정부의 개입	86	169	237

〈표 4-4〉는 연도별 이념 성향에 따른 공공갈등 해결 방식의 선호 차이를 살펴본 결과다. 전반적으로 진보 성향일수록 당사자 간 해결을 더 선호하고, 보수 성향일수록 정부의 개입을 더 선호하는 경향을 나타냈다. 2010년은 이념 성향에 상관없이 진보, 중도 보수 성향 집단들 모두 정부의 개입을 통한 해결보다 당사자간 해결을 더 선호하는 경향을 보였다. 2011년에는 진보 성향 집단은 당사자간 해결을 더 선호했으며, 중도와 보수 성향 집단들은 정부의 개입을 더 선호했다. 2012년, 2013년, 2014년에는 진보와 중도

4) 교차분석결과, 학력에 따른 공공갈등 해결 방식의 선호 차이는 2010년, 2011년, 2014년에 통계적으로 유의미하였으며, 2012년과 2013년에는 유의미하지 않았다.

성향 집단들은 당사자간 해결을 더 선호했으며, 보수 성향 집단은 정부의 개입을 더 선호했다.[5] 해석상 고려할 점은 이념 성향에 따라 응답자를 구분하였을 때 2010년에 비해 시간이 갈수록 자신이 진보 성향이라고 응답한 집단이 줄어들고 중도와 보수 성향이라고 응답하는 집단이 늘어나는 경향이 나타나고 있다는 것이다.[6]

〈표 4-4〉 **연도별 이념 성향에 따른 공공갈등 해결 방식 선호 빈도**

구분		진보	중도	보수
2010년	당사자간 해결	161	149	175
	정부의 개입	104	136	151
2011년	당사자간 해결	128	160	140
	정부의 개입	104	174	182
2012년	당사자간 해결	125	176	133
	정부의 개입	89	137	194
2013년	당사자간 해결	92	195	159
	정부의 개입	86	151	183
2014년	당사자간 해결	115	195	168
	정부의 개입	99	156	193

5) 교차분석결과, 이념 성향에 따른 공공갈등 해결 방식의 선호 차이는 2010년에는 통계적으로 유의미하지 않았고, 2011년, 2012년, 2013년, 2014년에는 유의미했다.

6) 응답자의 이념 성향 분포의 변화는 응답자 연령 분포의 변화와 관련지어 생각해볼 필요가 있다. 본 조사의 응답자 평균 연령은 2010년 46.7세, 2011년 48.3세, 2012년 48.8세, 2013년 48.2세, 2014년 49.6세로 2010년에 비해 시간이 갈수록 높아졌으며, 이념 성향의 보수화도 이러한 맥락에서 생각해볼 수 있다. 또한 본 연구 조사 방식인 전화면접 방식으로 인해 휴대폰을 주로 사용하며 조사 응답율이 상대적으로 낮은 젊은 세대보다 나이든 세대가 더 많이 표집되었을 가능성을 고려할 필요가 있다.

Ⅴ. 결론

본 장에서는 2010년부터 2014년까지 5년 동안의 설문 조사 자료를 분석하여 공공갈등 해결에 있어 정부의 역할에 대해 시민들의 인식 수준을 살펴보았다. 본 장에서 살펴본 주요 결과를 요약하면 다음과 같다. 첫째, 연도에 따른 공공갈등 해결 방식 선호의 차이를 살펴본 결과, 2010년에는 시민들이 정부의 개입을 통한 해결보다 당사자간 해결을 더 선호했으나, 2011년에는 정부의 개입을 더 선호하는 것으로 바뀌었으며, 이후 2012년, 2013년, 2014년에는 정부의 개입을 통한 해결과 당사자간 해결 간 선호의 차이가 크지 않았다. 2010년에 시민들이 '정부의 개입을 통한 신속한 해결'보다 '시간이 걸리더라도 당사자간 해결'을 더 선호한 것에는 여러 가지 원인이 있을 수 있겠지만, 그 중 한가지 원인은 2010년이 다른 해에 비해 공공갈등이 심각하지 않아서[7] 시민들이 상대적으로 안정감을 느끼면서 시간이 걸리더라도 당사자간 해결을 지켜볼 수 있는 심리적 여유가 생겼기 때문이라고 볼 수 있다. 한편 2011년에는 전해에 비해 시민들의 갈등 인식 수준이 높아지면서 사회적 불안감이 커지고 이에 따라 정부 개입을 통한 신속한 해결을 더 선호하게 되고, 2012년부터는 그러한 상황에 익숙해지면서 양쪽에 대한 선호가 크지 않은 양상을 보이게 된다.

둘째, 연령이 많고, 학력이 낮고, 이념 성향이 보수적일수록 당

7) 제1장 공공갈등에 대한 국민들의 인식: 갈등 인식 지수 〈그림 1-1〉 참조.

사자간 해결보다 정부의 개입을 통한 해결을 더 선호하는 경향이 나타났으며, 성별에 따른 차이는 크지 않았다. 진보적인 이념 성향을 가진 사람들에 비해 보수 성향을 가진 사람들이 정부나 권위 있는 기관이 공공갈등을 해결하기를 선호할 가능성이 있다. 여러 연구들에 의하면 보수 성향의 사람들은 정부의 강력한 규제나 정책을 선호하며 애매한 것을 싫어하고 질서나 규칙에 대한 욕구가 강하고 외부 위협이나 손실에 대한 두려움이 큰 반면, 진보 성향의 사람들은 새로운 경험이나 도전, 인지적으로 많은 사고를 요하는 복잡한 과제에 열려 있고 불확실한 것을 참아내는 경향이 있다 (Allport, 1954; Jost et al., 2009; Rokeach, 1960; Tomkins, 1963; Wilson, 1973). 그러므로 보수 성향의 사람들은 많은 당사자들이 관여하는 복잡한 공공갈등을 해결하는 데 있어서 당사자간 대화와 협상을 통해 오랜 시간이 걸려도 해결될지 모르는 불확실한 과정보다 정부가 빠르고 강력한 조치로 해결하는 것을 선호할 가능성이 있다. 또한 한국 사회에서 연령이 높을수록 보수 성향을 갖는 사람들이 많으므로 젊은 세대에 비해 나이든 세대가 당사자간 해결보다 정부에 개입을 통한 해결을 선호할 수 있다.

본 장에서는 최근 5년 동안 주기적으로 실시된 설문 조사 자료를 분석하여 공공갈등 해결에 관한 시민들의 인식을 체계적으로 살펴보았다. 한 가지 중요한 제한점은 공공갈등 해결 방식을 정부 개입과 당사자간 해결이라는 이분법적 범주로 측정하였기 때문에 응답자들이 이와 다른 방식을 선호하는 경향은 알 수 없었다는 것이다. 앞에서 살펴본 바와 같이 공공갈등 해결 방식에는 협상, 조정, 중재, 행정심판, 사법적 판결, 입법, 강제 진압 등 다양한 방식들이 있으며, 이들은 당사자 간 해결과 외부에 의한 일방적 해결, 두 가지 축을 기준으로 서로 연장선상에 있는 것이다(Moore 2003). 본 장에서는 과거의 연구들에서와 같이 이러한 두 축을 기준으로 공공갈등 해결 방식을 이분법적 범주로 단순화해서 응답자의 경향을 뚜렷하게 보려는 장점을 취했으나, 응답자가 이러한 구분을 이해하고 답했는지 아니면 다른 보기가 없어 둘 중 하나를 선택했는지는 분명하지 않다. 추후 연구에서는 공공갈등 해결 방식에 대한 문항을 하나가 아닌 복수로 하여 이분법적 문항과 다수의 보기를 포함한 문항을 모두 포함시켜 측정하고, 이를 통해 보다 세밀한 분석을 시도할 필요가 있다. 또한 앞으로 이와 같이 지속적인 종단연구를 통해 공공갈등에 관한 시민들의 인식을 구체적이고 정확하게 파악할 뿐 아니라 그 인식 변화의 원인을 체계적으로 분석할 필요가 있다.

참고 문헌

가상준 · 안순철 · 임재형 · 김학린(2009), 「한국 공공분쟁의 현황 및 특징: 1990-2007」, 『한국정치학회보』 43-2: 51-87.

가상준 · 김강민 · 김재신 · 이주형 · 임재형(2013), 「한국 공공분쟁의 현황 및 특징: 1990-2012」, 단국대학교 분쟁해결연구센터 국제학술대회 발표논문집. 미국 덴버. 8월.

강인호 · 이계만 · 안병철(2005), 「NIMBY와 PIMFY입지의 지방정부간 갈등 관리: 공항건설과 외국어고입지 갈등구조 비교연구」, 『한국지방자치학회보』 17-2: 137-166.

고승한(2006), 「제주지역의 사회 갈등 양상과 갈등 관리 방안 연구」, 『제주발전연구』 10: 217-247.

김경배(2005), 「한국 대체적 분쟁해결제도(ADR)의 제도화 및 발전방안에 관한 연구」, 『산업경제연구』 18-1: 251-274.

김도희(2004), 「NIMBY와 PIMFY 시설입지정책의 갈등구조 비교분석: '북구 화장장 유치사업'과 '경부고속전철 울산역 유치사업' 사례를 중심으로」, 『한국정책학회보』 13-1: 157-188.

김두환(2005), 「사회 갈등 해결에서 숙의적 시민참여와 대안적 분쟁해결 접근 비교: 전력정책 합의회의와 한탄강댐 조정소위를 사례로」, 『시민사회와 NGO』 3-1: 143-287.

김선업 · 윤인진(2009), 「갈등 의식, 갈등 경험 및 갈등 대처 양식의 일반적 특징」, 윤인진 · 박길성 · 이명진 · 김선업 · 김철규 · 정일준 편, 『한국인의 갈등의식』 39-76. 서울: 고려대학교 출판부.

김준한(1996), 「행정부와 대체적 분쟁해결제도」, 『한국행정학보』 30-4: 37-53.

박형서 · 김상욱 · 정윤희 · 강태수(2004), 『공공시설 입지 갈등이 지역사회에 미치는 영향 연구』 국토연구원.

양기용 · 김창수(2009), 「정책 갈등의 구조와 사회적 합의의 조건: 국책사업을 둘러싼 갈등에 대한 지역주민의 인식을 중심으로」, 『한국행정논집』 21-3호: 967-997.

윤영채 · 전주상(2000), 「환경기초시설 입지 갈등에 관한 정책추진자와 정책수용자간 인식차이 연구」, 『정책분석평가학회보』 10-2: 91-115.

이병량 · 김서용 · 전영평(2008), 「한국 사회 갈등구조의 진단과 해석: 수준, 원인, 대안을 중심으로」, 『한국공공관리학보』 22-4: 49-72.

이순자 · 문정호 · 장은교 · 박형서 · 김강민 · 김재신(2012), 「지역개발사업 관련 공공갈등 해결에 미치는 영향요인 분석」, 『국토연구』 74: 195-220.

임동진(2011), 「공공갈등 관리의 실태 및 갈등 해결 요인분석」, 『한국행정학보』 45-2: 291-318.

채경석(2010), 「혐오시설의 정책수용성과 갈등 관리에 관한 비교연구」, 『국가정책연구』 24-2: 31-54.

하혜영(2007), 「공공부문 갈등 해결에 미치는 영향요인 연구」, 서울대학교 박사 학위 논문.

홍준형(2008), 「공공갈등 관리법의 주요쟁점」, 홍준형 편, 『공공갈등의 관리, 과제와 해법』, 117-143. 서울: 법문사.

Allport, G. W.(1954), *The Nature of Prejudice*. *Reading*, MA: Addison-Wesley.

Amy, Douglas J.(1987), *The Politics of Environmental Mediation*. New York: Columbia University Press.

Bingham, Gail.(1986), *Resolving Environmental Disputes: A Decade of Experience*. Washington DC: The Conservation Foundation.

Carpenter, Susan L. and W. J. D. Kennedy.(2001), *Managing*

Public Dispute: A Practical Guide for Government, Business, and Citizens' Groups. San Francisco: Jossey-Bass.

Conley, Alex and Ann Moote.(2001), *Collaborative Conservation in Theory and Practice: A Literature Review*. Udall Center for Studies in Public Policy, University of Arizona.

Jost, J. T., C. M. Federico, and J. L. Napier.(2009), "Political Ideology: Its Structure, Functions, and Elective Affinities," *Annual Review of Psychology*. 60: 307-337.

Moore, Christopher W.(2003), *The Mediation Process: Practical Strategies for Resolving Conflict* (3rd ed.), San Francisco, CA: Jossey-Bass.

O'Leary, Rosemary, Robert F. Durant, Daniel J. Fiorino, and Paul Weiland.(1999), *Managing for the Environment: Understanding the Legal, Organizational, and Policy Challenges*. Nonprofit and Public Management Series. San Francisco, CA: Jossey-Bass.

Rabe, Barry.(1988), "The Politics of Environmental Dispute Resolution," *Policy Studies Journal*. 16-3: 585-601.

Rokeach, M.(1960), The Open and Closed Mind. Oxford, UK: Basic Books.

Tomkins, S. S.(1963), "Left and Right: A Basic Dimension of Ideology and Personality," In R. W. White (Ed.), *The Study of Lives* (pp. 388-411). New York: Atherton.

Wilson, G. D.(1973), *The Psychology of Conservatism*. New York: Academic.

제5장 정부 정책과 갈등 해결에 있어 시민단체의 역할에 대한 국민들의 인식

임재형

I. 서 론

한국 사회는 1987년 민주화 이후 권위주의 체제에서 민주주의 체제로 전환되면서 급속한 사회변혁을 경험하였다. 그리고 이러한 사회변혁 과정 속에서 이해집단간의 대립과 분열, 다양한 갈등과 분쟁이 우리 사회의 각 영역에서 분출되었다. 특히 정부기관을 비롯한 공공기관이 직접 또는 간접적인 당사자로 관련되며, 다수의 이해관계자가 갈등과 분쟁의 주체로 등장하고 공중의 삶에 광범위하게 영향을 미치는 공공갈등의 발생도 크게 증가하였다. 그리고 이들 공공갈등은 가치관이나 이념의 충돌 문제로까지 확대되면서 쉽게 해결되지 않고 장기화되는 경향을 보이고 있다. 특히 정부가 추진하는 대형 국책사업과 정책들이 이해당사자 및 시민단체의 반대로 장기간 표류하는 현상을 보이고 있다. 이는 1987

년 민주화 이후 갈등 표출의 기회가 급속히 개방되어 온 반면, 갈등이나 분쟁 해결은 사회변화에 걸맞게 합리적 방식으로 발전되지 못한 데 기인한다(김학린, 2011: 47-48). 갈등과 분쟁은 민주화나 경제성장, 사회 발전과 변화의 과정에서 지불해야 할 사회적 비용으로 간주되기도 하지만, 갈등과 분쟁의 폭발적인 분출은 지속가능한 발전에 부정적으로 작용하고 있다. 이는 갈등과 분쟁이 당사자들의 요구나 주장의 정당성에 대한 논란을 뛰어 넘어 선과 악의 시각으로 상대방을 적대시하는 상황으로 치닫고 있기 때문이다(김태기, 2005: 98).

한편, 한국 사회의 변화에 따라 시민사회가 활성화되고 시민들의 참여 기회가 확대되면서 여성, 환경, 생명, 평화, 자치, 분권, 소수자, 집단 정체성, 문화 등의 새로운 쟁점을 중심으로 한 시민단체(CSO: Civil Society Organization)의 증가와 활동이 강화되었다(대통령자문 지속가능발전위원회 편, 2005: 32-33). 시민단체 수의 급속한 증가는 그 동안 정부와 시장을 중심으로 이루어져 왔던 한국 사회 구성의 중요한 변화를 의미하는 것으로 시민사회 영역이 확대되어 가고 있다는 증표라고 할 수 있다. 또한 사회적인 역할 면에서도 시민단체들은 각 활동 분야에서 전문적이면서도 광범위한 활동을 펼치며 다방면에 영향력을 행사하고 있다(신동준 외, 2005: 76). 이에 따라 우리 사회 내에 누적된 사회문제 해결과 제도개선, 민주주의의 발전, 특히 갈등 및 분쟁 해결에 있어 시민단체의 역할에 대한 기대가 증대되고 있다

특히 1970년대 정부나 기업의 영역과 대별되는 제3섹터로 지칭되던 시민단체는 이제 지구적 현상이자 제3의 권력으로 등장하였

으며, 시민단체의 중요성과 영향력의 증대는 지속적으로 강조되어 왔다(김선혁, 2003; 김준기, 2006). 이처럼 중요성과 영향력이 증대된 시민단체들은 정부 정책이나 시장에 대한 견제와 감시, 환경보호, 사회정의 실현, 사회제도 개혁 등에 대한 역할을 수행하고 있다. 그런데 이러한 시민단체의 활동과 역할에 대해서는 긍정적 평가와 부정적 평가가 엇갈리고 있다. 시민단체가 대의제 민주주의의 문제점을 보완하고 있고 지방자치제도를 활성화시키고 있으며 국가 기관으로 하여금 깨끗하고 투명한 운영과 국민에 대한 봉사기능을 강화하도록 함은 물론 사회제도 개혁에 선도 역할을 해왔다는 점에서는 긍정적으로 평가받고 있다.

그러나 공공정책이 시민단체들의 거센 반발에 부딪혀 지체되거나 포기됨으로써 사회적 비용이 낭비되고 있으며 시민단체 존립에 가장 중요하다고 할 수 있는 사회적 신뢰가 위기에 빠졌다는 점에서는 부정적인 평가가 제기되고 있다. 이에 따라 시민단체는 사회변화에 맞게 전문성을 증대시키고 본연의 역할에 충실함으로써 사회적 신뢰를 확보해야 한다는 요구에 직면하고 있다. 이에 본 연구는 첫째, 시민단체가 정부 및 지방자치단체의 정책에 영향을 미치는 것과, 둘째, 갈등을 해결하는 데 있어 시민단체의 개입에 대해 시민들은 어떠한 인식을 갖고 있는지 알아보는 것을 목적으로 한다. 이를 위해 단국대학교 분쟁해결연구센터가 2008년부터 2014년까지 수행한 '갈등 및 분쟁에 관한 시민인식조사' 결과를 사용하였다.

Ⅱ. 시민단체의 역할에 관한 선행 연구

시민단체란 일반적으로 비정부·비영리적이면서 자발적으로 형성된 조직으로서 사회변화를 의도하고 있는 조직(권해수, 1999: 147)이라고 할 수 있다. 또한 시민단체는 목표가 사회 구성원 모두의 공공이익과 관련된 공공재, 예를 들어 환경보호, 평화운동, 경제정의, 사회개혁, 교육개혁 등을 활동대상으로 삼으면서 활동결과에 따른 혜택이 회원들뿐만 아니라 이에 참여하지 않는 사회 구성원들에게도 동등하게 돌아가는 집단을 의미한다(김영수, 2004: 27). 한마디로 시민단체는 대다수 시민들에게 개방되어 그들의 자발적 참여에 의해 비영리적·비정치적·비종교적·자발적·자치적·사적 조직으로 운영되면서 일반 시민의 보편적 이익, 즉 공익을 실현하기 위해 활동한다. 또한 시민단체는 각기 자신들의 신념에 근거하여 정부와 기업으로부터 사회적 약자의 인권보호, 환경보호, 민주화를 포함한 사회정의의 실현, 정치개혁, 정부의 정책이나 시장에 대한 감시와 비판 등 공익과 관련된 문제를 주로 다루고 있다(김영수, 2004: 36; 김준기, 2000: 82).

한편, 시민단체와 유사하게 사용되고 있는 용어로는 시민사회(civil society), 시민사회단체(civil society organization), 비정부기구(non-governmental organization), 비영리단체(non-profit organization), 사회단체(social organization), 민간단체(citizen organization) 등이 있다. 그러나 이러한 용어들은 전문화되고 있는 다양한 활동 영역을 포괄하지 못하고 있으며, 따라서 국가와 상대하여 적극적으로 국가권력을 견제하고 시민권리를 옹호함은 물론 세계적으로 시민사회 영역에서 만들어지고 활동하는 단체라는 뜻에서 시민단체라는 용어가 더 적절하다는 주장이 제기되었다(정수복, 2000; 주성수 외, 2003; 신동준 외, 2005).

이처럼 현대사회에서 일반 시민들의 권익을 보호하기 위해 활동하고 있는 시민단체가 형성되는 요인들에 대해서는 첫째, 시장실패 · 정부실패 이론과, 둘째, 계약실패이론을 나누어 설명되어지고 있다(김영수, 2004: 30-31). 먼저, 시민단체의 형성이 시장실패 · 정부실패에서 찾고 있는 이론에 의하면 사회내의 기본적 수요는 1차적으로 이윤 추구를 목적으로 하는 기업들이 시장기제를 통해 충족되며, 시장기제에서 충족되지 않는 재화나 용역의 수요는 2차적으로 정부를 통해 충족된다고 주장한다. 그런데 기존의 시장 및 정부 메커니즘을 통해 충족되지 않는 틈새 수요의 영역이 존재하며 이에 대응하기 위해 다양한 민간의 자율적 영역인 시민단체가 성장하게 된다고 한다. 다음으로 시민단체의 형성에 관한 이론으로서 계약실패이론은 탁아, 노인 시설 등과 같은 민간재(private goods) 또는 시장재(market goods)에 있어 소비자와 생산자간의 정보의 비대칭성으로 인한 신뢰의 문제가 발생하며 이에 대한 대안으로 시민단체의 발생을 설명하고 있다.

1980년대 후반 이후 사회 전반에 걸쳐 나타난 변화 가운데 시민단체와 관련된 가장 큰 변화는 시민사회(civil society)의 성장이라고 할 수 있다. 시민사회에는 등록 자선단체, 비정부 개발 기구, 공동체조직, 여성단체, 신앙 관련 단체, 직능단체, 노동조합, 자조집단, 사회운동, 기업집단, 연합 및 옹호집단과 같은 조직을 아우

르는데, 특히 '비정부기구 또는 시민단체 현상'이라고 할 수 있는 다양한 시민단체의 설립과 이들의 활동에 대한 사회적 관심이 증가되고 있다. 이들의 활동 영역은 정치사회에서의 반부패운동, 총선연대 활동, 경제사회에서의 소액주주운동, 소비자보호운동, 지역사회에서의 환경운동, 아파트공동체운동, 각종 복지활동 등에서 보듯이 다양한 영역으로 확장되고 있다(김태영, 2002: 130-131).

한편, 공공갈등에 있어서 시민단체는 분쟁의 당사가가 되기도 하며, 제3자로서 분쟁 해결의 조력자가 되기도 한다. 강영진(2000: 83)은 공공갈등에 있어서 시민단체의 역할을 첫째, 공익의 대변자로서 분쟁의 당사자 역할, 둘째, 분쟁의 진행 및 해결과정의 감시, 압력, 지원자로서의 역할, 셋째, 문제를 제기하여 분쟁을 야기하는 역할, 넷째, 시민사회내의 갈등이나 분쟁의 조정자 역할, 그리고 마지막으로 국가-시민사회 간 갈등이나 분쟁의 조정자 역할 등으로 구분하고 있다. 즉 국가기구와 시민사회 간 갈등이나 분쟁이 발생했을 때, 국가의 조정력에는 한계가 있다. 이러한 갈등이나 분쟁에 한 당사자로 참여하는 시민단체가 있는가 하면, 다른 한편에서는 조정자의 역할을 수행하기도 한다(임재형, 2007: 226).

주성수(2006: 233-250)는 '서비스'와 '자치 역량', '권익 주창'이라는 일반적인 시민단체의 세 가지 역할 중에서 '권익 주창(advocacy)'이 한국 시민단체의 특성이라고 지적하면서, 전국 단위의 시민사회 대표들도 시민단체 중에서 권익 주창 단체인 경실련과 참여연대가 국가와 시장에 대해 가장 막강한 영향력을 행사하는 단체로 꼽혔다고 강조하고 있다. 그는 한국의 시민단체가 권익 주창 활동에 치중하게 된 배경으로,[3] 첫째, 한국 시민단체의 '구조'와 '환경'의 취약성, 둘째, 일반 시민보다 지식인과 일부 권익주창 NGO가 시민단체를 주도하고 있는 점, 셋째, 시민단체와 정부의 관계, 마지막으로 '전국적 연대활동' 등 크게 네 가지로 구분하고 있다(주성수, 2006: 244-246). 이처럼 한국의 시민단체들은 서비스와 자치 역량의 역할보다는 권익 주창의 역할에 치중해 왔다. 따라서 시민단체들은 당사자나 제3자라는 성격으로 다양한 공공갈등에 개입해 왔으며, 시민단체의 개입은 공공갈등 해결에 일정 정도 영향을 미치고 있는 것으로 연구되고 있다(임재형, 2007; 임재형, 2013; 안순철 · 임재형, 2009).

민주화와 경제발전이 병행하여 진행된 1980년대 후반 이후 한국의 시민단체는 양적인 측면은 물론 역할 면에서도 괄목할 만한 성장을 거듭해 왔다. 『한국민간단체총람 2003』에 따르면 『한국민간단체총람 2003』이 조사한 시점까지 설립된 시민단체 수는 총 890개였는데, 이중 81%에 달하는 722개가 1987년 6월 민주화운동 이후 설립된 것으로 나타났다(시민의신문사, 2003). 특히 시민단체는 양적 증가에 그치지 않고 활동의 영역도 확대되었다. 이는 한국 사회가 민주화를 넘어 다원화, 지방화, 세계화 등이 진전되면서 시민들이 여성, 환경, 생명, 평화, 자치, 분권, 소수자, 집단

3) 일반적으로 전제적이거나 권위주의적 체제에서는 시민단체가 독재와 부패에 저항하는 '권익 주창'의 역할을 주로 하고, 서구와 같은 안정된 정치체제에서는 시민의 도덕성을 교육하고 공공선의 참여를 유도하는 기능, 즉 '자치 역량'을 주로 수행한다고 구분하고 있다(Fung, 2003: 534-535).

정체성, 문화 등의 새로운 주제에 관심을 가지게 되었기 때문이다. 이를 통하여 시민단체들은 각 활동 분야에서 전문적이면서도 광범위한 활동을 펼치고 있으며, 갈등 조정 역할이나 사회적 안전과 통합의 역할 및 개혁의 동반자 역할을 하면서(박동서, 2000; 박상필, 2001; 정수복, 1996) 정부의 정책과정 등 다방면에 영향력을 행사하고 있다.

그런데 시민단체와 정부의 관계에서 지적되는 것이 시민단체의 권익 주창 활동과 자율성이 정부에 의해 제약받고 있다는 것이다. 그럼에도 불구하고 한국의 시민단체가 권익 주창과 사회운동에서 상당한 제약을 받았다고 보기는 어렵다는 반론도 제기되고 있다(주성수, 2002: 304). 2000년 동강댐 건설 백지화와 총선연대 활동, 핵폐기장건설 반대 환경운동, 호주제폐지와 양성평등정책의 입법을 이끌어낸 여성단체들의 시민운동, 재벌 감시활동 등 다양한 활동의 사례들을 보면 한국의 시민단체들은 오히려 법적, 제도적 제약의 굴레를 뛰어넘어 진보적 정치사회 운동을 추진해 일정한 성과를 달성해 왔다는 것이다.

특히 분쟁이 증폭되고 정부의 권위가 실추된 대규모 공공갈등 사례를 살펴보면 시민단체가 주도적인 역할을 하고 있음을 알 수 있다. 공공갈등에 있어서 시민단체는 그 성격에 따라 다르지만 다음과 같은 역할을 한다(김태기, 2012: 99-102). 첫째, 시민단체가 분쟁을 지켜보고 평가를 하는 객체의 역할을 수행한다. 시민단체가 전문성이 축적되어 있는 경우 분쟁의 해결을 촉진할 수 있는데, 이러한 경우 시민단체는 민간의 싱크탱크(think tank) 역할을 한다. 둘째, 시민단체 자신이 공공갈등의 이해관계 당사자 역할을 하기도 하는데, 시민단체가 특정 집단의 이익을 대변하는 단체이거나 또는 공공갈등의 이해관계 당사자들이 시민단체를 급조하거나 그렇지 않으면 기존의 시민단체가 원래 이해관계 당사자들과 관련이 없다가 분쟁이 발생하면서 이해관계 당사자들의 이익을 대변하면서 자신의 영향력을 과시하는 역할을 한다. 셋째, 시민단체가 정부와 이해관계 당사자들 사이에서 조정자 역할을 하기도 하는데, 시민단체가 양쪽으로부터 중립성을 인정받고 분쟁 이슈에 대해서 전문성이 있을 때 가능하다. 종합적으로 시민단체는 공공갈등을 예방하고 분쟁이 발생하면 공감대를 모아 당사자들의 대화를 촉진시킬 수 있는 장점을 지니고 있기도 하며, 반대로 분쟁의 이해관계 당사자들이 자신의 이익을 키우기 위해 시민단체를 이용함으로써 선동의 도구가 될 수 있는 약점도 지니고 있다(김태기, 2012: 102).

Ⅲ. 시민단체의 역할에 대한 시민 인식

1. 정부의 정책에 있어 시민단체의 역할에 대한 시민 인식

시민단체의 역할에 대한 선행 연구를 살펴보면 시민들에 대한 서비스 제공과 함께 정부나 기업 등에 대한 감시와 비판이 시민단체의 가장 대표적인 역할이라고 지적하고 있다. 특히 정부에 대해서는 정책과 예산의 낭비, 조직의 비대화 등을 견제하기 위해 정부정책에 대한 비판과 대안을 제시(Hall, 1992; 김영수, 2004: 47-48 재인용)하는 것이 시민단체의 중요한 역할이라고 들고 있다. 이에 대해 김영수(2004: 49)는 한국의 시민단체가 과거 권위주의 정권과의 민주화 투쟁 속에서 성장했기 때문에 정부에 대한 감시와 비판이라는 특성이 더욱 강화되었다고 강조하고 있다. 이 밖에도 시민단체는 공익적 이슈를 다투는 조직으로서(김준기, 2000: 84), 문제를 제기하고 이를 이슈화시켜 정책의제(political agenda) 속에 포함시키는 역할을 수행하기도 한다(김영수, 2004: 48).

그렇다면 한국의 시민들은 시민단체가 정부 및 지방자치단체의 정책에 영향을 미치는 것에 대해 어떻게 생각하고 있는가? 이에 대해 단국대학교 분쟁해결연구센터는 '갈등 및 분쟁에 관한 시민 인식조사(2008-2014)'에서 "시민단체가 정부 및 지방자치단체의 정책에 영향을 미치는 것에 대하여 어떻게 생각하십니까?"라는 질문을 통해 알아보고자 하였다.[4)] 이를 성별, 연령별, 학력별, 이념 성향별로 나누어 살펴보면 다음과 같다.

먼저, 시민단체가 정부 및 지방자치단체의 정책에 영향을 미치는 것에 대해 성별로 어떻게 생각하고 있는지 알아보았다. 〈표 5-1〉은 이에 대한 결과를 보여주고 있는데, '매우 부정적이다'와 부정적인 편이다'를 합한 '부정적'인 인식과 '긍정적인 편이다'와 '매우 긍정적이다'를 합한 '긍정적'인 인식에 있어서 연도별로 조금씩의 차이는 있지만 첫째, 남성과 여성 모두 긍정적인 인식이 부정적인 인식보다 높게 나타나고 있으며, 둘째, 부정적인 인식

4) 단국대학교 분쟁해결연구센터의 '갈등 및 분쟁에 관한 국민 의식 조사'는 2008년부터 실시했으나, 본 질문은 2009년부터 설문 내용에 포함되었다.

〈표 5-1〉 **정부정책에 있어 시민단체의 영향에 대한 성별 인식**(단위: 명/%)

연도	구분	매우 부정적이다	부정적인 편이다	긍정적인 편이다	매우 긍정적이다	보통이다/모름/무응답
2009	남성	39(8%)	153(31%)	223(45%)	36(7%)	45(9%)
	여성	23(4%)	169(32%)	225(43%)	28(5%)	81(15%)
2010	남성	39(8%)	124(26%)	233(49%)	34(7%)	41(9%)
	여성	17(3%)	142(26%)	275(51%)	31(6%)	78(14%)
2011	남성	13(3%)	169(34%	253(51%)	13(3%)	44(9%)
	여성	13(3%)	141(28%)	278(55%)	15(3%)	61(12%)
2012	남성	38(9%)	128(29%)	217(49%)	23(5%)	41(9%)
	여성	33(6%)	152(27%)	268(48%)	25(4%)	81(14%)
2013	남성	33(7%)	184(39%)	202(43%)	16(3%)	38(8%)
	여성	24(4%)	162(29%)	280(51%)	11(2%)	74(13%)
2014	남성	43(9%)	169(34%)	213(43%)	33(7%)	36(7%)
	여성	29(6%)	162(32%)	241(48%)	22(4%)	53(10%

에 있어서는 남성이 약간 높지만, 긍정적인 인식에 있어서는 남성과 여성의 차이가 거의 없는 것으로 나타나고 있다. 셋째, 긍정적인 인식에 있어서 남성은 2009년보다 2010년에 비율이 조금 높아지다가 2011년에 다시 낮아졌으며, 특히 2013년에는 부정적인 인식과 긍정적인 인식이 같은 비율로 나타나고 있다. 이러한 경향은 제2장의 '연령대로 본 공공갈등 인식 지수'에서 설명하고 있는 것처럼 2010년에 가장 낮았던 공공갈등 인식 지수가 2011년부터 점점 높아지고 있는 것에서 원인을 찾을 수 있다. 즉, 정부의 정책추진이 시민단체의 개입에 의해 지연됨은 물론 공공갈등 발생 빈도가 높아지고 점점 장기화되면서 정부정책에 있어 시민단체의 영향에 대한 시민들의 피로도가 높아졌기 때문이라고 할 수 있다.

시민단체가 정부 및 지방자치단체의 정책에 영향을 미치는 것

〈표 5-2〉 **정부정책에 있어 시민단체의 영향에 대한 연령별 인식**(단위: 명/%)

연도	구분	매우 부정적이다	부정적인 편이다	긍정적인 편이다	매우 긍정적이다	보통이다/모름/무응답
2009	19~29세	2(1%)	42(29%)	74(51%)	15(10%)	11(8%)
	30대	9(5%)	48(27%)	102(57%)	13(7%)	8(4%)
	40대	12(5%)	84(32%)	127(48%)	18(7%)	22(8%)
	50대	18(9%)	74(37%)	74(37%)	11(6%)	21(11%)
	60대 이상	21(9%)	74(31%)	71(30%)	7(3%)	64(27%)
2010	19~29세	1(1%)	40(25%)	103(64%)	10(6%)	7(4%)
	30대	6(3%)	51(26%)	102(52%)	19(10%)	17(9%)
	40대	13(6%)	49(22%)	122(54%)	20(9%)	23(10%)
	50대	16(8%)	61(30%)	98(48%)	7(3%)	24(12%)
	60대 이상	20(9%)	65(29%)	83(37%)	9(4%)	48(21%)
2011	19~29세	1(1%)	40(25%)	103(63%)	5(3%)	14(9%)
	30대	3(2%)	43(26%)	100(61%)	8(5%)	11(7%)
	40대	5(2%)	61(28%)	122(56%)	7(3%)	21(10%)
	50대	9(4%)	64(32%)	110(54%)	5(2%)	14(7%)
	60대 이상	8(3%)	102(40%)	96(38%)	3(1%)	45(18%)
2012	19~29세	3(2%)	28(20%)	86(61%)	10(7%)	15(11%)
	30대	7(4%)	36(22%)	101(62%)	8(5%)	11(7%)
	40대	19(8%)	62(26%)	118(50%)	15(6%)	21(9%)
	50대	16(7%)	67(30%)	103(46%)	7(3%)	32(14%)
	60대 이상	26(11%)	87(36%)	77(32%)	8(3%)	43(18%)
2013	19~29세	2(1%)	36(24%)	101(66%)	4(3%)	10(7%)
	30대	4(2%)	66(40%)	84(50%)	2(1%)	11(7%)
	40대	12(5%)	67(30%)	124(56%)	8(4%)	12(5%)
	50대	15(7%)	73(32%)	94(41%)	12(5%)	34(15%)
	60대 이상	24(9%)	104(41%)	79(31%)	1(0%)	45(18%)
2014	19~29세	1(1%)	61(34%)	103(58%)	7(4%)	7(4%)
	30대	16(8%)	58(31%)	94(49%)	14(7%)	8(4%)
	40대	18(8%)	63(30%)	99(46%)	18(8%)	15(7%)
	50대	15(8%)	62(31%)	93(47%)	9(5%)	19(10%)
	60대 이상	21(10%)	87(39%)	65(29%)	8(4%)	40(18%)

에 대해 연령별로 어떻게 생각하고 있는지 알아보았다. 〈표 5-2〉는 이에 대한 결과를 보여주고 있는데 시민단체가 정부의 정책에 영향을 미치는 것에 대해 부정적인 인식과 긍정적인 인식에 있어서 연도별로 차이는 있지만, 19세-29세까지가 가장 긍정적인 인식을 갖고 있고 연령이 높아질수록 긍정적인 인식이 점점 낮아지고 있으며 60대 이상에서는 부정적인 인식이 긍정적인 인식보다 높게 나타나고 있다. 이러한 점은 첫째, 젊은 세대가 1987년 민주화 이후 급격하게 성장하기 시작한 시민단체에서의 활동기회가 보다 많음으로써 시민단체의 활동에 대해 긍정적으로 인식하고 있다는 점과, 둘째, 보다 합리적이고 개방적인 사고를 갖고 있는 젊은 세대들이 투명하고 공정한 정책집행이 이루어질 수 있도록 시민단체가 중앙정부나 지방자치단체의 정책을 견제하고 감시해주기를 바라고 있음을 보여주는 결과라고 할 수 있다.

시민단체가 정부 및 지방자치단체의 정책에 영향을 미치는 것에 대해 학력별로 어떻게 생각하고 있는지 알아보았다. 〈표 5-3〉은 이에 대한 결과를 보여주고 있는데 연도별로 조금씩 차이는 있지만, 학력이 높아질수록 시민단체가 정부정책에 영향을 미치는 것에 대해 긍정적으로 인식하고 있다는 점을 발견할 수 있다. 이처럼 학력이 높을수록 시민단체가 정부정책에 영향을 미치는 것에 대해 긍정적으로 인식한다는 것은 정부정책이 투명하고 공정하게 집행되기 위해서는 시민단체와 같은 비영리 민간단체에 의해 감시와 견제를 받아야 한다고 생각하는 결과라고 할 수 있다.

〈표 5-3〉 **정부정책에 있어 시민단체의 영향에 대한 학력별 인식**

(단위: 명/%)

연도	구분	매우 부정적이다	부정적인 편이다	긍정적인 편이다	매우 긍정적이다	보통이다/모름/무응답
2009	중졸 이하	9(4%)	63(31%)	55(27%)	7(3%)	67(33%)
	고졸	21(7%)	96(31%)	146(48%)	17(6%)	25(8%)
	대재 이상	32(6%)	157(32%)	243(49%)	38(8%)	26(5%)
2010	중졸 이하	13(8%)	32(19%)	57(34%)	11(6%)	57(34%)
	고졸	15(5%)	93(29%)	165(51%)	15(5%)	34(11%)
	대재 이상	28(5%)	141(27%)	286(55%)	39(7%)	28(5%)
2011	중졸 이하	5(2%)	84(39%)	85(40%)	3(1%)	38(18%)
	고졸	10(3%)	95(31%)	159(52%)	10(3%)	29(10%)
	대재 이상	11(2%)	128(27%)	279(60%)	14(3%)	35(7%)
2012	중졸 이하	12(7%)	56(31%)	61(33%)	3(2%)	51(28%)
	고졸	22(7%)	89(29%)	152(49%)	16(5%)	33(11%)
	대재 이상	35(7%)	132(27%)	267(54%)	28(6%)	34(7%)
2013	중졸 이하	15(9%)	57(34%)	57(34%)	2(1%)	39(23%)
	고졸	12(4%)	112(38%)	126(43%)	5(2%)	40(14%)
	대재 이상	29(5%)	174(32%)	298(54%)	20(4%)	30(5%)
2014	중졸 이하	11(9%)	44(37%)	35(29%)	4(3%)	26(22%)
	고졸	21(7%)	111(35%)	139(44%)	12(4%)	31(10%)
	대재 이상	40(7%)	173(31%)	278(50%)	38(7%)	30(5%)

시민단체가 정부 및 지방자치단체의 정책에 영향을 미치는 것에 대해 이념 성향별로 어떻게 생각하고 있는지 알아보았다. 〈표 5-4〉는 이에 대한 결과를 보여주고 있는데 시민단체가 정부의 정책에 영향을 미치는 것에 대해 보수적인 성향의 응답자들은 대체적으로 부정적인 인식을 갖고 있는 것으로 나타나고 있다. 반면, 진보적인 성향의 응답자들은 대체적으로 긍정적인 인식을 갖고 있

〈표 5-4〉 정부정책에 있어 시민단체의 영향에 대한 이념 성향별 인식

(단위: 명/%)

연도	구분	매우 부정적이다	부정적인 편이다	긍정적인 편이다	매우 긍정적이다	보통이다/모름/무응답
2009	매우 보수적	31(10%)	124(40%)	119(39%)	8(3%)	27(9%)
	보수적	17(5%)	115(32%)	180(49%)	21(6%)	32(9%)
	중도적	12(6%)	52(25%)	112(53%)	28(13%)	8(4%)
	진보적	2(1%)	31(23%)	37(27%)	7(5%)	59(43%)
2010	매우 보수적	25(7%)	113(33%)	157(46%)	13(4%)	34(10%)
	보수적	17(6%)	78(25%)	159(52%)	19(6%)	33(11%)
	중도적	11(4%)	62(23%)	160(60%)	25(9%)	10(4%)
	진보적	3(3%)	13(13%)	32(33%)	8(8%)	42(43%)
2011	매우 보수적	2(9%)	10(43%)	10(43%)	0(0%)	1(4%)
	보수적	14(5%)	111(37%)	149(50%)	4(1%)	22(7%)
	중도적	6(2%)	101(30%)	180(53%)	9(3%)	41(12%)
	진보적	0(0%)	53(25%)	132(62%)	13(6%)	15(7%)
	매우 진보적	0(0%)	7(33%)	12(57%)	0(0%)	2(10%)
2012	매우 보수적	10(23%)	17(39%)	14(32%)	1(2%)	2(5%)
	보수적	22(7%)	109(36%)	139(46%)	7(2%)	27(9%)
	중도적	21(6%)	91(27%)	170(51%)	12(4%)	41(12%)
	진보적	6(3%)	38(19%)	124(64%)	16(8%)	11(6%)
	매우 진보적	5(18%)	6(21%)	5(18%)	11(39%)	1(4%)
2013	매우 보수적	11(25%)	17(39%)	9(20%)	1(2%)	6(14%)
	보수적	21(6%)	134(41%)	140(43%)	7(2%)	22(7%)
	중도적	15(4%)	114(31%)	197(53%)	6(2%)	37(10%)
	진보적	5(3%)	53(31%)	94(55%)	8(5%)	10(6%)
	매우 진보적	0(0%)	7(54%)	4(31%)	1(8%)	1(8%)
2014	매우 보수적	13(32%)	10(24%)	11(27%)	4(10%)	3(7%)
	보수적	26(9%)	132(44%)	112(38%)	7(2%)	21(7%)
	중도적	21(6%)	108(30%)	194(54%)	16(4%)	23(6%)
	진보적	4(2%)	59(29%)	108(53%)	16(8%)	15(7%)
	매우 진보적	1(5%)	4(18%)	9(41%)	6(8%)	2(9%)

는 것으로 나타났다. 이러한 점은 2009년에서 2013년까지 동일하게 나타나고 있지만, 매우 진보적인 성향의 응답자들만을 볼 때, 2011년과 2012년은 긍정적이다는 응답이 많았으나, 2013년은 부정적이다는 응답자의 비율이 높게 나타나고 있음을 보여주고 있다. 이처럼 시민단체가 정부정책에 영향을 미치는 것에 대해 보수적인 성향의 시민들이 진보적인 성향의 시민들에 비해 부정적인 인식을 갖고 있는 것은 사회개혁과 권익 주창의 성격이 강한 한국의 시민단체에 대해 보수 성향의 시민들이 아직은 부정적인 시각으로 바라보고 있음을 보여주는 결과라고 할 수 있다. 이는 일부 보수 단체들이 시민단체나 진보 진영의 활동에 맞대응하는 반대집회를 개최하거나 행사를 방해하는 모습들에서도 나타나고 있는 현상들이다.

2. 갈등 해결에 있어 시민단체의 역할에 대한 시민 의식

일반적으로 갈등을 해결하는 제3자의 역할에 대해 도이치(Deutsch, 1973; 김영수, 2004: 69-70 재인용)는 첫째, 갈등 당사자들이 갈등 이슈들을 밝히고 문제에 직면할 수 있도록 도와주는 역할, 둘째, 대화에 필요한 우호적인 분위기를 만들어 주는 역할, 셋째, 갈등 당사자들 간의 상호이해를 발전시켜줄 의사소통 과정에 방해가 되는 역할을 제거해 주는 역할, 넷째, 갈등 당사자들이 서로 만족할 수 있는 합의에 도달할 수 있도록 강압적인 방법보다는 설득하고, 상호존중하며, 공개적인 의사소통 방법과 같은 합리적인 방식의 상호작용이 이루어질 수 있는 협상 규범을 확립하는 역할, 다섯째, 가능한 해결방안을 결정하는 것을 도와주거나, 해결책에 대한 조언을 하는 역할, 여섯째, 갈등 당사자들이 수용할 수 있는 시험적인 합의안을 도출할 수 있도록 도와주는 역할, 일곱째, 갈등과 관련된 이해 당사자들의 명예와 이해관계에 도움이 되는 합의를 유도하는 역할을 들고 있다. 그리고 이달곤 등(2002: 7-8) 은 갈등 과정에서 제3자인 조정자가 수행하는 역할에 대해 첫째, '대화의 통로 제공자'로서의 역할, 둘째, '합의 형성자(formulator)'로서의 역할, 셋째, '협상 조절자(manipulator)'로서의 역할로 분류하고 있다.

그렇다면 한국의 시민들은 공공갈등을 해결하는 데 있어 시민단체의 역할에 대해 어떻게 생각하고 있는가? 이에 대해 단국대학교 분쟁해결연구센터는 '갈등 및 분쟁에 관한 국민 의식 조사(2008~2013)'에서 "선생님께서는 우리 사회의 갈등을 해결하는 데 있어 시민단체의 개입이 필요하다고 보십니까? 아니면 불필요하다고 보십니까?"라는 질문을 통해 알아보고자 하였다. 이를 성별, 연령별, 학력별, 이념 성향별로 나누어 살펴보면 다음과 같다.

먼저, 우리 사회의 공공갈등을 해결하는 데 있어 시민단체의 역할에 대해 성별로 어떻게 생각하고 있는지 알아보았다. 〈표 5-5〉는 이에 대한 결과를 보여주고 있는데, '전혀 필요없다'와 '별로 필요없는 편이다'를 합한 '필요없다'는 부정적인 인식과 '약간 필요한 편이다'와 '매우 필요하다'를 합한 '필요하다'는 긍정적인 인식에 있어서 연도별로 조금씩의 차이는 있지만 첫째, 남성과 여성 모두 공공갈등 해결에 있어 시민단체의 역할에 대해 긍정적으로 인식하는 비율이 부정적으로 인식하는 비율보다 높지만, 전체적으로 여성이 남성보다 긍정적으로 인식하는 비율이 높게 나타나고 있다. 둘째, 2010년까지 증가하던 긍정적인 인식의 비율이 2011년부터 낮아지고 있는 경향을 보이고 있는데, 이는 공공갈등의 발생 빈도가 증가하고 장기화되면서 공공갈등에 있어 시민단체의 역할에 대해 점점 부정적인 인식이 높아지고 있는 것이라고 할 수 있다.

〈표 5-5〉 **갈등 해결에 있어 시민단체의 역할에 대한 성별 인식**(단위: 명/%)

연도	구분	전혀 필요없다	별로 필요없는 편이다	약간 필요한 편이다	매우 필요하다	보통이다/모름/무응답
2008	남자	35(8%)	47(10%)	225(49%)	148(32%)	5(1%)
	여자	23(4%)	39(7%)	274(50%)	191(35%)	16(3%)
2009	남자	32(6%)	51(10%)	259(52%)	140(28%)	14(3%)
	여자	14(3%)	33(6%)	282(54%)	166(32%)	31(6%)
2010	남자	29(6%)	37(8%)	271(58%)	130(28%)	4(1%)
	여자	10(2%)	33(6%)	303(56%)	160(29%)	37(7%)
2011	남자	29(6%)	79(16%)	288(59%)	77(16%)	19(4%)
	여자	12(2%)	59(12%)	304(60%)	98(19%)	35(7%)
2012	남자	25(6%)	53(12%)	248(55%)	99(22%)	22(5%)
	여자	18(3%)	47(8%)	330(59%)	133(24%)	31(6%)
2013	남자	44(9%)	59(12%)	285(60%)	63(13%)	22(5%)
	여자	17(3%)	49(9%)	349(63%)	103(19%)	33(6%)
2014	남자	44(9%)	65(13%)	287(58%)	87(18%)	10(2%)
	여자	15(3%)	50(10%)	328(65%)	93(18%)	21(4%)

우리 사회의 공공갈등을 해결하는 데 있어 시민단체의 역할에 대해 연령별로 어떻게 생각하고 있는지 알아보았다. 〈표 5-6〉은 이에

〈표 5-6〉 갈등 해결에 있어 시민단체의 역할에 대한 연령별 인식

(단위: 명/%)

연도	구분	전혀 필요없다	별로 필요없는 편이다	약간 필요한 편이다	매우 필요하다	보통이다/모름/무응답
2008	19~29세	1(1%)	8(4%)	100(56%)	67(38%)	2(1%)
	30대	6(3%)	12(6%)	109(52%)	81(39%)	0(0%)
	40대	18(7%)	20(8%)	112(46%)	88(37%)	3(1%)
	50대	10(6%)	25(14%)	82(47%)	53(30%)	6(3%)
	60대 이상	23(12%)	21(11%)	96(48%)	50(25%)	10(5%)
2009	19~29세	2(1%)	7(5%)	70(49%)	62(43%)	3(2%)
	30대	2(1%)	8(4%)	104(58%)	66(37%)	0(0%)
	40대	13(5%)	22(8%)	143(54%)	75(29%)	10(4%)
	50대	9(5%)	24(12%)	104(53%)	55(28%)	6(3%)
	60대 이상	20(8%)	23(10%)	120(51%)	48(20%)	26(11%)
2010	19~29세	2(1%)	11(7%)	86(53%)	61(38%)	1(1%)
	30대	5(3%)	11(6%)	102(52%)	77(39%)	0(0%)
	40대	8(4%)	7(3%)	134(59%)	71(31%)	7(3%)
	50대	12(6%)	15(7%)	128(62%)	43(21%)	8(4%)
	60대 이상	12(5%)	26(12%)	124(55%)	38(17%)	25(11%)
2011	19~29세	3(2%)	16(10%)	105(64%)	32(20%)	7(4%)
	30대	9(5%)	15(9%)	102(62%)	36(22%)	3(2%)
	40대	5(2%)	26(12%)	122(56%)	55(25%)	8(4%)
	50대	10(5%)	25(12%)	124(61%)	28(14%)	15(7%)
	60대 이상	14(6%)	56(22%)	139(55%)	24(9%)	21(8%)
2012	19~29세	2(1%)	12(8%)	80(56%)	43(30%)	5(4%)
	30대	4(2%)	12(7%)	94(58%)	48(29%)	5(3%)
	40대	12(5%)	20(9%)	138(59%)	53(23%)	12(5%)
	50대	11(5%)	22(10%)	134(60%)	49(22%)	9(4%)
	60대 이상	14(6%)	34(14%)	132(55%)	39(16%)	22(9%)

연도	구분	전혀 필요없다	별로 필요없는 편이다	약간 필요한 편이다	매우 필요하다	보통이다/모름/무응답
2013	19~29세	3(2%)	12(8%)	99(65%)	37(24%)	2(1%)
	30대	3(2%)	14(8%)	121(72%)	25(15%)	4(2%)
	40대	11(5%)	19(9%)	145(65%)	43(19%)	5(2%)
	50대	14(6%)	26(11%)	144(63%)	35(15%)	9(4%)
	60대 이상	30(12%)	37(15%)	125(49%)	26(10%)	35(14%)
2014	19~29세	4(2%)	13(7%)	125(70%)	33(19%)	3(2%)
	30대	16(8%)	14(7%)	116(61%)	45(24%)	0(0%)
	40대	13(6%)	26(12%)	118(55%)	50(23%)	6(3%)
	50대	15(8%)	26(13%)	121(61%)	30(15%)	7(4%)
	60대 이상	12(5%)	38(17%)	134(61%)	22(10%)	15(7%)

대한 결과를 보여주고 있는데, 공공갈등 해결에 있어 시민단체의 역할에 대해 부정적인 인식과 긍정적인 인식에 있어서 연도별로 차이는 있지만 첫째, 전 연령대에서 공공갈등 해결에 있어 시민단체의 역할에 대해 긍정적으로 인식하는 비율이 부정적으로 인식하는 비율보다 높게 나타나고 있지만, 19세~29세까지 가장 높게 나타나던 긍정적인 인식의 비율은 연령이 높아질수록 그 비율이 점점 낮아지고 있고, 60대 이상에서는 비록 긍정적으로 인식하는 비율이 높기는 하지만 다른 연령대와 비교하여 큰 차이가 있음을 보여주고 있다. 둘째, 다른 연도에 비해 2011년에 전 연령대에서 시민단체의 역할에 대해 긍정적으로 인식하는 비율이 현저하게 낮은 것으로 나타나고 있는데, 이는 2011년에 시민들이 가장 심각하다고 응답한 공공갈등이 시민들이 인식에 영향을 미친 결과라고 할 수 있다.[5)]

5) 2011년도의 '갈등 및 분쟁에 관한 국민의식조사'에서 "올해 우리나라에 있

〈표 5-7〉 갈등 해결에 있어 시민단체의 역할에 대한 학력별 인식

(단위: 명/%)

연도	구분	전혀 필요없다	별로 필요없는 편이다	약간 필요한 편이다	매우 필요하다	보통이다/모름/무응답
2008	중졸 이하	11(7%)	16(9%)	78(46%)	50(30%)	14(8%)
	고졸	16(5%)	23(7%)	164(52%)	109(35%)	3(1%)
	대재 이상	31(6%)	47(9%)	254(49%)	179(35%)	3(1%)
2009	중졸 이하	4(2%)	15(7%)	107(53%)	47(23%)	28(14%)
	고졸	14(5%)	18(6%)	177(58%)	94(31%)	2(1%)
	대재 이상	28(6%)	49(10%)	248(50%)	162(33%)	9(2%)
2010	중졸 이하	5(3%)	9(5%)	88(52%)	35(21%)	33(19%)
	고졸	12(4%)	25(8%)	190(59%)	91(28%)	4(1%)
	대재 이상	22(4%)	36(7%)	296(57%)	164(31%)	4(1%)
2011	중졸 이하	5(2%)	39(18%)	126(59%)	20(9%)	25(12%)
	고졸	11(4%)	52(17%)	185(61%)	44(15%)	11(4%)
	대재 이상	25(5%)	45(10%)	273(58%)	108(23%)	16(3%)
2012	중졸 이하	7(4%)	21(11%)	103(56%)	29(16%)	23(13%)
	고졸	10(3%)	30(10%)	173(55%)	84(27%)	15(5%)
	대재 이상	25(5%)	49(10%)	296(60%)	116(23%)	10(2%)
2013	중졸 이하	10(6%)	17(10%)	93(55%)	22(13%)	28(16%)
	고졸	21(7%)	32(11%)	189(64%)	40(14%)	13(4%)
	대재 이상	29(5%)	58(11%)	347(63%)	104(19%)	13(2%)
2014	중졸 이하	7(6%)	20(17%)	70(59%)	8(7%)	14(12%)
	고졸	21(7%)	32(10%)	206(66%)	47(15%)	7(2%)
	대재 이상	31(6%)	63(11%)	332(59%)	124(22%)	9(2%)

었던 갈등 중 가장 심각한 것은 무엇이었다고 생각하십니까?"라는 질문에 대해 시민들은 ① 무상급식 갈등(35.1%), ② 반값등록금 갈등(29.9%), ③ 한진중공업 노사갈등(12.5%)의 순으로 가장 심각한 갈등이라고 응답하였다. 이들 공공갈등은 같은 해 발생했던 여타 공공갈등과 비교하여 시민단체의 개입이 활발했던 갈등이라고 할 수 있다.

우리 사회의 갈등을 해결하는 데 있어 시민단체의 역할에 대해 학력별로 어떻게 생각하고 있는지 알아보았다. 〈표 5-7〉은 이에 대한 결과를 보여주고 있는데, 공공갈등 해결에 있어 시민단체의 역할에 대해 부정적인 인식과 긍정적인 인식에 있어서 연도별로 차이는 있지만 첫째, 학력에 관계없이 공공갈등 해결에 있어 시민단체의 역할에 대해 긍정적으로 인식하는 비율이 부정적으로 인식하는 비율보다 높게 나타나고 있지만, 중졸 이하가 가장 낮은 것으로 나타나고 있다. 둘째, 대체적으로 학력이 높아질수록 긍정적으로 인식하는 비율이 높아지고 있지만, 고졸과 대재 이상은 큰 차이가 없으며, 비록 큰 차이는 없지만 2008년, 2009년 2010년에 있어 긍정적으로 인식하는 비율이 대재 이상보다 고졸이 높게 나타나고 있다. 셋째, 앞의 연령별로 구분해서 살펴본 결과와 마찬가지로 학력에 관계없이 긍정적으로 인식하는 비율에 있어 2011년이 가장 낮은 것으로 나타나고 있다.

우리 사회의 갈등을 해결하는 데 있어 시민단체의 역할에 대해 이념 성향별로 어떻게 생각하고 있는지 알아보았다. 〈표 5-8〉은 이에 대한 결과를 보여주고 있는데, 공공갈등 해결에 있어 시민단체의 역할에 대해 부정적인 인식과 긍정적인 인식에 있어서 연도별로 차이는 있지만 첫째, 이념 성향에 관계없이 공공갈등 해결에 있어 시민단체의 역할에 대해 긍정적으로 인식하는 비율이 부정적으로 인식하는 비율보다 높게 나타나고 있지만, 보수적인 성향의 시민들이 진보적인 성향의 시민들보다 긍정적으로 인식하는 비율이 낮으며, 중도와 진보 성향으로 갈수록 긍정적으로 인식하는 비율이 높게 나타나고 있다.

둘째, 다른 연도와 비교하여 매우 이례적인 현상으로서 2009년과 2010년에는 중도적인 성향에서 긍정적으로 인식하는 비율이 가장 높게 나타났으며, 다음으로 보수적인 성향의 시민이고 진보적인 성향의 시민들이 가장 낮게 나타나고 있는데, 이 또한 2009년과 2010년에 시민들이 가장 심각하다고 응답한 공공갈등이 시민들의 인식에 영향을 미친 결과라고 할 수 있다. 즉, 2009년과 2010년의 '갈등 및 분쟁에 관한 국민 의식 조사'에서 "올해 우리나라에 있었던 갈등 중 가장 심각한 것은 무엇이었다고 생각하십니까?"라는 질문에 대해 시민들은 2009년에는 용산참사(20.8%), 4대강 논란(20.5%), 세종시 논란(20.2%), 쌍용자동차 노사갈등(16.7%), 미디어법 논란(14.5%)의 순으로 심각하다고 응답하였으며, 2010년에는 4대강 논란(53.2%), 천안함 진실 공방(15.0%), 세종시 논란(8.9%) 등의 순으로 심각하다고 응답하였다. 그런데 이러한 갈등은 대체적으로 정부의 의지대로 해결되거나 정책이 추진되었는데, 진보적인 성향의 시민들이 인식하기에 이러한 원인이 시민단체들의 대응이 미흡했기 때문이라고 인식함으로써 이러한 결과가 나타났다고 할 수 있다. 이러한 경향은 2009년과 2010년에 진보적인 성향의 시민들이 공공갈등 해결에 있어 시민단체의 역할에 대한 부정적인 인식이 약간 증가하거나 오히려 낮아진 반면, 보통이다/모름/무응답의 비율이 20%대로 크게 증가한 것에서도 알 수 있는데 이는 진보적인 성향의 시민들이 시민단체의 역할에 대해 유보적인 태도를 보인것이라고 할 수 있다.

〈표 5-8〉 갈등 해결에 있어 시민단체의 역할에 대한 이념 성향별 인식

(단위: 명/%)

연도	구분	전혀 필요없다	별로 필요없는 편이다	약간 필요한 편이다	매우 필요하다	보통이다/모름/무응답
2008	매우 보수적	3(18%)	1(6%)	5(29%)	8(47%)	0(0%)
	보수적	33(10%)	43(13%)	146(45%)	94(29%)	7(2%)
	중도적	9(3%)	27(8%)	180(55%)	103(32%)	7(2%)
	진보적	6(2%)	7(3%)	130(52%)	105(42%)	2(1%)
	매우 진보적	2(13%)	1(6%)	3(19%)	10(63%)	0(0%)
2009	매우보수적	20(6%)	33(11%)	183(59%)	67(22%)	6(2%)
	보수적	17(5%)	32(9%)	217(59%)	89(24%)	10(3%)
	중도적	3(1%)	9(4%)	79(37%)	121(57%)	0(0%)
	진보적	6(4%)	10(7%)	62(46%)	29(21%)	29(21%)
2010	매우 보수적	25(7%)	34(10%)	208(61%)	63(18%)	12(4%)
	보수적	9(3%)	21(7%)	189(62%)	79(26%)	8(3%)
	중도적	5(2%)	11(4%)	128(48%)	123(46%)	1(0%)
	진보적	0(0%)	4(4%)	49(50%)	25(26%)	20(20%)
2011	매우 보수적	3(13%)	4(17%)	12(52%)	2(9%)	2(9%)
	보수적	22(7%)	58(19%)	174(58%)	32(11%)	14(5%)
	중도적	12(4%)	50(15%)	208(62%)	51(15%)	16(5%)
	진보적	3(1%)	10(5%)	125(59%)	72(34%)	3(1%)
	매우 진보적	0(0%)	1(5%)	13(62%)	6(29%)	1(5%)
2012	매우 보수적	6(14%)	11(25%)	19(43%)	5(11%)	3(7%)
	보수적	17(6%)	48(16%)	186(61%)	47(15%)	6(2%)
	중도적	12(4%)	26(8%)	205(61%)	76(23%)	16(5%)
	진보적	2(1%)	7(4%)	111(57%)	73(37%)	2(1%)
	매우 진보적	1(4%)	1(4%)	7(25%)	17(61%)	2(7%)
2013	매우보수적	12(27%)	13(30%)	15(34%)	3(7%)	1(2%)
	보수적	30(9%)	37(11%)	212(65%)	35(11%)	10(3%)
	중도적	12(3%)	45(12%)	245(66%)	54(15%)	13(4%)
	진보적	3(2%)	7(4%)	102(60%)	52(31%)	6(4%)
	매우 진보적	0(0%)	0(0%)	5(38%)	8(62%)	0(0%)
2014	매우보수적	15(38%)	5(13%)	14(35%)	4(10%)	2(5%)
	보수적	24(8%)	51(17%)	183(61%)	35(12%)	6(2%)
	중도적	16(4%)	37(10%)	244(68%)	57(16%)	7(2%)
	진보적	2(1%)	15(7%)	122(60%)	59(29%)	4(2%)
	매우 진보적	0(0%)	2(9%)	8(36%)	12(55%)	0(0%)

Ⅳ. 요약 및 결론

우리나라 시민들은 시민단체에 대해 어떠한 인식을 하고 있을까? 좀 더 구체적으로 시민단체가 정부의 정책 추진에 영향을 미치는 것과 공공갈등 해결에 개입하는 것에 대해 시민들은 어떻게 인식하고 있으며 시민들의 인식은 연도별로 차이가 있는가? 단국대학교 분쟁해결연구센터는 이명박 정부가 출범한 2008년부터 '갈등 및 분쟁에 관한 국민 의식 조사'를 매년 11월 말경에 실시하고 있는데, 본 글에서는 위의 질문과 관련된 시민들의 인식을 성별, 연령별, 학력별, 이념 성향별로 구분하여 분석하였다.

먼저, 시민단체가 정부 및 지방자치단체의 정책에 영향을 미치는 것에 대해 어떻게 생각하고 있는가를 살펴본 결과, 필요하다는 긍정적인 인식이 남녀 모두에게서 높게 나타나고 있지만, 공공갈등 발생 빈도가 높아지고 점점 장기화되는 추세에 따라 2011년부터 긍정적인 인식이 낮아지고 있으며 특히 남성의 경우 2013년에 부정적인 인식과 긍정적인 인식이 같은 비율로 나타났다. 다음으로 젊은 세대일수록 정부의 정책이 투명하고 공정하게 집행될 수 있도록 시민단체가 견제와 감시의 역할을 해주기를 바라는 긍정적인 인식의 비율이 높게 나타나고 있지만, 60대 이상에서는 반대로 부정적인 인식이 긍정적인 인식보다 높게 나타났다. 마찬가지로 학력이 높을수록 긍정적인 인식이 높게 나타났으며, 진보적인 성향의 시민들은 시민단체가 정부정책에 영향을 미치는 것에 대해 필요하다고 인식하고 있지만, 시민단체를 비교적 부정적으로 바라보고 있는 보수적인 성향의 시민들은 불필요하다는 인식이 높게 나타났다.

다음으로 공공갈등 해결에 있어 시민단체의 개입에 대해 어떻게 생각하고 있는가를 살펴본 결과, 남녀 모두에게서 필요하다는 긍정적인 인식의 비율이 높았지만, 정부정책에 영향을 미치는 것에 대한 인식과 마찬가지로 2011년부터 긍정적인 인식의 비율이 낮아지고 있는 것으로 나타났다. 연령별로는 전 연령대에서 시민단체의 개입에 대해 긍정적으로 인식하고 있지만, 연령이 높아질수록 그 비율이 낮아지고 있는 것으로 나타났다. 학력별로 구분하여 살펴보면, 학력에 관계없이 시민단체의 개입에 대해 긍정적으로 인식하는 비율이 부정적으로 인식하는 비율보다 높지만, 중졸이하에서 긍정적으로 인식하는 비율이 가장 낮았으며 고졸과 대재이상은 큰 차이가 없는 것으로 나타났다. 특히 2011년은 다른 연도와 비교하여 연령별로나 학력별로 공공갈등 해결에 있어 시민단체의 개입에 대해 긍정적으로 인식하는 비율이 현저하게 낮게 나타났는데, 이는 2011년에 발생한 공공갈등이 시민들의 인식에 영향을 미쳤기 때문이다.

마지막으로 이념 성향별로 분석했을 때 전체적으로는 보수적인 성향과 진보적인 성향의 시민들 모두 긍정적으로 인식하는 비율이 높았지만, 진보적인 성향의 시민들이 보수적인 성향의 시민보다 긍정적으로 인식하는 비율이 높게 나타났다. 그러나 2009년과 2010년에는 당해 연도에 발생한 공공갈등에 대응하는 시민단체들의 역량에 실망한 진보적인 성향의 시민들이 공공갈등 해결에 시민단체가 개입하는 것에 유보적인 입장을 표명함으로써 보수적 또는 중도적인 성향의 시민들보다 긍정적으로 인식하는 비율이 낮게 나타났다.

공공갈등으로 인해 발생하는 사회적 비용으로 인해 한국 사회 공공갈등의 심각성에 대한 우려가 증가하고 있다. 그러나 민주주의 사회에서 다양한 의견이 존재하고 이러한 다양성이 사회 발전에 밑거름이 된다는 점을 고려한다면 공공갈등 또한 어떻게 관리하느냐에 따라 사회 발전에 순기능의 역할을 할 수도 있다. 본 연구는 시민단체가 정부정책에 영향을 미치는 것과 공공갈등 해결에 개입하는 것에 대해 필요하다고 인식하는 비율이 불필요하다고 인식하는 비율보다 높게 나타나고 있음을 보여주고 있다. 따라서 시민단체가 보다 전문성을 갖추고 객관성과 정당성을 확보하여 정부정책을 견제하고 감시하며 공공갈등 해결의 조력자로 활동한다면 한국 사회 발전에 매우 큰 역할을 할 수 있을 것이다.

참고 문헌

강영진(2000), 『 갈등분쟁 해결 매뉴얼』. 서울: 성공회대 출판부.

권해수(1999), 「시민단체의 조직화 과정과 정책변화에 대한 영향력 비교 연구」, 『한국 사회와 행정연구』 10-1: 145-158.

김선혁(2003), 「시민사회론과 행정학: 행정학적 시민사회론의 모색」, 『한국행정학보』 37-4: 39-55.

김영수(2004), 『시민단체의 갈등중재역할』, 파주: 한국학술정보.

김준기(2006), 『정부와 NGO』. 서울: 박영사.

김태기(2005), 「갈등 해결정책의 문제점과 개선방안」, 『분쟁해결연구』 3-2: 97-124.

김태기(2012), 『공공갈등의 정치경제학』, 서울: 신양사.

김태영(2002), 「정부-NGO 간 파트너십의 정치경제학」, 『정부학연구』 8-1: 130-158.

김학린(2011), 「한국 공공갈등의 생애주기별 특징에 대한 경험적 분석」, 『한국 사회와 행정연구』 22-3: 47-67.

대통령자문 지속가능발전위원회 편(2005), 『공공갈등 관리의 이론과 기법 上』, 서울: 논형.

박동서(2000), 「한국 NGO의 활동방향」, 박재창 편, 『정부와 NGO』, 서울: 법문사.

박상필(2001), 『NGO와 현대사회』, 서울: 아르케.

시민의신문사(2003), 『한국민간단체총람』, Volume 1.

신동준 · 김광수 · 김재온(2005), 「한국 시민단체의 성장에 대한 양적 연구」, 『조사연구』 6-2: 75-101.

안순철 · 임재형(2009), 「한국의 공공분쟁해결에 있어 시민단체의 역할에 대한 기대와 현실」, 『분쟁해결연구』 7-2: 49-75.
이달곤 · 전주상(2002), 「지방자치단체장의 갈등조정: 서울시 '시민과 시장의 토요 데이트' 분석」, 『행정논총』 40-3: 1-24.
임재형(2007), 「한국의 공공분쟁에 있어서 시민단체의 개입이 분쟁기간에 미치는 영향에 관한 경험적 연구」, 『정치 · 정보연구』 10-2: 219-235.
임재형(2013), 「시민단체의 개입이 공공분쟁 기간에 미치는 영향」, 『사회과학연구』 39-1: 123-140.
정수복(1996), 『참여민주주의를 위한 시민단체의 역할과 정책과제』, 서울: 박영률출판사.
정수복(2000), 「한국시민운동의 패러다임 전환 모색」, 박재창 편, 『정부와 NGO』 ,서울: 법문사.
주성수(2002), 「정부-NGO 관계와 NGO의 역할: NGO 사업공모 사례」, 『한국행정연구』 10-4: 290-318.
주성수(2006), 「한국 시민사회의 '권익주창적' 특성: CIVICUS 시민사회 지표 분석을 중심으로」, 『한국정치학회보』 40-5: 233-250.
주성수 · 남정일 · 이남석(2003), 『한국 NGO 리포트』, 서울: 한양대학교 출판부.
Deutsch, Merton(1973), *The Resolution of Conflict: Construvtive and Destructive Process*. New Haven and London: Yale University Press.
Fung, A.(2003), "Associations and Democracy," *Annual Review of Sociology*. 29: 515-539.
Hall, Peter Dobkin(1992). *Investing the Nonprofit Sector: Essays on Philanthropy, Voluntarism and Nonprofit Organization*. Johns Hopkins University Press.

부 록

갈등 및 분쟁에 관한 시민인식조사 (2008년~2014년)

접근문	갈등 및 분쟁에 관한 시민인식조사 (2008.11)				

안녕하세요? 여기는 서울 서초구 잠원동 46-3에 위치한 여론조사 전문기관인 리서치앤리서치입니다. 저희는 단국대학교 분쟁해결연구센터의 의뢰로 우리 사회의 갈등에 대해 전국민을 대상으로 여론조사를 실시하고 있습니다. 선생님의 답변은 통계법에 의해 엄격히 보호됩니다. 바쁘시더라도 문항이 몇 개 안되니 잠시만 시간을 내어 주시면 고맙겠습니다.

SQ1. 거주지
① 서울 ② 부산 ③ 대구 ④ 인천 ⑤ 광주 ⑥ 대전 ⑦ 울산 ⑧ 경기
⑨ 강원 ⑩ 충북 ⑪ 충남 ⑫ 전북 ⑬ 전남 ⑭ 경북 ⑮ 경남 ⑯ 제주

SQ2. 성별(목소리로 판단할 것!) ① 남자 ② 여자

SQ3. 선생님의 연령은 올해 만으로 어떻게 되십니까? (만 19세 미만 면접중단) 만 (__________) 세
① 19-29세 ② 30대 ③ 40대 ④ 50대 ⑤ 60대 이상

※(반드시 읽어줄 것) 본 조사에서 '갈등'이란 '둘 이상의 단체 또는 개인이 서로 이해관계, 가치, 목표 등이 상충되는 상태'를 뜻합니다. 먼저 우리나라의 갈등에 대해 몇 가지 여쭙겠습니다.

1. 선생님께서는 과거에 비해, 2008년 한 해 동안 집회 및 시위가 많았다고 생각하십니까?
   ① 전혀 그렇지 않다 ② 별로 그렇지 않다 ③ 그렇다 ④ 매우 그렇다
   ⑤ 보통이다/모름/무응답 (☞ 불러주지 말 것!)

2. 선생님께서는 과거에 비해, 2008년 한 해 동안 집회 및 시위가 격렬해졌다고 생각하십니까?
   ① 전혀 그렇지 않다 ② 별로 그렇지 않다 ③ 그렇다 ④ 매우 그렇다
   ⑤ 보통이다/모름/무응답 (☞ 불러주지 말 것!)

3. 선생님께서는 2008년 우리나라의 갈등 상황이 전반적으로 어떻다고 생각하십니까?
   ① 전혀 갈등이 없었다 ② 별로 갈등이 없는 편이었다 ③ 약간 갈등이 있는 편이었다 ④ 매우 갈등이 심했다
   ⑤ 보통이다/모름/무응답 (☞ 불러주지 말 것!)

4. 선생님께서는 다음에 불러드리는 항목에 대해 어떻게 생각하시는지 답변해주시기 바랍니다.

번호	항목	전혀 갈등이 없었다	별로 갈등이 없었다	약간 갈등이 있었다	매우 갈등이 심했다	모름/무응답 (불러주지 말 것)
1	환경 갈등	①	②	③	④	⑤
2	이념 갈등	①	②	③	④	⑤
3	노사 갈등	①	②	③	④	⑤
4	지방자치단체 간 갈등	①	②	③	④	⑤
5	빈부 갈등	①	②	③	④	⑤
6	교육 관련 갈등	①	②	③	④	⑤

5. 선생님께서는 2008년 한 해 동안 우리나라에 있었던 갈등이 잘 해결됐다고 생각하십니까?
   ① 전혀 그렇지 않다 ② 별로 그렇지 않다 ③ 그렇다 ④ 매우 그렇다
   ⑤ 보통이다/모름/무응답 (☞ 불러주지 말 것!)

6. 선생님께서는 우리나라의 갈등 상황을 해결하기 위해 누가 중요한 역할을 해야 한다고 생각하십니까? 두 가지만 선택해 주십시오. (R)
   ① 입법부인 **국회** ② 행정부인 **정부** ③ 사법부인 **법원**
   ④ 시민단체 ⑤ 당사자간 합의 ⑥ 기타 (적을 것: __________)

7. 2008년 한 해 동안 집회 및 시위에 대한 관계기관의 대응은 어떠했다고 생각하십니까?
   ① 매우 잘못 대응했다 ② 잘못 대응한 편이다 ③ 잘 대응한 편이다 ④ 매우 잘 대응했다
   ⑤ 보통이다/모름/무응답 (☞ 불러주지 말 것!)

8. 선생님께서는 우리사회의 갈등을 해결하는 데 있어 시민단체의 개입이 필요하다고 보십니까? 아니면 불필요하다고 보십니까?
   ① 전혀 필요없다 ② 별로 필요없는 편이다 ③ 약간 필요한 편이다 ④ 매우 필요하다
   ⑤ 보통이다/모름/무응답 (☞ 불러주지 말 것!)

9. 2008년 한 해 동안 선생님께서는 집회나 시위에 참석하신 경험이 한 번이라도 있으십니까?
① 없다 ② 있다

9-1. (문9의 ②번 응답자만) 그렇다면 몇 번 참석하셨습니까? 약 (______________) 회

10. 지금 우리 사회가 경험하는 갈등이 민주주의 발전에 긍정적이라고 보십니까? 부정적이라고 보십니까?
① 매우 부정적이다 ② 부정적인 편이다 ③ 긍정적인 편이다 ④ 매우 긍정적이다
⑤ 보통이다/모름/무응답 (☞ 불러주지 말 것!)

11. 앞으로 우리 사회의 갈등이 증가할 것이라고 생각하십니까? 감소할 것이라고 생각하십니까?
① 갈등이 매우 증가할 것이다 ② 갈등이 약간 증가할 것이다 ③ 갈등이 감소할 것이다
④ 갈등이 매우 감소할 것이다 ⑤ 보통이다/모름/무응답 (☞ 불러주지 말 것!)

12. 앞으로 우리 사회의 갈등이 점차 잘 해결될 것이라고 보십니까? 해결이 점차 어려워질 것이라고 보십니까?
① 갈등이 해결되기 매우 어려울 것이다 ② 갈등이 해결되기 약간 어려울 것이다
③ 갈등이 약간 잘 해결될 것이다 ④ 갈등이 매우 잘 해결될 것이다
⑤ 보통이다/모름/무응답 (☞ 불러주지 말 것!)

13. 선생님께서 2008년 한 해 동안 주로 접한 매체는 무엇입니까? (R)
① 텔레비전 방송 ② 케이블 방송 ③ 신문 ④ 인터넷 ⑤ 기타

14. 선생님께서는 2008년 한 해 동안 우리나라의 갈등 상황에 대해 주로 어디를 통해 알게 되셨습니까? (R)
① 텔레비전 방송 ② 신문 ③ 인터넷 ④ 주변 사람들에게 들어서 ⑤ 직접 경험해서
⑥ 기타 (적을 것: ________________________)

15. 선생님께서는 2008년 한 해 동안 가정, 직장, 또는 주변 사람들과 갈등을 겪은 경험이 있으십니까?
① 전혀 갈등이 없었다 ② 별로 갈등이 없었다 ③ 약간 갈등이 있었다 ④ 매우 갈등이 심했다
⑤ 보통이다/모름/무응답 (☞ 불러주지 말 것!)

※ 이제 끝으로 통계처리를 위해 몇 가지 여쭙겠습니다 ※

DQ1. 실례지만 학교는 어디까지 마치셨습니까? ① 중졸이하 ② 고졸 ③ 대재이상 ④ 모름/무응답(☞불러주지 말 것)

DQ2. 선생님의 직업은 무엇입니까?
① 농/임/어업 종사자 (가족 종사자 포함)
② 자영업자 (소규모 장사 및 가족종사자, 개인택시운전사 등)
③ 입법공무원/ 고위임직원 및 관리자 (정부/기업 고위 임원, 일반관리자 등)
④ 전문가 (의사, 약사, 변호사, 회계사, 교수, 작가, 예술가 등)
⑤ 기술공 및 준전문가 (컴퓨터 관련 준전문가, 경찰, 소방수, 철도기관사, 운동선수, 연예인, 종교인 등)
⑥ 사무종사자 (일반사무 종사자, 공무원, 교사 등)
⑦ 서비스종사자 (이미용사, 보안서비스 종사자, 음식서비스 종사자등)
⑧ 판매종사자 (상점점원, 보험설계사, 나레이터 모델 및 홍보종사자 등)
⑨ 기능원 및 관련기능 종사자 (광부, 전기/전자장비 설비 및 정비 종사자, 수공예 종사자 등)
⑩ 장치/기계조작 및 조립종사자 (건설 및 기타 이동장치 운전종사자, 자동차 운전 종사자 등)
⑪ 단순노무종사자 (배달, 운반, 세탁, 기사, 청소원, 경비원 등)
⑫ 학생 ⑬ 전업주부 ⑭ 직업군인 ⑮ 무직 ⑯ 기타 ⑰ 모름/무응답(☞불러주지 말 것!)

DQ3. 선생님 아버님의 고향은 어디십니까? (결혼한 주부일 경우 친정아버지의 고향을 물을 것)
① 서울 ② 인천/경기 ③ 대전/충청 ④ 광주/전라 ⑤ 대구/경북
⑥ 부산/울산/경남 ⑦ 강원 ⑧ 제주/이북/기타 ⑨ 모름/무응답(☞불러주지 말 것)

DQ4. 선생님 댁 가족 전체의 보너스를 포함한 월평균 소득은 얼마입니까?
① 70만원이하 ② 71~100만원 ③ 101~150만원 ④ 151~200만원 ⑤ 201~250만원
⑥ 251~300만원 ⑦ 301~400만원 ⑧ 401~500만원 ⑨ 501만원 이상 ⑩ 모름/무응답(☞불러주지 말 것)

DQ5. 선생님께서는 본인이 정치적으로 어느 정도 보수적 또는 진보적이라고 생각하십니까?
① 매우 보수적 ② 보수적인 편 ③ 중도적 ④ 진보적인 편 ⑤ 매우 진보적
⑥ 모름/무응답 (☞불러주지 말 것)

접근문	갈등 및 분쟁에 관한 시민인식조사 (2009.11)

안녕하세요? 여기는 서울 서초구 잠원동 46-3에 위치한 여론조사 전문기관인 리서치앤리서치입니다. 저희는 단국대학교 분쟁해결연구센터의 의뢰로 우리 사회의 갈등에 대해 전국민을 대상으로 여론조사를 실시하고 있습니다. 선생님의 답변은 통계법에 의해 엄격히 보호됩니다. 바쁘시더라도 문항이 몇 개 안되니 잠시만 시간을 내어 주시면 고맙겠습니다.

SQ1. 거주지
① 서울 ② 부산 ③ 대구 ④ 인천 ⑤ 광주 ⑥ 대전 ⑦ 울산 ⑧ 경기
⑨ 강원 ⑩ 충북 ⑪ 충남 ⑫ 전북 ⑬ 전남 ⑭ 경북 ⑮ 경남 ⑯ 제주

SQ2. 성별(목소리로 판단할 것!) ① 남자 ② 여자

SQ3. 선생님의 연령은 올해 만으로 어떻게 되십니까? (만 19세 미만 면접중단) 만 (__________) 세
① 19-29세 ② 30대 ③ 40대 ④ 50대 ⑤ 60대 이상

※(반드시 읽어줄 것) 본 조사에서 '갈등'이란 '둘 이상의 단체 또는 개인이 서로 이해관계, 가치, 목표 등이 상충되는 상태'를 뜻합니다. 먼저 우리나라의 갈등에 대해 몇 가지 여쭙겠습니다.

1. 선생님께서는 올해 우리나라의 갈등 상황이 전반적으로 어떻다고 생각하십니까?
① 전혀 갈등이 없었다 ② 별로 갈등이 없는 편이었다 ③ 약간 갈등이 있는 편이었다 ④ 매우 갈등이 심했다
⑤ 보통이다/모름/무응답 (☞ 불러주지 말 것!)

2. 선생님께서는 과거에 비해, 올해 집회 및 시위가 많았다고 생각하십니까?
① 전혀 그렇지 않다 ② 별로 그렇지 않다 ③ 그렇다 ④ 매우 그렇다
⑤ 보통이다/모름/무응답 (☞ 불러주지 말 것!)

3. 선생님께서는 과거에 비해, 올해 집회 및 시위가 격렬해졌다고 생각하십니까?
① 전혀 그렇지 않다 ② 별로 그렇지 않다 ③ 그렇다 ④ 매우 그렇다
⑤ 보통이다/모름/무응답 (☞ 불러주지 말 것!)

4. 선생님께서는 다음에 불러드리는 항목에 대해 어떻게 생각하시는지 답변해주시기 바랍니다.

번호	항목	전혀 갈등이 없었다	별로 갈등이 없었다	약간 갈등이 있었다	매우 갈등이 심했다	모름/무응답 (불러주지 말 것)
1	환경 갈등	①	②	③	④	⑤
2	이념 갈등	①	②	③	④	⑤
3	노사 갈등	①	②	③	④	⑤
4	지방자치단체 간 갈등	①	②	③	④	⑤
5	빈부 갈등	①	②	③	④	⑤
6	교육 관련 갈등	①	②	③	④	⑤

5. 올해 우리나라에 있었던 갈등 중 가장 심각한 것은 무엇이었다고 생각하십니까?
(주관식 답변이 나오길 잠시 기다린 후 답변이 없으면 보기를 불러줄 것) (R)
① 쌍용자동차 분쟁 ② 용산 참사 ③ 미디어법 논란 ④ 4대강 논란 ⑤ 세종시 논란

6. 방금 말씀해주신 가장 심각한 갈등의 경우, 선생님께서는 갈등의 주된 **원인제공자**가 누구라고 생각하십니까?
(적을 것: ____________________)

7. 선생님께서는 올해 우리나라의 갈등 상황에 대해 주로 어디를 통해 알게 되셨습니까? (R)
① 텔레비전 방송 ② 신문 ③ 인터넷 ④ 주변 사람들에게 들어서 ⑤ 직접 경험해서
⑥ 기타 (적을 것: ____________________)

8. 선생님께서는 올해 우리나라에 있었던 갈등이 잘 해결됐다고 생각하십니까?
① 전혀 그렇지 않다 ② 별로 그렇지 않다 ③ 그렇다 ④ 매우 그렇다
⑤ 보통이다/모름/무응답 (☞ 불러주지 말 것!)

9. 선생님께서는 우리나라의 갈등 상황을 해결하기 위해 누가 중요한 역할을 해야 한다고 생각하십니까? (R)
① 입법부인 **국회** ② 행정부인 **정부** ③ 사법부인 **법원**
④ 시민단체 ⑤ 기타 (적을 것: ____________________)

10. 선생님께서는 올해 집회나 시위에 참석하신 경험이 한 번이라도 있으십니까?
① 없다 ② 있다 [있는 경우 약 (____________) 회]

11. 올해 우리 사회가 경험한 갈등이 민주주의 발전에 긍정적이라고 보십니까? 부정적이라고 보십니까?
① 매우 부정적이다 ② 부정적인 편이다 ③ 긍정적인 편이다 ④ 매우 긍정적이다
⑤ 보통이다/모름/무응답 (☞ 불러주지 말 것!)

12. 앞으로 우리 사회의 갈등이 증가할 것이라고 생각하십니까? 감소할 것이라고 생각하십니까?
① 갈등이 매우 증가할 것이다 ② 갈등이 약간 증가할 것이다 ③ 갈등이 약간 감소할 것이다
④ 갈등이 매우 감소할 것이다 ⑤ 보통이다/모름/무응답 (☞ 불러주지 말 것!)

13. 앞으로 우리 사회의 갈등이 점차 잘 해결될 것이라고 보십니까? 해결이 점차 어려워질 것이라고 보십니까?
① 갈등이 해결되기 매우 어려워질 것이다 ② 갈등이 해결되기 약간 어려워질 것이다
③ 갈등이 지금보다 약간 잘 해결될 것이다 ④ 갈등이 지금보다 매우 잘 해결될 것이다
⑤ 보통이다/모름/무응답 (☞ 불러주지 말 것!)

14. 선생님께서 올해 주로 뉴스를 접한 언론 매체는 무엇입니까? (R)
① 조선·중앙·동아 일보 ② 한겨레·경향 신문 ③ MBC TV ④ KBS TV ⑤ SBS TV ⑥ 네이버 뉴스 ⑦ 미디어 다음

15. 선생님께서는 2009년 한 해 동안 가정, 직장, 또는 주변 사람들과 갈등을 겪은 경험이 있으십니까?
① 전혀 갈등이 없었다 ② 별로 갈등이 없었다 ③ 약간 갈등이 있었다 ④ 매우 갈등이 심했다
⑤ 보통이다/모름/무응답 (☞ 불러주지 말 것!)

※ 다음 두 가지 질문은 시민단체에 관한 것입니다.

16. 시민단체가 정부 및 지방자치단체의 정책에 영향을 미치는 것에 대하여 어떻게 생각하십니까?
① 매우 부정적이다 ② 부정적인 편이다 ③ 긍정적인 편이다 ④ 매우 긍정적이다
⑤ 보통이다/모름/무응답 (☞ 불러주지 말 것!)

17. 선생님께서는 우리사회의 갈등을 해결하는 데 있어 시민단체의 개입이 필요하다고 보십니까? 아니면 불필요하다고 보십니까?
① 전혀 필요없다 ② 별로 필요없는 편이다 ③ 약간 필요한 편이다 ④ 매우 필요하다
⑤ 보통이다/모름/무응답 (☞ 불러주지 말 것!)

※ 이제 끝으로 통계처리를 위해 몇 가지 여쭙겠습니다 ※

DQ1. 실례지만 학교는 어디까지 마치셨습니까? ① 중졸이하 ② 고졸 ③ 대재이상 ④ 모름/무응답(☞불러주지 말 것)

DQ2. 선생님의 직업은 무엇입니까?
① 농/임/어업 종사자 (가족 종사자 포함)
② 자영업자 (소규모 장사 및 가족종사자, 개인택시운전사 등)
③ 입법공무원/ 고위임직원 및 관리자 (정부/기업 고위 임원, 일반관리자 등)
④ 전문가 (의사, 약사, 변호사, 회계사, 교수, 작가, 예술가 등)
⑤ 기술공 및 준전문가 (컴퓨터 관련 준전문가, 경찰, 소방수, 철도기관사, 운동선수, 연예인, 종교인 등)
⑥ 사무종사자 (일반사무 종사자, 공무원, 교사 등)
⑦ 서비스종사자 (이미용사, 보안서비스 종사자, 음식서비스 종사자등)
⑧ 판매종사자 (상점점원, 보험설계사, 나레이터 모델 및 홍보종사자 등)
⑨ 기능원 및 관련기능 종사자 (광부, 전기/전자장비 설비 및 정비 종사자, 수공예 종사자 등)
⑩ 장치/기계조작 및 조립종사자 (건설 및 기타 이동장치 운전종사자, 자동차 운전 종사자 등)
⑪ 단순노무종사자 (배달, 운반, 세탁, 기사, 청소원, 경비원 등)
⑫ 학생 ⑬ 전업주부 ⑭ 직업군인 ⑮ 무직 ⑯ 기타 ⑰ 모름/무응답(☞불러주지 말 것!)

DQ3. 선생님 아버님의 고향은 어디십니까? (결혼한 주부일 경우 친정아버지의 고향을 물을 것)
① 서울 ② 인천/경기 ③ 대전/충청 ④ 광주/전라 ⑤ 대구/경북
⑥ 부산/울산/경남 ⑦ 강원 ⑧ 제주/이북/기타 ⑨ 모름/무응답(☞불러주지 말 것)

DQ4. 선생님 댁 가족 전체의 보너스를 포함한 월평균 소득은 얼마입니까?
① 70만원이하 ② 71~100만원 ③ 101~150만원 ④ 151~200만원 ⑤ 201~250만원
⑥ 251~300만원 ⑦ 301~400만원 ⑧ 401~500만원 ⑨ 501만원 이상 ⑩ 모름/무응답(☞불러주지 말 것)

DQ5. 선생님께서는 본인이 정치적으로 어느 정도 보수적 또는 진보적이라고 생각하십니까?
① 매우 보수적 ② 보수적인 편 ③ 중도적 ④ 진보적인 편 ⑤ 매우 진보적
⑥ 모름/무응답 (☞불러주지 말 것)

접근문	갈등 및 분쟁에 관한 시민인식조사 (2010.11)

안녕하세요? 저희는 여론조사 전문기관인 리서치앤리서치입니다. 저희는 단국대학교 분쟁해결연구센터의 의뢰로 우리 사회의 갈등에 대해 전국민을 대상으로 여론조사를 실시하고 있습니다. 선생님의 답변은 통계법에 의해 엄격히 보호됩니다. 바쁘시더라도 문항이 몇 개 안되니 잠시만 시간을 내어 주시면 고맙겠습니다.

SQ1. 거주지
① 서울 ② 부산 ③ 대구 ④ 인천 ⑤ 광주 ⑥ 대전 ⑦ 울산 ⑧ 경기
⑨ 강원 ⑩ 충북 ⑪ 충남 ⑫ 전북 ⑬ 전남 ⑭ 경북 ⑮ 경남 ⑯ 제주

SQ2. 성별(목소리로 판단할 것!) ① 남자 ② 여자

SQ3. 선생님의 연령은 올해 만으로 어떻게 되십니까? (만 19세 미만 면접중단) 만 (______________) 세 <== 적을 것
① 19-29세 ② 30대 ③ 40대 ④ 50대 ⑤ 60대 이상

※(반드시 읽어줄 것) 본 조사에서 '갈등'이란 '둘 이상의 단체 또는 개인이 서로 이해관계, 가치, 목표 등이 상충되는 상태'를 뜻합니다. 먼저 우리나라의 갈등에 대해 몇 가지 여쭙겠습니다.

1. 선생님께서는 올해 우리나라의 갈등 상황이 전반적으로 어떻다고 생각하십니까?
① 전혀 갈등이 없었다 ② 별로 갈등이 없는 편이었다 ③ 약간 갈등이 있는 편이었다 ④ 매우 갈등이 심했다
⑤ 보통이다/모름/무응답 (☞ 불러주지 말 것!)

2. 선생님께서는 과거에 비해, 올해 집회 및 시위가 많았다고 생각하십니까?
① 전혀 그렇지 않다 ② 별로 그렇지 않다 ③ 그렇다 ④ 매우 그렇다
⑤ 보통이다/모름/무응답 (☞ 불러주지 말 것!)

3. 선생님께서는 과거에 비해, 올해 집회 및 시위가 격렬해졌다고 생각하십니까?
① 전혀 그렇지 않다 ② 별로 그렇지 않다 ③ 그렇다 ④ 매우 그렇다
⑤ 보통이다/모름/무응답 (☞ 불러주지 말 것!)

4. 선생님께서는 다음에 불러드리는 항목에 대해 어떻게 생각하시는지 답변해주시기 바랍니다.

번호	항목	전혀 갈등이 없었다	별로 갈등이 없었다	약간 갈등이 있었다	매우 갈등이 심했다	모름/무응답 (불러주지 말 것)
1	환경 갈등	①	②	③	④	⑤
2	이념 갈등	①	②	③	④	⑤
3	노사 갈등	①	②	③	④	⑤
4	지방자치단체 간 갈등	①	②	③	④	⑤
5	빈부 갈등	①	②	③	④	⑤
6	교육 관련 갈등	①	②	③	④	⑤

5. 올해 우리나라에 있었던 갈등 중 가장 심각한 것은 무엇이었다고 생각하십니까?
(주관식 답변이 나오길 잠시 기다린 후 답변이 없으면 보기를 불러줄 것) (R)
① 천안함 진실 공방 ② 무상급식 논란 ③ 노조전임자 임금지급 금지 논란 ④ 4대강 논란 ⑤ 세종시 논란
⑥ 민간인 사찰문제 ⑦ 전교조 명단공개 ⑧ 6.2 지방선거

6. 방금 말씀해주신 가장 심각한 갈등의 경우, 선생님께서는 갈등의 주된 **원인제공자**가 누구라고 생각하십니까?
(적을 것: ______________________)

7. 선생님께서는 올해 우리나라의 갈등 상황에 대해 주로 어디를 통해 알게 되셨습니까? (R)
① 텔레비전 방송 ② 신문 ③ 인터넷 ④ 주변 사람들에게 들어서 ⑤ 직접 경험해서
⑥ 기타 (적을 것: ______________________________)

8. 선생님께서는 올해 우리나라에 있었던 갈등이 잘 해결됐다고 생각하십니까?
① 전혀 그렇지 않다 ② 별로 그렇지 않다 ③ 그렇다 ④ 매우 그렇다
⑤ 보통이다/모름/무응답 (☞ 불러주지 말 것!)

9. 선생님께서는 우리나라의 갈등 상황을 해결하기 위해 누가 중요한 역할을 해야 한다고 생각하십니까? (R)
① 입법부인 **국회** ② 행정부인 **정부** ③ 사법부인 **법원**
④ 시민단체 ⑤ 기타 (적을 것: ____________________)

– 1 –

10. 선생님께서는 우리나라의 갈등 상황을 해결하기 위해 정부가 어느 정도의 역할을 하고 있다고 생각하십니까?
① 매우 중요한 역할을 하고 있다 ② 어느 정도 중요한 역할을 하고 있다 ③ 그다지 중요한 역할을 하고 있지 않다
④ 전혀 중요한 역할을 하고 있지 않다 ⑤ 보통이다/모름/무응답 (☞ 불러주지 말 것!)

11. 선생님께서는 올해 집회나 시위에 참석하신 경험이 한 번이라도 있으십니까?
① 없다 ② 있다 [있는 경우 약 (______________) 회]

12. 올해 우리 사회가 경험한 갈등이 민주주의 발전에 긍정적이라고 보십니까? 부정적이라고 보십니까?
① 매우 부정적이다 ② 부정적인 편이다 ③ 긍정적인 편이다 ④ 매우 긍정적이다
⑤ 보통이다/모름/무응답 (☞ 불러주지 말 것!)

13. 앞으로 우리 사회의 갈등이 증가할 것이라고 생각하십니까? 감소할 것이라고 생각하십니까?
① 갈등이 매우 증가할 것이다 ② 갈등이 약간 증가할 것이다 ③ 갈등이 약간 감소할 것이다
④ 갈등이 매우 감소할 것이다 ⑤ 보통이다/모름/무응답 (☞ 불러주지 말 것!)

14. 앞으로 우리 사회의 갈등이 점차 잘 해결될 것이라고 보십니까? 해결이 점차 어려워질 것이라고 보십니까?
① 갈등이 해결되기 매우 어려워질 것이다 ② 갈등이 해결되기 약간 어려워질 것이다
③ 갈등이 지금보다 약간 잘 해결될 것이다 ④ 갈등이 지금보다 매우 잘 해결될 것이다
⑤ 보통이다/모름/무응답 (☞ 불러주지 말 것!)

15. 선생님께서 올해 주로 뉴스를 접한 언론 매체는 무엇입니까? (R)
① 조선·중앙·동아 일보 ② 한겨레·경향 신문 ③ MBC TV ④ KBS TV ⑤ SBS TV ⑥ 네이버 뉴스 ⑦ 미디어 다음
⑧ 기타 (적을 것: ____________________)

16. 선생님께서는 2010년 한 해 동안 가정, 직장, 또는 주변 사람들과 갈등을 겪은 경험이 있으십니까?
① 전혀 갈등이 없었다 ② 별로 갈등이 없었다 ③ 약간 갈등이 있었다 ④ 매우 갈등이 심했다
⑤ 보통이다/모름/무응답 (☞ 불러주지 말 것!)

17. 선생님께서는 일반적으로 대부분의 사람들을 어느 정도 신뢰하십니까?
① 전혀 그렇지 않다 ② 별로 그렇지 않다 ③ 그렇다 ④ 매우 그렇다
⑤ 보통이다/모름/무응답 (☞ 불러주지 말 것!)

18. 선생님께서는 정부를 어느 정도 신뢰하십니까?
① 전혀 그렇지 않다 ② 별로 그렇지 않다 ③ 그렇다 ④ 매우 그렇다
⑤ 보통이다/모름/무응답 (☞ 불러주지 말 것!)

19. 선생님께서는 시민단체들을 어느 정도 신뢰하십니까?
① 전혀 그렇지 않다 ② 별로 그렇지 않다 ③ 그렇다 ④ 매우 그렇다
⑤ 보통이다/모름/무응답 (☞ 불러주지 말 것!)

20. 선생님께서는 공공갈등 해결방식 중 다음 중 어느 쪽을 선호하십니까? (R)
① 정부의 개입을 통한 신속한 해결 ② 시간이 걸리더라도 당사자간 해결

21. 시민단체가 정부 및 지방자치단체의 정책에 영향을 미치는 것에 대하여 어떻게 생각하십니까?
① 매우 부정적이다 ② 부정적인 편이다 ③ 긍정적인 편이다 ④ 매우 긍정적이다
⑤ 보통이다/모름/무응답 (☞ 불러주지 말 것!)

22. 선생님께서는 우리사회의 갈등을 해결하는 데 있어 시민단체의 개입이 필요하다고 보십니까? 아니면 불필요하다고 보십니까?
① 전혀 필요없다 ② 별로 필요없는 편이다 ③ 약간 필요한 편이다 ④ 매우 필요하다
⑤ 보통이다/모름/무응답 (☞ 불러주지 말 것!)

※ 이제 끝으로 통계처리를 위해 몇 가지 여쭙겠습니다 ※

DQ1. 실례지만 학교는 어디까지 마치셨습니까? ① 중졸이하 ② 고졸 ③ 대재이상 ④ 모름/무응답(☞불러주지 말 것)

DQ2. 선생님의 직업은 무엇입니까?

① 농/임/어업 종사자 (가족 종사자 포함)
② 자영업자 (소규모 장사 및 가족종사자, 개인택시운전사 등)
③ 입법공무원/ 고위임직원 및 관리자 (정부/기업 고위 임원, 일반관리자 등)
④ 전문가 (의사, 약사, 변호사, 회계사, 교수, 작가, 예술가 등)
⑤ 기술공 및 준전문가 (컴퓨터 관련 준전문가, 경찰, 소방수, 철도기관사, 운동선수, 연예인, 종교인 등)
⑥ 사무종사자 (일반사무 종사자, 공무원, 교사 등)
⑦ 서비스종사자 (이미용사, 보안서비스 종사자, 음식서비스 종사자등)
⑧ 판매종사자 (상점점원, 보험설계사, 나레이터 모델 및 홍보종사자 등)
⑨ 기능원 및 관련기능 종사자 (광부, 전기/전자장비 설비 및 정비 종사자, 수공예 종사자 등)
⑩ 장치/기계조작 및 조립종사자 (건설 및 기타 이동장치 운전종사자, 자동차 운전 종사자 등)
⑪ 단순노무종사자 (배달, 운반, 세탁, 기사, 청소원, 경비원 등)
⑫ 학생 ⑬ 전업주부 ⑭ 직업군인 ⑮ 무직 ⑯ 기타 ⑰ 모름/무응답(☞불러주지 말 것!)

DQ3. 선생님 아버님의 고향은 어디십니까? (결혼한 주부일 경우 친정아버지의 고향을 물을 것)

① 서울 ② 인천/경기 ③ 대전/충청 ④ 광주/전라 ⑤ 대구/경북
⑥ 부산/울산/경남 ⑦ 강원 ⑧ 제주/이북/기타 ⑨ 모름/무응답(☞불러주지 말 것)

DQ4. 선생님 댁 가족 전체의 보너스를 포함한 월평균 소득은 얼마입니까?

① 70만원이하 ② 71~100만원 ③ 101~150만원 ④ 151~200만원 ⑤ 201~250만원
⑥ 251~300만원 ⑦ 301~400만원 ⑧ 401~500만원 ⑨ 501만원 이상 ⑩ 모름/무응답(☞불러주지 말 것)

DQ5. 선생님께서는 본인이 정치적으로 어느 정도 보수적 또는 진보적이라고 생각하십니까?

① 매우 보수적 ② 보수적인 편 ③ 중도적 ④ 진보적인 편 ⑤ 매우 진보적
⑥ 모름/무응답 (☞불러주지 말 것)

접근문	갈등 및 분쟁에 관한 시민인식조사 (2011.11)				

안녕하세요? 저희는 여론조사 전문기관인 리서치앤리서치입니다. 저희는 단국대학교 분쟁해결연구센터의 의뢰로 우리 사회의 갈등에 대해 전국민을 대상으로 여론조사를 실시하고 있습니다. 선생님의 답변은 통계법에 의해 엄격히 보호됩니다. 바쁘시더라도 문항이 몇 개 안되니 잠시만 시간을 내어 주시면 고맙겠습니다.

SQ1. 거주지
① 서울 ② 부산 ③ 대구 ④ 인천 ⑤ 광주 ⑥ 대전 ⑦ 울산 ⑧ 경기
⑨ 강원 ⑩ 충북 ⑪ 충남 ⑫ 전북 ⑬ 전남 ⑭ 경북 ⑮ 경남 ⑯ 제주

SQ2. 성별(목소리로 판단할 것!) ① 남자 ② 여자

SQ3. 선생님의 연령은 올해 만으로 어떻게 되십니까? (만 19세 미만 면접중단) 만 (________) 세 <== 적을 것
① 19-29세 ② 30대 ③ 40대 ④ 50대 ⑤ 60대 이상

※(반드시 읽어줄 것) 본 조사에서 '갈등'이란 '둘 이상의 단체 또는 개인이 서로 이해관계, 가치, 목표 등이 상충되는 상태'를 뜻합니다. 먼저 우리나라의 갈등에 대해 몇 가지 여쭙겠습니다.

1. 선생님께서는 올해 우리나라의 갈등 상황이 전반적으로 어떻다고 생각하십니까?
① 전혀 갈등이 없었다 ② 별로 갈등이 없는 편이었다 ③ 약간 갈등이 있는 편이었다 ④ 매우 갈등이 심했다
⑤ 보통이다/모름/무응답 (☞ 불러주지 말 것!)

2. 선생님께서는 과거에 비해, 올해 집회 및 시위가 많았다고 생각하십니까?
① 전혀 그렇지 않다 ② 별로 그렇지 않다 ③ 그렇다 ④ 매우 그렇다
⑤ 보통이다/모름/무응답 (☞ 불러주지 말 것!)

3. 선생님께서는 과거에 비해, 올해 집회 및 시위가 격렬해졌다고 생각하십니까?
① 전혀 그렇지 않다 ② 별로 그렇지 않다 ③ 그렇다 ④ 매우 그렇다
⑤ 보통이다/모름/무응답 (☞ 불러주지 말 것!)

4. 선생님께서는 다음에 불러드리는 항목에 대해 어떻게 생각하시는지 답변해주시기 바랍니다.

번호	항목	전혀 갈등이 없었다	별로 갈등이 없었다	약간 갈등이 있었다	매우 갈등이 심했다	모름/무응답 (불러주지 말 것)
1	환경 갈등	①	②	③	④	⑤
2	이념 갈등	①	②	③	④	⑤
3	노사 갈등	①	②	③	④	⑤
4	지방자치단체 간 갈등	①	②	③	④	⑤
5	빈부 갈등	①	②	③	④	⑤
6	교육 관련 갈등	①	②	③	④	⑤

5. 올해 우리나라에 있었던 갈등 중 가장 심각한 것은 무엇이었다고 생각하십니까?
(주관식 답변이 나오길 잠시 기다린 후 답변이 없으면 보기를 불러줄 것) (R)
① 한진중공업 노사갈등(희망버스) ② 무상급식 갈등 ③ 제주도 해군기지 입지선정갈등 ④ 반값등록금 갈등
⑤ 과학벨트 입지선정갈등 ⑥ 동남권 신공항 갈등

6. 방금 말씀해주신 가장 심각한 갈등의 경우, 선생님께서는 갈등의 주된 **원인제공자**가 누구라고 생각하십니까?
(적을 것: ____________________)

7. 선생님께서는 올해 우리나라의 갈등 상황에 대해 주로 어디를 통해 알게 되셨습니까? (R)
① 텔레비전 방송 ② 신문 ③ 인터넷 ④ 주변 사람들에게 들어서 ⑤ 직접 경험해서
⑥ 기타 (적을 것: ____________________)

8. 선생님께서는 올해 우리나라에 있었던 갈등이 잘 해결됐다고 생각하십니까?
① 전혀 그렇지 않다 ② 별로 그렇지 않다 ③ 그렇다 ④ 매우 그렇다
⑤ 보통이다/모름/무응답 (☞ 불러주지 말 것!)

9. 선생님께서는 우리나라의 갈등 상황을 해결하기 위해 누가 중요한 역할을 해야 한다고 생각하십니까? (R)
① 입법부인 **국회** ② 행정부인 **정부** ③ 사법부인 **법원**
④ 시민단체 ⑤ 기타 (적을 것: ____________________)

- 1 -

10. 선생님께서는 우리나라의 갈등 상황을 해결하기 위해 정부가 어느 정도의 역할을 하고 있다고 생각하십니까?
① 매우 중요한 역할을 하고 있다 ② 어느 정도 중요한 역할을 하고 있다 ③ 그다지 중요한 역할을 하고 있지 않다
④ 전혀 중요한 역할을 하고 있지 않다 ⑤ 보통이다/모름/무응답 (☞ 불러주지 말 것!)

11. 선생님께서는 올해 집회나 시위에 참석하신 경험이 한 번이라도 있으십니까?
① 없다 ② 있다 [있는 경우 약 (______________) 회]

12. 올해 우리 사회가 경험한 갈등이 민주주의 발전에 긍정적이라고 보십니까? 부정적이라고 보십니까?
① 매우 부정적이다 ② 부정적인 편이다 ③ 긍정적인 편이다 ④ 매우 긍정적이다
⑤ 보통이다/모름/무응답 (☞ 불러주지 말 것!)

13. 앞으로 우리 사회의 갈등이 증가할 것이라고 생각하십니까? 감소할 것이라고 생각하십니까?
① 갈등이 매우 증가할 것이다 ② 갈등이 약간 증가할 것이다 ③ 갈등이 약간 감소할 것이다
④ 갈등이 매우 감소할 것이다 ⑤ 보통이다/모름/무응답 (☞ 불러주지 말 것!)

14. 앞으로 우리 사회의 갈등이 점차 잘 해결될 것이라고 보십니까? 해결이 점차 어려워질 것이라고 보십니까?
① 갈등이 해결되기 매우 어려워질 것이다 ② 갈등이 해결되기 약간 어려워질 것이다
③ 갈등이 지금보다 약간 잘 해결될 것이다 ④ 갈등이 지금보다 매우 잘 해결될 것이다
⑤ 보통이다/모름/무응답 (☞ 불러주지 말 것!)

15. 선생님께서 올해 주로 뉴스를 접한 언론 매체는 무엇입니까? (R)
① 조선·중앙·동아 일보 ② 한겨레·경향 신문 ③ MBC TV ④ KBS TV ⑤ SBS TV ⑥ 네이버 뉴스 ⑦ 미디어 다음
⑧ 기타 (적을 것:__________________)

16. 선생님께서는 2011년 한 해 동안 가정, 직장, 또는 주변 사람들과 갈등을 겪은 경험이 있으십니까?
① 전혀 갈등이 없었다 ② 별로 갈등이 없었다 ③ 약간 갈등이 있었다 ④ 매우 갈등이 심했다
⑤ 보통이다/모름/무응답 (☞ 불러주지 말 것!)

17. 선생님께서는 일반적으로 대부분의 사람들을 어느 정도 신뢰하십니까?
① 전혀 그렇지 않다 ② 별로 그렇지 않다 ③ 그렇다 ④ 매우 그렇다
⑤ 보통이다/모름/무응답 (☞ 불러주지 말 것!)

18. 선생님께서는 정부를 어느 정도 신뢰하십니까?
① 전혀 그렇지 않다 ② 별로 그렇지 않다 ③ 그렇다 ④ 매우 그렇다
⑤ 보통이다/모름/무응답 (☞ 불러주지 말 것!)

19. 선생님께서는 시민단체들을 어느 정도 신뢰하십니까?
① 전혀 그렇지 않다 ② 별로 그렇지 않다 ③ 그렇다 ④ 매우 그렇다
⑤ 보통이다/모름/무응답 (☞ 불러주지 말 것!)

20. 선생님께서는 공공갈등 해결방식 중 다음 중 어느 쪽을 선호하십니까? (R)
① 정부의 개입을 통한 신속한 해결 ② 시간이 걸리더라도 당사자간 해결

21. 시민단체가 정부 및 지방자치단체의 정책에 영향을 미치는 것에 대하여 어떻게 생각하십니까?
① 매우 부정적이다 ② 부정적인 편이다 ③ 긍정적인 편이다 ④ 매우 긍정적이다
⑤ 보통이다/모름/무응답 (☞ 불러주지 말 것!)

22. 선생님께서는 우리사회의 갈등을 해결하는 데 있어 시민단체의 개입이 필요하다고 보십니까? 아니면 불필요하다고 보십니까?
① 전혀 필요없다 ② 별로 필요없는 편이다 ③ 약간 필요한 편이다 ④ 매우 필요하다
⑤ 보통이다/모름/무응답 (☞ 불러주지 말 것!)

※ 이제 끝으로 통계처리를 위해 몇 가지 여쭙겠습니다 ※

DQ1. 실례지만 학교는 어디까지 마치셨습니까? ① 중졸이하 ② 고졸 ③ 대재이상 ④ 모름/무응답(☞불러주지 말 것)

DQ2. 선생님의 직업은 무엇입니까?

① 농/임/어업 종사자 (가족 종사자 포함)
② 자영업자 (소규모 장사 및 가족종사자, 개인택시운전사 등)
③ 입법공무원/ 고위임직원 및 관리자 (정부/기업 고위 임원, 일반관리자 등)
④ 전문가 (의사, 약사, 변호사, 회계사, 교수, 작가, 예술가 등)
⑤ 기술공 및 준전문가 (컴퓨터 관련 준전문가, 경찰, 소방수, 철도기관사, 운동선수, 연예인, 종교인 등)
⑥ 사무종사자 (일반사무 종사자, 공무원, 교사 등)
⑦ 서비스종사자 (이미용사, 보안서비스 종사자, 음식서비스 종사자등)
⑧ 판매종사자 (상점점원, 보험설계사, 나레이터 모델 및 홍보종사자 등)
⑨ 기능원 및 관련기능 종사자 (광부, 전기/전자장비 설비 및 정비 종사자, 수공예 종사자 등)
⑩ 장치/기계조작 및 조립종사자 (건설 및 기타 이동장치 운전종사자, 자동차 운전 종사자 등)
⑪ 단순노무종사자 (배달, 운반, 세탁, 기사, 청소원, 경비원 등)
⑫ 학생 ⑬ 전업주부 ⑭ 직업군인 ⑮ 무직 ⑯ 기타 ⑰ 모름/무응답(☞불러주지 말 것!)

DQ3. 선생님 아버님의 고향은 어디십니까? (결혼한 주부일 경우 친정아버지의 고향을 물을 것)

① 서울 ② 인천/경기 ③ 대전/충청 ④ 광주/전라 ⑤ 대구/경북
⑥ 부산/울산/경남 ⑦ 강원 ⑧ 제주/이북/기타 ⑨ 모름/무응답(☞불러주지 말 것)

DQ4. 선생님 댁 가족 전체의 보너스를 포함한 월평균 소득은 얼마입니까?

① 70만원이하 ② 71~100만원 ③ 101~150만원 ④ 151~200만원 ⑤ 201~250만원
⑥ 251~300만원 ⑦ 301~400만원 ⑧ 401~500만원 ⑨ 501만원 이상 ⑩ 모름/무응답(☞불러주지 말 것)

DQ5. 선생님께서는 본인이 정치적으로 어느 정도 보수적 또는 진보적이라고 생각하십니까?

① 매우 보수적 ② 보수적인 편 ③ 중도적 ④ 진보적인 편 ⑤ 매우 진보적
⑥ 모름/무응답 (☞불러주지 말 것)

접근문	갈등 및 분쟁에 관한 시민인식조사 (2012.11)

안녕하세요? 저희는 여론조사 전문기관인 리서치앤리서치입니다. 저희는 단국대학교 분쟁해결연구센터의 의뢰로 우리 사회의 갈등에 대해 전국민을 대상으로 여론조사를 실시하고 있습니다. 선생님의 답변은 통계법에 의해 엄격히 보호됩니다. 바쁘시더라도 문항이 몇 개 안되니 잠시만 시간을 내어 주시면 고맙겠습니다.

SQ1. 거주지
① 서울 ② 부산 ③ 대구 ④ 인천 ⑤ 광주 ⑥ 대전 ⑦ 울산 ⑧ 경기
⑨ 강원 ⑩ 충북 ⑪ 충남 ⑫ 전북 ⑬ 전남 ⑭ 경북 ⑮ 경남 ⑯ 제주

SQ2. 성별(목소리로 판단할 것!) ① 남자 ② 여자

SQ3. 선생님의 연령은 올해 만으로 어떻게 되십니까? (만 19세 미만 면접중단) 만 (____________) 세 **<== 적을 것**
① 19-29세 ② 30대 ③ 40대 ④ 50대 ⑤ 60대 이상

※**(반드시 읽어줄 것)** 본 조사에서 '갈등'이란 '둘 이상의 단체 또는 개인이 서로 이해관계, 가치, 목표 등이 상충되는 상태'를 뜻합니다. 먼저 우리나라의 갈등에 대해 몇 가지 여쭙겠습니다.

Q1. 선생님께서는 올해 우리나라의 갈등 상황이 전반적으로 어떻다고 생각하십니까?
① 전혀 갈등이 없었다 ② 별로 갈등이 없는 편이었다 ③ 약간 갈등이 있는 편이었다 ④ 매우 갈등이 심했다
⑤ 보통이다/모름/무응답 (☞ 불러주지 말 것!)

Q2. 선생님께서는 과거에 비해, 올해 집회 및 시위가 많았다고 생각하십니까?
① 전혀 그렇지 않다 ② 별로 그렇지 않다 ③ 그렇다 ④ 매우 그렇다
⑤ 보통이다/모름/무응답 (☞ 불러주지 말 것!)

Q3. 선생님께서는 과거에 비해, 올해 집회 및 시위가 격렬해졌다고 생각하십니까?
① 전혀 그렇지 않다 ② 별로 그렇지 않다 ③ 그렇다 ④ 매우 그렇다
⑤ 보통이다/모름/무응답 (☞ 불러주지 말 것!)

Q4. 선생님께서는 다음에 불러드리는 항목에 대해 어떻게 생각하시는지 답변해주시기 바랍니다.

번호	항목	전혀 갈등이 없었다	별로 갈등이 없었다	약간 갈등이 있었다	매우 갈등이 심했다	모름/무응답 (불러주지 말 것)
Q41	환경 갈등	①	②	③	④	⑤
Q42	이념 갈등	①	②	③	④	⑤
Q43	노사 갈등	①	②	③	④	⑤
Q44	지방자치단체 간 갈등	①	②	③	④	⑤
Q45	빈부 갈등	①	②	③	④	⑤
Q46	교육 관련 갈등	①	②	③	④	⑤

Q5. 올해 우리나라에 있었던 갈등 중 가장 심각한 것은 무엇이었다고 생각하십니까?
(주관식 답변이 나오길 잠시 기다린 후 답변이 없으면 보기를 불러줄 것) (R)
① 제주도 해군기지 건설갈등 ② 반값등록금 갈등 ③ 기업형슈퍼마켓-SSM 입점갈등
④ 원자력발전소 관련갈등 ⑤ 송전탑 건설갈등 ⑥ 4대강사업 갈등

Q6. 방금 말씀해주신 가장 심각한 갈등의 경우, 선생님께서는 갈등의 주된 **원인제공자**가 누구라고 생각하십니까?
(적을 것: __________________)

Q7. 선생님께서는 올해 우리나라의 갈등 상황에 대해 주로 어디를 통해 알게 되셨습니까? **(R)**
① 텔레비전 방송 ② 신문 ③ 인터넷 ④ 주변 사람들에게 들어서 ⑤ 직접 경험해서
⑥ 기타 (적을 것: ________________________)

Q8. 선생님께서는 올해 우리나라에 있었던 갈등이 잘 해결됐다고 생각하십니까?
① 전혀 그렇지 않다 ② 별로 그렇지 않다 ③ 그렇다 ④ 매우 그렇다
⑤ 보통이다/모름/무응답 (☞ 불러주지 말 것!)

Q9. 선생님께서는 우리나라의 갈등 상황을 해결하기 위해 누가 중요한 역할을 해야 한다고 생각하십니까? (R)
① 입법부인 **국회** ② 행정부인 **정부** ③ 사법부인 **법원**
④ 시민단체 ⑤ 기타 (적을 것: ____________________)

Q10. 선생님께서는 우리나라의 갈등 상황을 해결하기 위해 정부가 어느 정도의 역할을 하고 있다고 생각하십니까?
① 매우 중요한 역할을 하고 있다 ② 어느 정도 중요한 역할을 하고 있다 ③ 그다지 중요한 역할을 하고 있지 않다
④ 전혀 중요한 역할을 하고 있지 않다⑤ 보통이다/모름/무응답 (☞ 불러주지 말 것!)

Q11. 선생님께서는 올해 집회나 시위에 참석하신 경험이 한 번이라도 있으십니까?
① 없다 ② 있다 [있는 경우 약 (______________) 회]

Q12. 올해 우리 사회가 경험한 갈등이 민주주의 발전에 긍정적이라고 보십니까? 부정적이라고 보십니까?
① 매우 부정적이다 ② 부정적인 편이다 ③ 긍정적인 편이다 ④ 매우 긍정적이다
⑤ 보통이다/모름/무응답 (☞ 불러주지 말 것!)

Q13. 앞으로 우리 사회의 갈등이 증가할 것이라고 생각하십니까? 감소할 것이라고 생각하십니까?
① 갈등이 매우 증가할 것이다 ② 갈등이 약간 증가할 것이다 ③ 갈등이 약간 감소할 것이다
④ 갈등이 매우 감소할 것이다 ⑤ 보통이다/모름/무응답 (☞ 불러주지 말 것!)

Q14. 앞으로 우리 사회의 갈등이 점차 잘 해결될 것이라고 보십니까? 해결이 점차 어려워질 것이라고 보십니까?
① 갈등이 해결되기 매우 어려워질 것이다 ② 갈등이 해결되기 약간 어려워질 것이다
③ 갈등이 지금보다 약간 잘 해결될 것이다 ④ 갈등이 지금보다 매우 잘 해결될 것이다
⑤ 보통이다/모름/무응답 (☞ 불러주지 말 것!)

Q15. 선생님께서 올해 주로 뉴스를 접한 언론 매체는 무엇입니까? (R)
① 조선·중앙·동아 일보 ② 한겨레·경향 신문 ③ MBC TV ④ KBS TV ⑤ SBS TV
⑥ 네이버 뉴스 ⑦ 미디어 다음 ⑧ 기타 (적을 것:____________________)

Q16. 선생님께서는 2012년 한 해 동안 가정, 직장, 또는 주변 사람들과 갈등을 겪은 경험이 있으십니까?
① 전혀 갈등이 없었다 ② 별로 갈등이 없었다 ③ 약간 갈등이 있었다 ④ 매우 갈등이 심했다
⑤ 보통이다/모름/무응답 (☞ 불러주지 말 것!)

Q17. 선생님께서는 일반적으로 대부분의 사람들을 어느 정도 신뢰하십니까?
① 전혀 신뢰하지 않는다 ② 별로 신뢰하지 않는다 ③ 신뢰한다 ④ 매우 신뢰한다
⑤ 보통이다/모름/무응답 (☞ 불러주지 말 것!)

Q18. 선생님께서는 정부를 어느 정도 신뢰하십니까?
① 전혀 신뢰하지 않는다 ② 별로 신뢰하지 않는다 ③ 신뢰한다 ④ 매우 신뢰한다
⑤ 보통이다/모름/무응답 (☞ 불러주지 말 것!)

Q19. 선생님께서는 시민단체들을 어느 정도 신뢰하십니까?
① 전혀 신뢰하지 않는다 ② 별로 신뢰하지 않는다 ③ 신뢰한다 ④ 매우 신뢰한다
⑤ 보통이다/모름/무응답 (☞ 불러주지 말 것!)

Q20. 선생님께서는 공공갈등 해결방식 중 다음 중 어느 쪽을 선호하십니까? (R)
① 정부의 개입을 통한 신속한 해결 ② 시간이 걸리더라도 당사자간 해결

Q21. 시민단체가 정부 및 지방자치단체의 정책에 영향을 미치는 것에 대하여 어떻게 생각하십니까?
① 매우 부정적이다 ② 부정적인 편이다 ③ 긍정적인 편이다 ④ 매우 긍정적이다
⑤ 보통이다/모름/무응답 (☞ 불러주지 말 것!)

Q22. 선생님께서는 우리사회의 갈등을 해결하는 데 있어 시민단체의 개입이 필요하다고 보십니까? 아니면 불필요하다고 보십니까?
① 전혀 필요없다 ② 별로 필요 없는 편이다 ③ 약간 필요한 편이다 ④ 매우 필요하다
⑤ 보통이다/모름/무응답 (☞ 불러주지 말 것!)

※ 이제 끝으로 통계처리를 위해 몇 가지 여쭙겠습니다 ※

DQ1. 실례지만 학교는 어디까지 마치셨습니까? ① 중졸이하 ② 고졸 ③ 대재이상 ④ 모름/무응답(☞불러주지 말 것)

DQ2. 선생님의 직업은 무엇입니까?
① 농/임/어업 종사자 (가족 종사자 포함)
② 자영업자 (소규모 장사 및 가족종사자, 개인택시운전사 등)
③ 입법공무원/ 고위임직원 및 관리자 (정부/기업 고위 임원, 일반관리자 등)
④ 전문가 (의사, 약사, 변호사, 회계사, 교수, 작가, 예술가 등)
⑤ 기술공 및 준전문가 (컴퓨터 관련 준전문가, 경찰, 소방수, 철도기관사, 운동선수, 연예인, 종교인 등)
⑥ 사무종사자 (일반사무 종사자, 공무원, 교사 등)
⑦ 서비스종사자 (이미용사, 보안서비스 종사자, 음식서비스 종사자등)
⑧ 판매종사자 (상점점원, 보험설계사, 나레이터 모델 및 홍보종사자 등)
⑨ 기능원 및 관련기능 종사자 (광부, 전기/전자장비 설비 및 정비 종사자, 수공예 종사자 등)
⑩ 장치/기계조작 및 조립종사자 (건설 및 기타 이동장치 운전종사자, 자동차 운전 종사자 등)
⑪ 단순노무종사자 (배달, 운반, 세탁, 기사, 청소원, 경비원 등)
⑫ 학생 ⑬ 전업주부 ⑭ 직업군인 ⑮ 무직 ⑯ 기타 ⑰ 모름/무응답 (☞ 불러주지 말 것!)

DQ3. 선생님 아버님의 고향은 어디십니까? (결혼한 주부일 경우 친정아버지의 고향을 물을 것)
① 서울 ② 인천/경기 ③ 대전/충청 ④ 광주/전라 ⑤ 대구/경북
⑥ 부산/울산/경남 ⑦ 강원 ⑧ 제주/이북/기타 ⑨ 모름/무응답 (☞ 불러주지 말 것)

DQ4. 선생님 댁 가족 전체의 보너스를 포함한 월평균 소득은 얼마입니까?
① 70만원이하 ② 71~100만원 ③ 101~150만원 ④ 151~200만원 ⑤ 201~250만원
⑥ 251~300만원 ⑦ 301~400만원 ⑧ 401~500만원 ⑨ 501만원 이상 ⑩ 모름/무응답 (☞ 불러주지 말 것)

DQ5. 선생님께서는 본인이 정치적으로 어느 정도 보수적 또는 진보적이라고 생각하십니까?
① 매우 보수적 ② 보수적인 편 ③ 중도적 ④ 진보적인 편 ⑤ 매우 진보적
⑥ 모름/무응답 (☞불러주지 말 것)

Research & Research

갈등 및 분쟁에 관한 시민인식조사 (2013년)

2013110106-0

안녕하세요? 저희는 여론조사 전문기관인 리서치앤리서치입니다. 저희는 단국대학교 분쟁해결연구센터의 의뢰로 우리 사회의 갈등에 대해 전 국민을 대상으로 여론조사를 실시하고 있습니다. 선생님의 답변은 통계법에 의해 엄격히 보호됩니다. 바쁘시더라도 문항이 몇 개 안되니 잠시만 시간을 내어 주시면 고맙겠습니다.

2013. 11

SQ1. 거주지

1. 서울 2. 부산 3. 대구 4. 인천 5. 광주 6. 대전 7. 울산 8. 경기 9. 강원 10. 충북 11. 충남(세종시 포함) 12. 전북 13. 전남 14. 경북 15. 경남 16. 제주

SQ2. 성별 (목소리로 판단할 것!) 1. 남자 2. 여자

SQ3. 선생님의 연령은 올해 만으로 어떻게 되십니까? (☞ 만 19세 미만 면접 중단) 만 ( ) 세

SQ3_1. 쿼터 확인 문항

1. 19-29세 2. 30대 3. 40대 4. 50대 5. 60대 이상

※ 반드시 읽어줄 것 : 본 조사에서 '갈등'이란 '둘 이상의 단체 또는 개인이 서로 이해관계, 가치, 목표 등이 상충되는 상태'를 뜻합니다. 먼저 우리나라의 갈등에 대해 몇 가지 여쭙겠습니다.

Q1. 선생님께서는 올해 우리나라의 갈등 상황이 전반적으로 어떻다고 생각하십니까?

전혀 갈등이 없었다	별로 갈등이 없는 편이었다	약간 갈등이 있는 편이었다	매우 갈등이 심했다	(☞ 불러주지 말 것!) 보통이다/모름/무응답
1	2	3	4	5

Q2. 선생님께서는 과거에 비해, 올해 집회 및 시위가 많았다고 생각하십니까?

전혀 그렇지 않다	별로 그렇지 않다	그렇다	매우 그렇다	(☞ 불러주지 말 것!) 보통이다/모름/무응답
1	2	3	4	5

Q3. 선생님께서는 과거에 비해, 올해 집회 및 시위가 격렬해졌다고 생각하십니까?

전혀 그렇지 않다	별로 그렇지 않다	그렇다	매우 그렇다	(☞ 불러주지 말 것!) 보통이다/모름/무응답
1	2	3	4	5

Q4. 선생님께서는 다음에 불러드리는 항목에 대해 어떻게 생각하시는지 답변해주시기 바랍니다.

번호	항목	전혀 갈등이 없었다	별로 갈등이 없었다	약간 갈등이 있었다	매우 갈등이 심했다	(☞ 불러주지 말 것!) 모름/무응답
Q41.	환경 갈등	1	2	3	4	5
Q42.	이념 갈등	1	2	3	4	5
Q43.	노사 갈등	1	2	3	4	5
Q44.	지방자치단체 간 갈등	1	2	3	4	5
Q45.	빈부 갈등	1	2	3	4	5
Q46.	교육 관련 갈등	1	2	3	4	5

Q5. 올해 우리나라에 있었던 갈등 중 가장 심각한 것은 무엇이었다고 생각하십니까?
(주관식 답변이 나오길 잠시 기다린 후 답변이 없으면 보기를 불러줄 것) (R)

1. 밀양송전탑 건설갈등
2. 국정원대선개입 갈등
3. 진주의료원폐업 갈등
4. 통합진보당 내란음모논란 갈등
5. 전교조법외노조화 갈등
6. 남양유업 등 갑을논란관련 갈등

Q6. 방금 말씀해주신 가장 심각한 갈등의 경우, 선생님께서는 갈등의 주된 **원인제공자**가 누구라고 생각하십니까?

적을 것:

Q7. 선생님께서는 올해 우리나라의 갈등 상황에 대해 주로 어디를 통해 알게 되셨습니까? **(R)**

1. 텔레비전 방송
2. 신문
3. 인터넷
4. 주변 사람들에게 들어서
5. 직접 경험해서
6. 기타 (적을 것:)

Q8. 선생님께서는 올해 우리나라에 있었던 갈등이 잘 해결됐다고 생각하십니까?

전혀 그렇지 않다	별로 그렇지 않다	그렇다	매우 그렇다	(☞ 불러주지 말 것!) 보통이다/모름/무응답
1	2	3	4	5

Q9. 선생님께서는 우리나라의 갈등 상황을 해결하기 위해 누가 중요한 역할을 해야 한다고 생각하십니까? **(R)**

1. 입법부인 **국회**
2. 행정부인 **정부**
3. 사법부인 **법원**
4. **시민단체**
5. 기타 (적을 것:)

Q10. 선생님께서는 우리나라의 갈등 상황을 해결하기 위해 정부가 어느 정도의 역할을 하고 있다고 생각하십니까?

매우 중요한 역할을 하고 있다	어느 정도 중요한 역할을 하고 있다	그다지 중요한 역할을 하고 있지 않다	전혀 중요한 역할을 하고 있지 않다	(☞ 불러주지 말 것!) 보통이다/모름/무응답
1	2	3	4	5

Q11. 선생님께서는 올해 집회나 시위에 참석하신 경험이 한 번이라도 있으십니까?

1. 없다
2. 있다 [있는 경우 약 ( ) 회]

Q12. 올해 우리 사회가 경험한 갈등이 민주주의 발전에 긍정적이라고 보십니까? 부정적이라고 보십니까?

매우 부정적이다	부정적인 편이다	긍정적인 편이다	매우 긍정적이다	(☞ 불러주지 말 것!) 보통이다/모름/무응답
1	2	3	4	5

Q13. 앞으로 우리 사회의 갈등이 증가할 것이라고 생각하십니까? 감소할 것이라고 생각하십니까?

갈등이 매우 증가할 것이다	갈등이 약간 증가할 것이다	갈등이 약간 감소할 것이다	갈등이 매우 감소할 것이다	(☞ 불러주지 말 것!) 보통이다/모름/무응답
1	2	3	4	5

Q14. 앞으로 우리 사회의 갈등이 점차 잘 해결될 것이라고 보십니까? 해결이 점차 어려워질 것이라고 보십니까?

갈등이 해결되기 매우 어려워질 것이다	갈등이 해결되기 약간 어려워질 것이다	갈등이 지금보다 약간 잘 해결될 것이다	갈등이 지금보다 매우 잘 해결될 것이다	(☞ 불러주지 말 것!) 보통이다/모름/무응답
1	2	3	4	5

Q15. 선생님께서 올해 주로 뉴스를 접한 언론 매체는 무엇입니까? **(R)**

1. 조선·중앙·동아 일보 2. 한겨레·경향 신문 3. MBC TV 4. KBS TV 5. SBS TV
6. 네이버 뉴스 7. 미디어 다음 8. 기타 (적을 것:)

Q16. 선생님께서는 2013년 한 해 동안 가정, 직장, 또는 주변 사람들과 갈등을 겪은 경험이 있으십니까?

전혀 갈등이 없었다	별로 갈등이 없었다	약간 갈등이 있었다	매우 갈등이 심했다	(☞ 불러주지 말 것!) 보통이다/모름/무응답
1	2	3	4	5

Q17. 선생님께서는 일반적으로 대부분의 사람들을 어느 정도 신뢰하십니까?

전혀 신뢰하지 않는다	별로 신뢰하지 않는다	신뢰한다	매우 신뢰한다	(☞ 불러주지 말 것!) 보통이다/모름/무응답
1	2	3	4	5

Q18. 선생님께서는 정부를 어느 정도 신뢰하십니까?

전혀 신뢰하지 않는다	별로 신뢰하지 않는다	신뢰한다	매우 신뢰한다	(☞ 불러주지 말 것!) 보통이다/모름/무응답
1	2	3	4	5

Q19. 선생님께서는 시민단체들을 어느 정도 신뢰하십니까?

전혀 신뢰하지 않는다	별로 신뢰하지 않는다	신뢰한다	매우 신뢰한다	(☞ 불러주지 말 것!) 보통이다/모름/무응답
1	2	3	4	5

Q20. 선생님께서는 공공갈등 해결방식 중 다음 중 어느 쪽을 선호하십니까? **(R)**

1. 정부의 개입을 통한 신속한 해결 2. 시간이 걸리더라도 당사자간 해결

Q21. 시민단체가 정부 및 지방자치단체의 정책에 영향을 미치는 것에 대하여 어떻게 생각하십니까?

매우 부정적이다	부정적인 편이다	긍정적인 편이다	매우 긍정적이다	(☞ 불러주지 말 것!) 보통이다/모름/무응답
1	2	3	4	5

Q22. 선생님께서는 우리사회의 갈등을 해결하는 데 있어 시민단체의 개입이 필요하다고 보십니까? 아니면 불필요하다고 보십니까?

전혀 필요없다	별로 필요 없는 편이다	약간 필요한 편이다	매우 필요하다	(☞ 불러주지 말 것!) 보통이다/모름/무응답
1	2	3	4	5

Q23. 선생님께서는 지난 이명박 정부기간 우리사회의 갈등이 잘 해결되었다고 보십니까? 잘 해결되지 못했다고 보십니까?

전혀 갈등이 잘 해결되지 못했다	별로 갈등이 잘 해결되지 못했다	갈등이 어느 정도 잘 해결됐다	갈등이 매우 잘 해결됐다	(☞ 불러주지 말 것!) 보통이다/모름/무응답
1	2	3	4	5

Q24. 선생님께서는 지난 이명박 정부기간 어떤 갈등이 가장 심각했다고 생각하십니까?

1. 환경 갈등 2. 이념 갈등 3. 빈부 갈등 4. 지방정부 간 갈등 5. 교육 갈등 6. 노사갈등

Q25. 선생님께서는 박근혜 정부기간 우리사회의 갈등이 잘 해결될 것이라고 보십니까? 잘 해결되지 못할 것이라고 보십니까?

전혀 갈등이 잘 해결되지 못할 것이다	별로 갈등이 잘 해결되지 못할 것이다	갈등이 어느 정도 잘 해결될 것이다	갈등이 매우 잘 해결될 것이다	(☞ 불러주지 말 것!) 보통이다/모름/무응답
1	2	3	4	5

Q26. 선생님께서는 박근혜 정부기간 어떤 갈등이 가장 심각할 것이라 생각하십니까?

1. 환경 갈등 2. 이념 갈등 3. 빈부 갈등 4. 지방정부 간 갈등 5. 교육 갈등 6. 노사갈등

※ 이제 끝으로 통계처리를 위해 몇 가지 여쭙겠습니다 ※

DQ1. 실례지만 학교는 어디까지 마치셨습니까?

1. 중졸이하 2. 고졸 3. 대재이상 4. (☞불러주지 말 것) 모름/무응답

DQ2. 선생님의 직업은 무엇입니까?

1. 농/임/어업 종사자 (가족 종사자 포함) 2. 자영업자 (소규모 장사 및 가족종사자, 개인택시운전사 등)
3. 입법공무원/ 고위임직원 및 관리자 (정부/기업 고위 임원, 일반관리자 등)
4. 전문가 (의사, 약사, 변호사, 회계사, 교수, 작가, 예술가 등)
5. 기술공 및 준전문가 (컴퓨터 관련 준전문가, 경찰, 소방수, 철도기관사, 운동선수, 연예인, 종교인 등)
6. 사무종사자 (일반사무 종사자, 공무원, 교사 등)
7. 서비스종사자 (이미용사, 보안서비스 종사자, 음식서비스 종사자등)
8. 판매종사자 (상점점원, 보험설계사, 나레이터 모델 및 홍보종사자 등)
9. 기능원 및 관련기능 종사자 (광부, 전기/전자장비 설비 및 정비 종사자, 수공예 종사자 등)
10. 장치/기계조작 및 조립종사자 (건설 및 기타 이동장치 운전종사자, 자동차 운전 종사자 등)
11. 단순노무종사자 (배달, 운반, 세탁, 기사, 청소원, 경비원 등)
12. 학생 13. 전업주부 14. 직업군인 15. 무직 16. 기타 17. (☞ 불러주지 말 것!) 모름/무응답

DQ3. 선생님 아버님의 고향은 어디십니까? (결혼한 주부일 경우 친정아버지의 고향을 물을 것)

1. 서울 2. 인천/경기 3. 대전/충청 4. 광주/전라 5. 대구/경북
6. 부산/울산/경남 7. 강원 8. 제주/이북/기타 9. (☞ 불러주지 말 것) 모름/무응답

DQ4. 선생님 댁 가족 전체의 보너스를 포함한 월평균 소득은 얼마입니까?

1. 70만원 이하 2. 71~100만원 3. 101~150만원 4. 151~200만원 5. 201~250만원
6. 251~300만원 7. 301~400만원 8. 401~500만원 9. 501만원 이상
10. (☞ 불러주지 말 것) 모름/무응답

DQ5. 선생님께서는 본인이 정치적으로 어느 정도 보수적 또는 진보적이라고 생각하십니까?

1. 매우 보수적 2. 보수적인 편 3. 중도적 4. 진보적인 편 5. 매우 진보적
6. (☞불러주지 말 것) 모름/무응답

바쁘신 중에 끝까지 성의 있게 응답해 주셔서 진심으로 감사드립니다.

Research & Research

갈등 및 분쟁에 관한 시민인식조사 (2014년)

2014110106-0

안녕하세요? 저희는 여론조사 전문기관인 리서치앤리서치입니다. 저희는 단국대학교 분쟁해결연구센터의 의뢰로 우리 사회의 갈등에 대해 전 국민을 대상으로 여론조사를 실시하고 있습니다. 선생님의 답변은 통계법에 의해 엄격히 보호됩니다. 바쁘시더라도 문항이 몇 개 안되니 잠시만 시간을 내어 주시면 고맙겠습니다.

2014. 11

SQ1. 거주지

1. 서울	2. 부산	3. 대구	4. 인천	5. 광주	6. 대전
7. 울산	8. 경기	9. 강원	10. 충북	11. 충남	12. 전북
13. 전남	14. 경북	15. 경남	16. 제주	17. 세종	

SQ2. 성별 **(목소리로 판단할 것!)** 1. 남자 2. 여자

SQ3. 선생님의 연령은 올해 만으로 어떻게 되십니까? **(☞ 만 19세 미만 면접 중단)** 만 ( ) 세

SQ3_1. 쿼터 확인 문항

1. 19-29세 2. 30대 3. 40대 4. 50대 5. 60대 이상

※ 반드시 읽어줄 것 : 본 조사에서 '갈등'이란 '둘 이상의 단체 또는 개인이 서로 이해관계, 가치, 목표 등이 상충되는 상태'를 뜻합니다. 먼저 우리나라의 갈등에 대해 몇 가지 여쭙겠습니다.

Q1. 선생님께서는 올해 우리나라의 갈등 상황이 전반적으로 어떻다고 생각하십니까?

전혀 갈등이 없었다	별로 갈등이 없는 편이었다	약간 갈등이 있는 편이었다	매우 갈등이 심했다	(☞ 불러주지 말 것!) 보통이다/모름/무응답
1	2	3	4	5

Q2. 선생님께서는 과거에 비해, 올해 집회 및 시위가 많았다고 생각하십니까?

전혀 그렇지 않다	별로 그렇지 않다	그렇다	매우 그렇다	(☞ 불러주지 말 것!) 보통이다/모름/무응답
1	2	3	4	5

Q3. 선생님께서는 과거에 비해, 올해 집회 및 시위가 격렬해졌다고 생각하십니까?

전혀 그렇지 않다	별로 그렇지 않다	그렇다	매우 그렇다	(☞ 불러주지 말 것!) 보통이다/모름/무응답
1	2	3	4	5

Q4. 선생님께서는 다음에 불러드리는 항목에 대해 어떻게 생각하시는지 답변해주시기 바랍니다.

번호	항목	전혀 갈등이 없었다	별로 갈등이 없었다	약간 갈등이 있었다	매우 갈등이 심했다	(☞ 불러주지 말 것!) 모름/무응답
Q41.	환경 갈등	1	2	3	4	5
Q42.	이념 갈등	1	2	3	4	5
Q43.	노사 갈등	1	2	3	4	5
Q44.	지방자치단체 간 갈등	1	2	3	4	5
Q45.	빈부 갈등	1	2	3	4	5
Q46.	교육 관련 갈등	1	2	3	4	5

Q5. 올해 우리나라에 있었던 갈등 중 가장 심각한 것은 무엇이었다고 생각하십니까?
(주관식 답변이 나오길 잠시 기다린 후 답변이 없으면 보기를 불러줄 것) (R)

1. 세월호 참사 진상조사 요구 관련 갈등
2. 밀양송전탑 건설 관련 갈등
3. 공무원 연금 개혁 관련 갈등
4. 한국마사회 용산 장외발매소 운영 관련 갈등
5. 행복주택 건설 관련 갈등
6. 학교 9시 등교 시행 관련 갈등

Q6. 방금 말씀해주신 가장 심각한 갈등의 경우, 선생님께서는 갈등의 주된 **원인제공자**가 누구라고 생각하십니까?

적을 것:

Q7. 선생님께서는 올해 우리나라의 갈등 상황에 대해 주로 어디를 통해 알게 되셨습니까? **(R)**

1. 텔레비전 방송
2. 신문
3. 인터넷
4. 주변 사람들에게 들어서
5. 직접 경험해서
6. 기타 (적을 것:)

Q8. 선생님께서는 올해 우리나라에 있었던 갈등이 잘 해결됐다고 생각하십니까?

전혀 그렇지 않다	별로 그렇지 않다	그렇다	매우 그렇다	(☞ 불러주지 말 것!) 보통이다/모름/무응답
1	2	3	4	5

Q9. 선생님께서는 우리나라의 갈등 상황을 해결하기 위해 누가 중요한 역할을 해야 한다고 생각하십니까? **(R)**

1. 입법부인 **국회**
2. 행정부인 **정부**
3. 사법부인 **법원**
4. **시민단체**
5. 기타 (적을 것:)

Q10. 선생님께서는 우리나라의 갈등 상황을 해결하기 위해 정부가 어느 정도의 역할을 하고 있다고 생각하십니까?

매우 중요한 역할을 하고 있다	어느 정도 중요한 역할을 하고 있다	그다지 중요한 역할을 하고 있지 않다	전혀 중요한 역할을 하고 있지 않다	(☞ 불러주지 말 것!) 보통이다/모름/무응답
1	2	3	4	5

Q11. 선생님께서는 올해 집회나 시위에 참석하신 경험이 한 번이라도 있으십니까?

1. 없다
2. 있다 [있는 경우 약 ( ) 회]

Q12. 올해 우리 사회가 경험한 갈등이 민주주의 발전에 긍정적이라고 보십니까? 부정적이라고 보십니까?

매우 부정적이다	부정적인 편이다	긍정적인 편이다	매우 긍정적이다	(☞ 불러주지 말 것!) 보통이다/모름/무응답
1	2	3	4	5

Q13. 앞으로 우리 사회의 갈등이 증가할 것이라고 생각하십니까? 감소할 것이라고 생각하십니까?

갈등이 매우 증가할 것이다	갈등이 약간 증가할 것이다	갈등이 약간 감소할 것이다	갈등이 매우 감소할 것이다	(☞ 불러주지 말 것!) 보통이다/모름/무응답
1	2	3	4	5

Q14. 앞으로 우리 사회의 갈등이 점차 잘 해결될 것이라고 보십니까? 해결이 점차 어려워질 것이라고 보십니까?

갈등이 해결되기 매우 어려워질 것이다	갈등이 해결되기 약간 어려워질 것이다	갈등이 지금보다 약간 잘 해결될 것이다	갈등이 지금보다 매우 잘 해결될 것이다	(☞ 불러주지 말 것!) 보통이다/모름/무응답
1	2	3	4	5

Q15. 선생님께서 올해 주로 뉴스를 접한 언론 매체는 무엇입니까? **(R)**

1. 조선·중앙·동아 일보 2. 한겨레·경향 신문 3. MBC TV 4. KBS TV 5. SBS TV
6. 네이버 뉴스 7. 미디어 다음 8. 기타 (적을 것:)

Q16. 선생님께서는 2014년 한 해 동안 가정, 직장, 또는 주변 사람들과 갈등을 겪은 경험이 있으십니까?

전혀 갈등이 없었다	별로 갈등이 없었다	약간 갈등이 있었다	매우 갈등이 심했다	(☞ 불러주지 말 것!) 보통이다/모름/무응답
1	2	3	4	5

Q17. 선생님께서는 일반적으로 대부분의 사람들을 어느 정도 신뢰하십니까?

전혀 신뢰하지 않는다	별로 신뢰하지 않는다	신뢰한다	매우 신뢰한다	(☞ 불러주지 말 것!) 보통이다/모름/무응답
1	2	3	4	5

Q18. 선생님께서는 정부를 어느 정도 신뢰하십니까?

전혀 신뢰하지 않는다	별로 신뢰하지 않는다	신뢰한다	매우 신뢰한다	(☞ 불러주지 말 것!) 보통이다/모름/무응답
1	2	3	4	5

Q19. 선생님께서는 시민단체들을 어느 정도 신뢰하십니까?

전혀 신뢰하지 않는다	별로 신뢰하지 않는다	신뢰한다	매우 신뢰한다	(☞ 불러주지 말 것!) 보통이다/모름/무응답
1	2	3	4	5

Q20. 선생님께서는 공공갈등 해결방식 중 다음 중 어느 쪽을 선호하십니까? **(R)**

1. 정부의 개입을 통한 신속한 해결 2. 시간이 걸리더라도 당사자간 해결

Q21. 시민단체가 정부 및 지방자치단체의 정책에 영향을 미치는 것에 대하여 어떻게 생각하십니까?

매우 부정적이다	부정적인 편이다	긍정적인 편이다	매우 긍정적이다	(☞ 불러주지 말 것!) 보통이다/모름/무응답
1	2	3	4	5

Q22. 선생님께서는 우리사회의 갈등을 해결하는 데 있어 시민단체의 개입이 필요하다고 보십니까? 아니면 불필요하다고 보십니까?

전혀 필요없다	별로 필요 없는 편이다	약간 필요한 편이다	매우 필요하다	(☞ 불러주지 말 것!) 보통이다/모름/무응답
1	2	3	4	5

Q23. 선생님께서는 박근혜 정부기간 우리사회의 갈등이 잘 해결될 것이라고 보십니까? 잘 해결되지 못할 것이라고 보십니까?

전혀 갈등이 잘 해결되지 못할 것이다	별로 갈등이 잘 해결되지 못할 것이다	갈등이 어느 정도 잘 해결될 것이다	갈등이 매우 잘 해결될 것이다	(☞ 불러주지 말 것!) 보통이다/모름/무응답
1	2	3	4	5

Q24. 선생님께서는 박근혜 정부기간 어떤 갈등이 가장 심각할 것이라 생각하십니까? (R)

1. 환경 갈등 2. 이념 갈등 3. 빈부 갈등 4. 지방정부 간 갈등 5. 교육 갈등 6. 노사갈등

※ 이제 끝으로 통계처리를 위해 몇 가지 여쭙겠습니다 ※

DQ1. 실례지만 학교는 어디까지 마치셨습니까?

1. 중졸이하 2. 고졸 3. 대재이상 4. (☞불러주지 말 것) 모름/무응답

DQ2. 선생님의 직업은 무엇입니까?

1. 농/임/어업 종사자 (가족 종사자 포함) 2. 자영업자 (소규모 장사 및 가족종사자, 개인택시운전사 등)
3. 입법공무원/ 고위임직원 및 관리자 (정부/기업 고위 임원, 일반관리자 등)
4. 전문가 (의사, 약사, 변호사, 회계사, 교수, 작가, 예술가 등)
5. 기술공 및 준전문가 (컴퓨터 관련 준전문가, 경찰, 소방수, 철도기관사, 운동선수, 연예인, 종교인 등)
6. 사무종사자 (일반사무 종사자, 공무원, 교사 등)
7. 서비스종사자 (이미용사, 보안서비스 종사자, 음식서비스 종사자등)
8. 판매종사자 (상점점원, 보험설계사, 나레이터 모델 및 홍보종사자 등)
9. 기능원 및 관련기능 종사자 (광부, 전기/전자장비 설비 및 정비 종사자, 수공예 종사자 등)
10. 장치/기계조작 및 조립종사자 (건설 및 기타 이동장치 운전종사자, 자동차 운전 종사자 등)
11. 단순노무종사자 (배달, 운반, 세탁, 기사, 청소원, 경비원 등)
12. 학생 13. 전업주부 14. 직업군인 15. 무직
16. 기타 17. **(☞ 불러주지 말 것!)** 모름/무응답

DQ3. 선생님 댁 가족 전체의 보너스를 포함한 월평균 소득은 얼마입니까?

1. 100만원 미만 2. 100~199만원 3. 200~299만원 4. 300~399만원
5. 400~499만원 6. 500~599만원 7. 600~699만원 8. 700~799만원
9. 800~899만원 10. 900~999만원 11. 1000만원 이상
12. **(☞ 불러주지 말 것)** 모름/무응답

DQ5. 선생님께서는 본인이 정치적으로 어느 정도 보수적 또는 진보적이라고 생각하십니까?

1. 매우 보수적 2. 보수적인 편 3. 중도적 4. 진보적인 편 5. 매우 진보적
6. (☞불러주지 말 것) 모름/무응답

바쁘신 중에 끝까지 성의 있게 응답해 주셔서 진심으로 감사드립니다.

색인

ㄱ

갈등 감소 82
갈등 관리 150
갈등 관리 시스템 103
갈등 문제 109
갈등 수준 23
갈등 예방 52
갈등의 심각성 149
갈등의 원인 150
갈등의 회피 146
갈등 인식 지수 26, 35, 40
갈등 조정 170
갈등 조정자 111
갈등 증가 82
갈등 증감 82
갈등 해결 67, 68, 69, 70, 71, 86, 87
갈등 해결 방식 143
갈등 해결 방식 스펙트럼 146
강제적 종료 145
강제 진압 158
거래비용(transaction cost) 18
경제갈등 22
경제적 불평등 23
경제정의 109, 166
계약실패이론 167
계층갈등 22, 23, 33, 37
공공갈등의 심각성 21
공공갈등 해결 방식 145, 157, 158
공공정책 106, 108, 110, 133, 146, 150, 165
공동체조직 167
관용성 44
교육갈등 33, 34, 35, 37
교육개혁 166
국가권력 167
국정운영 108
국책사업 163
권리의식 110
기업집단 167
기회비용(opportunity cost) 18

ㄴ

노동조합 167
노무현 정부 112
노사갈등 34, 35
노사분규 35

ㄷ

대체적 분쟁해결 방식(Alternative Dispute Resolution: ADR) 142, 145

ㅁ

문화 164, 170
민간단체(citizen organization) 166

ㅂ

박근혜 정부 37
반부패운동 168
법원판결 149
보수 성향 집단 155
보수적 성향의 시민 31, 44
보수적 집단 62, 65
복지활동 168
분권 164, 169
비영리단체(non-profit organization) 166
비정부기구(non-governmental organization) 166
빈부갈등 22, 33, 34, 37, 38, 47, 48
빈부 격차 22

ㅅ

사법적 판결 145, 158
사회갈등 51
사회개혁 166
사회규범 111
사회단체(social organization) 166
사회문제 28
사회운동 167
사회적 변화 31
사회통합 132
생명 109, 164, 169
생태 109
성별에 따른 시민단체 신뢰 126
소비자보호운동 168
소수자 164, 169
소액주주운동 168
시민권리 167
시민단체 71, 106, 108, 109, 110, 111, 113, 116, 127, 131, 142, 163, 164, 166, 170, 172, 178, 182, 184, 187
시민단체에 대한 신뢰 수준 117
시민단체의 역할 171
시민단체의 활동 175
시민사회(civil society) 110, 111, 164, 166
시민사회단체(civil society organization) 166
시민의식 51
시민인식 52
시민참여 51, 109

시장실패 · 정부실패 이론 167
신앙 관련 단체 167

ㅇ

아파트공동체운동 168
양성평등 109
억압 146
여성 164, 169
여성단체 167
연령에 따른 시민단체 신뢰 126
의사소통 52
이념갈등 22, 34, 35, 37, 38, 47, 48
이념 성향 113, 131, 155
이념 성향에 따른 시민단체 신뢰 129
이념 성향에 따른 정부 신뢰 125
이념적 대립 18
이념적 진보성 21
이명박 정부 36, 187
이익집단 142
입법 145, 158

ㅈ

자조집단 167
자치 164, 169
전통적 방식 145
정부 108, 111
정부에 대한 신뢰 수준 116
정부의 개입 142, 154, 155, 157
정부정책 175, 178, 187, 188
정책결정 51
정책참여 52
정책 참여 욕구 110
정책참여체제 51
조정 145, 158
중도 성향 집단 155
중도적 집단 62
중앙행정기관 143, 150
중재 145, 158
중재적 개입 145
지방분권화 146
지방자치 142
지역주민 142
직능단체 167
진보적 성향의 시민 31, 44
진보적 집단 62, 65
진압 151
집단 정체성 164, 169
집단화 현상 18

ㅊ

참여정부 51
총선연대 활동 168

ㅍ

평화 109, 164, 169
평화운동 166
폭력적 진압 145
표본추출법 113, 152

ㅎ

학력에 따른 시민단체 신뢰 128
학력에 따른 정부 신뢰 124
행정규정 143
행정심판 158
행정절차 145
행정집행 149, 151
협상 145, 158
환경 109, 164, 169
환경갈등 34, 36, 148
환경단체 36
환경보호 166
환경운동 168

가상준
단국대학교 정치외교학과 교수이자 분쟁해결연구센터 소장으로 한국정치와 미국정치, 공공갈등에 대해 활발한 연구 활동을 하고 있다.

김강민
단국대학교 분쟁해결연구센터 연구교수로 공공갈등의 인식과 정부 및 시민단체의 역할, 정책불응, 정책네트워크, 정책분석, 정책사례 등에 관한 연구를 수행하고 있다

김재신
단국대학교 분쟁해결연구센터 연구교수로 공공갈등에 관한 심리적 기제와 합리적, 평화적 해결방안에 관심을 갖고 환경분쟁, 시민인식, 관용, 신뢰에 관한 연구를 수행하고 있다.

임재형
단국대학교 분쟁해결연구센터 연구교수로 남북한 관계, 한국의 공공갈등, 갈등관리, 공공갈등에서 시민단체의 역할, 다문화 갈등 등에 관한 연구를 수행하고 있다.

공공갈등, 국민에게 묻는다

2015년 8월 25일 초판 인쇄
2015년 8월 31일 초판 발행

지은이 _ 가상준 · 김강민 · 김재신 · 임재형
펴낸이 _ 장호성
기 획 _ 이재석
제 작 _ 송덕익
편 집 _ 성두현 · 박보혜
펴낸곳 _ 노스보스
등 록 _ 1968.2.27 : No. 제03-00095호
주 소 _ 경기도 용인시 수지구 죽전로 152
전 화 _ 031-8005-2405
팩 스 _ 031-8021-7154

값 14,000원

ISBN 978-89-7092-546-2 93330